GRUSSWORT DES HOCHWÜRDIGSTEN HERRN DIÖZESANBISCHOFS ZUR 10. AUFLAGE 1988

Zum Geleit

Zwei eng miteinander verknüpfte Jubiläen sind mir als Bischof von Regensburg Anlaß zu diesem Geleitwort. Das eine betrifft das Theresianum in Konnersreuth und das andere die 10. Auflage des Buches „Theres Neumann von Konnersreuth“.

Vor 25 Jahren entstand das Anbetungskloster Theresianum, das nach der hl. Theresia vom Kinde Jesu benannt wurde. Es verdankt seine Gründung der Anregung meines hochverehrten Vorgängers im Bischofsamt, des hochwürdigsten Herrn Bischofs em. Dr. Dr. h. c. Rudolf Graber, der sich für seine Diözese und darüber hinaus für die Erhaltung des Friedens in der Welt eine solche Stätte der ewigen Anbetung wünschte. Therese Neumann hat sich in aller Demut des so wichtigen Anliegens angenommen und es als ihre letzte große geistliche Aufgabe betrachtet. Ihrer bekannten Aktivität ist die Errichtung weitgehend zu verdanken. Wir wissen, sie hat die Grundsteinlegung und die Einweihung 1963 leider nicht mehr erlebt.

Die Marienschwestern vom Karmel in Regensburg betreuen seither in dankenswerter Weise das Kloster, dem ein Seniorenheim angegliedert ist. Viel Segen geht von hier aus, wofür allen Beterinnen, Schwestern und Seniorinnen, ein herzliches Vergelt's Gott zu sagen ist.

1963, also ebenfalls vor 25 Jahren, wurde das unter den rund 700 Publikationen, die seit 1926 über Therese Neumann erschienen sind, wohl meist beachtete Werk „Theres Neumann von Konnersreuth. Ein Lebensbild nach authentischen Berichten, Tagebüchern und Dokumenten“ zum erstenmal aufgelegt. In den folgenden Jahren wurde das Buch in sieben Sprachen übersetzt und erreichte weltweit eine Auflage von über 150000 Exemplaren. In Deutsch erscheint es nun bereits in 10. Auflage.

Der Autor Dr. Johannes Steiner hat aus unmittelbarer Nähe jahrzehntelang die Vorgänge in und um Therese Neumann selbst erlebt. Er dokumentiert sie mit bestem Wissen und Gewissen, aus tiefem Glauben heraus, und er bemüht sich, vielen Menschen die Herzen zu öffnen für Gottes wunderbares Wirken in den Seelen.

Johannes Steiner, der seine Treue zur Katholischen Kirche auch in schwerster Zeit – nämlich 1933 bis 1945 – unter Beweis gestellt hat, der sich als Motor des bekannten Verlages Schnell & Steiner große Verdienste erwarb – ebenso wie auch seinem Mitgründer Dr. Hugo Schnell, † 1981, (beide wurden 1933 nach ihren Stellenverlusten in der katholischen Presse durch Therese Neumann zusammengeführt) – ist dafür zu danken und es ist zu diesem Bucherfolg herzlich zu gratulieren. Ich wünsche ihm und seinem Werk Gottes reichste Gnade und Segen!

Regensburg, im Juli 1988

Manfred Müller
Bischof von Regensburg

Zur Ergänzung dieses Buches wird empfohlen

Joseph Naber – Tagebücher und Aufzeichnungen

Im 25. Todesjahr der Therese Neumann herausgegeben von Johannes Steiner;

160 Seiten, 8 Abbildungen und diverse Schriftproben, kart., € 6,50 / SFr 12,50
ISBN 3-7954-0158-5

Augustin Niedermeier

Joseph Naber – Der Pfarrer der Konnersreuther Resl

264 Seiten, 20 Abbildungen, kart., € 9,90 / SFr 18,80
ISBN 3-7954-1322-2

Die vorliegende Biographie Joseph Nabers beleuchtet ausführlich die Bedeutung Konnersreuths in der christlich motivierten Opposition gegen den Nationalsozialismus. Sie beruht auf der Auswertung vieler Quellen und der Befragung von Zeitzeugen – ein aufschlussreicher Beitrag zur Zeitgeschichte.

Alle Werke sind im gleichen Format und der gleichen Aufmachung

Auf die am Schluß dieses Buches angegebenen Werke, besonders die Visionen der Therese Neumann, wird hingewiesen.

Johannes Steiner

Theres Neumann von Konnersreuth

Meinen Lehrern und Freunden
im „Konnersreuther Kreis“

Fritz Michael Gerlich
Pater Ingbert Naab
Pfarrer Joseph Naber

in Dankbarkeit gewidmet

„Denn Gott hat uns nicht einen Geist der Zaghaftigkeit,
sondern der Kraft, der Liebe und der Besonnenheit gegeben“
(2 Tim 1,7)

THERES NEUMANN VON KONNERSREUTH

Ein Lebensbild
nach authentischen Berichten,
Tagebüchern und Dokumenten

von
Johannes Steiner

ZEHNTE AUFLAGE
hergestellt im 25. Jahr des Erscheinens
der Erstausgabe dieses Werkes
und im 25. Jahr der 1963 erfolgten Einweihung
des Anbetungsklosters Theresianum

Mit einem Geleitwort des Diözesanbischofs
Manfred Müller

SCHNELL & STEINER

In Beachtung der Dekrete des Papstes Urban erklärt der Verfasser, daß er für die in der Veröffentlichung gegebenen Berichte, namentlich die von Offenbarungen, Gnadenerweisen und außerordentlichen Ereignissen, unter Beanspruchung der Glaubwürdigkeit, die einem wahrheitsliebenden Zeugen zukommt, das Endurteil über Person und Ereignisse dem kirchlichen Lehramt und dem Apostolischen Stuhle überläßt.

Unveränderter Nachdruck 2009
der zehnten Auflage von 1998
89. bis 90. Tausend
der deutschen Ausgabe

ANDERSSPRACHIGE AUSGABEN DIESES BUCHES:

Italienisch bei Pia Società San Paolo, Roma
Englisch bei St. Paul Publications New York 103 14
Französisch bei Ateliers d'Art graphique Meddens, Brüssel 7
Niederländisch bei Uitgeverij Pax Nederland, Den Haag
Malayalam bei Joseph Card. Parrecatil, Ernaculam, Indien
Ungarisch bei Ecclesia Szötvetkezet, Budapest V.

Mit kirchlicher Druckerlaubnis, München, den 19. 7. 1963
GV Nr. 7021 Matthias Defregger, Generalvikar
(für die Ergänzungen der 9. Auflage) Dr. Gerhard Gruber, Generalvikar
München, den 7.11.1985 GV Nr. 7516/85/Ia

Die zehnte Auflage von 1988 bringt zu Beginn ein Gruß- und Geleitwort des für Konnersreuth zuständigen Bischofs von Regensburg und auf den beiden letzten Textseiten 224/25 Ergänzungen auf den heutigen Stand.
Der sonstige Inhalt ist unveränderter Nachdruck der 9. Auflage von 1985.

München, im August 1988, der Verfasser

ISBN Nr. 3-7954-0155-0

Umschlag: W. Neufeld/J. Steiner

Verlag Schnell & Steiner GmbH, Regensburg
Gesamtherstellung Erhardi Druck GmbH, Regensburg

AUFGABE UND GRUNDLAGEN DIESES BUCHES

(zur ersten Auflage 1963)

Seit der Stigmatisation der Theres Neumann im Jahre 1926 ist eine große Zahl von Publikationen verschiedenster Stellungnahmen erschienen. Allzu viele unklare Vorstellungen, legendäre Auskünfte mancher Ortsbewohner, und sogar Falschinformationen durchziehen eine große Anzahl von ihnen. Es fehlt aber eine Fortführung der exakten Biographie von Fritz Michael Gerlich, dessen zwei Bände mit dem Jahr 1929 abschließen.

Theres Neumann ist 1962 gestorben; so können heute Dokumentationen schriftlicher und bildlicher Art vorgelegt werden, die zu ihrer Lebenszeit nicht offenstanden. Es ergibt sich erstmals ein Abstand, der erst durch den Tod geschaffen wurde.

Diese Veröffentlichung stellt eine knappgefaßte Gesamtbiographie voran, die in Verbidung mit den „Nächsten" der Theres Neumann entstand. Das Bild rundet sich durch Briefe von ihr selbst, die Einblick in ihr Innenleben gewähren, und durch Stellungnahmen von Persönlichkeiten, die Therese Neumann durch Jahre hindurch kannten.

Es ist unmöglich und nicht die Absicht des Verfassers und Herausgebers, jetzt schon und in einem Buch, das in breite Kreise strebt, alle Fragen um Konnersreuth klären zu wollen. Ständig überschneiden sich theologisch-mystische und medizinische Gebiete. Mit Recht legt die Kirche keinen ausschlaggebenden Wert auf Visionen und Erscheinungen, die mit besonderen Begabungen und Veranlagungen zusammenhängen oder zusammenhängen können und die individuell verschieden sind, auch in ihren Aussagen und Ergebnissen. Entscheidend ist die persönliche Haltung und das persönliche Streben. So ergibt sich als Hauptfrage, ob Therese Neumann sich in einem besonderen, ja heroischen Grad um die Nachfolge Christi bemüht hat. Erst dann gewinnen auch die reichen charismatischen Erscheinungen ihre Überzeugungskraft.

Dieses Buch berichtet Authentisches über Konnersreuth. Es ist nicht ein Resümee aus anderen Büchern, oder Angriff oder Verteidigung wie so viele Bücher, die das Thema Konnersreuth behandeln. Es ist vielmehr eine auf die unmittelbaren und ersten Quellen zurückgehende Aussage, die sich von Polemik so weit wie möglich freihält.

Um seine Authentik zu erweisen, stellt es an seinem Beginn seine Quellen vor.

1) Hauptquelle ist Theres Neumann selbst. Auf ihre eigenen Angaben vor allem ist die Biographie Gerlichs gegründet, ihre Worte sind im hohem Maße Unterlage für Pfarrer Nabers Tagebücher, aus ihren Aussagen hat auch der Verfasser ergänzend geschöpft.

2) Pfarrer Josef Naber, Bischöflicher Geistlicher Rat, bei der Bearbeitung dieses Buches im 93. Lebensjahr stehend, von 1909 bis 1960 Ortspfarrer in Konnersreuth (seitdem dort resigniert) und als solcher Seelsorger der Theres Neumann und zugleich kirchenrechtlich der nächste Vertreter der Kirche bei seinen Pfarrangehörigen, war ebenso schon für Gerlich eine Hauptquelle und ist es noch in weit höherem Maße für die Zeit seit Erscheinen des Gerlichschen Werkes. Er hat dem Verfasser bei seinen Besuchen in Konnersreuth während 34 Jahren oftmals Vorgefallenes erzählt, hat ihm den Zutritt zu Visionen, erhobenem Ruhezustand und mystischer Kommunion ermöglicht, hat ihm zur jetzigen Arbeit seine Aufzeichnungen zur Verfügung gestellt und auch noch während der Entstehung dieser Arbeit in mehreren Beratungen Neues und Ergänzendes mitgeteilt. Für alles Entgegenkommen sei ihm auch hier herzlich gedankt. Seine grundsätzliche Einstellung zu den Vorgängen bekennt er wie folgt: ,,Mein Standpunkt war von Anfang an: Bei diesen außerordentlichen Ereignissen genau darauf obachtgeben, ob nicht irgend etwas gegen die kirchliche Lehre oder Sitte Verstoßendes sich zeige. Wenn ja, dann sofort unerbittlich einschreiten; wenn nicht, dann den Dingen einfach ihren Lauf lassen, damit man nicht mit seiner vermeintlichen Klugheit schließlich störend in die Pläne Gottes eingreift.‘‘

3) Viele Angaben des Buches werden auch unmittelbaren Berichten der Eltern und Geschwister der Theres Neumann verdankt. Von der Mutter z. B. weiß ich Einzelheiten über Geburt und Geburtsstunde, vom Vater über die – wie wir sehen werden, mindestens subjektiv berechtigte – Ablehnung der Verbringung in eine Klinik. Zu besonderem Dank bin

ich Bruder Ferdinand Neumann verpflichtet. In enger Zusammenarbeit mit ihm ist der dokumentarische Bildteil zu diesem Buch entstanden. Während im allgemeinen Fotografieren in Konnersreuth kaum möglich war, hat Therese ihm als Bruder auf Zureden geistlicher Berater, die Material für eine spätere Dokumentation gesichert wissen wollten, gelegentlich Licht- und Tonaufnahmen zugestanden. Sie hätte aber, solange sie lebte, nie deren Veröffentlichung gestattet.

4) Das historisch genaueste und am sorgfältigten ausgearbeitete Werk ist das zweibändige Werk des verstorbenen Staatsarchivrates Dr. Fritz Gerlich aus dem Jahre 1929, das die Lebensgeschichte der Theres Neumann bis zu jenem Zeitpunkt in einer bis in alle Details gehenden Genauigkeit festhält und in monatelangem direktem Befragen der Therese Neumann und ihrer Umgebung erstellt wurde. In einigen Punkten allerdings ist Gerlich nicht vollständig. Theres Neumann hat später geäußert, sie habe Gerlich als einem Laien und Protestanten damals noch nicht alles erzählen können. Der Verfasser, ein Mitarbeiter Gerlichs, hatte 1948 geplant, dieses Buch nach dem gewaltsamen Tode Gerlichs im Konzentrationslager Dachau in neuer Bearbeitung wieder erscheinen zu lassen. Theres Neumann gab aber zu erkennen, es sei ihr lieber, wenn, solange sie lebe, nichts mehr über sie veröffentlicht würde. Deshalb wurde dieser Plan zurückgestellt.

5) Ein guter Anteil am Stoff dieses Buches geht auch auf Mitteilungen aus dem Eichstätter Kreis zurück. Hier ist an erster Stelle der Hochschulprofessor für alttestamentliche Exegese, Franz Xaver Wutz, zu nennen. Er war die „Keimzelle“ für die Verbundenheit der Theres Neumann mit Eichstätt. Ursprünglich nicht unmittelbar interessiert, machte er 1926 bei einem Besuch in Waldsassen einen Abstecher nach Konnersreuth, nur um sich einen eigenen allgemeinen Eindruck über die Vorgänge zu verschaffen. Er war von der Einfachheit angetan, von dem Geschauten überrascht und ergriffen und, als er aramäische Worte hörte, nun auch von seiner beruflichen Seite her besonders interessiert. Da er ein Mann von geradem, kernigem Wesen war, faßte man umgekehrt auch in Konnesreuth zu ihm schnell Vertrauen, und so entwickelte es sich, daß Theresens Schwester Ottilie Haushälterin bei Professor Wutz wurde, daß dann die beiden

jüngeren Brüder Ferdinand und Hans, als sie in das Gymnasium kamen, bei Professor Wutz wohnen konnten und daß aus diesen Gründen Theres Neumann selbst gar manchmal, zu verschiedenen Zeiten, besonders in der Osterzeit meist für mehrere Wochen, nach Eichstätt kam. Es wurde ihr zur zweiten Heimat.

Da auch Kollegen von Professor Wutz in freundschaftliche Beziehungen zu Theres Neumann traten, wurde Eichstätt, das in seiner zentralbayerischen Lage leichter zu erreichen war als Konnersreuth, zu einem geistigen Mittelpunkt des von Gegnern so genannten „Konnersreuther Kreises", eines Freundschaftsbundes, zu dem in der Zeit um 1930 neben den schon Genannten vor allem noch die Äbtissin von St. Walburg, Maria Benedikta von Spiegel, der Fürst Erich von Waldburg-Zeil, Pater Ingbert Naab und P. Kosmas OFM Cap. gerechnet wurden. Wie oft habe ich - ein um zwanzig Jahre jüngerer Mitarbeiter Gerlichs - oder auch dessen damals gleichfalls beim „Geraden Weg" mitarbeitender Neffe, Dr. Ludwig Weitmann, Gerlich in den Jahren 1930 bis 1933 nach Eichstätt gefahren, wo er sich Sicherheit und Kraft und neue Ideen in seinem Kampf gegen den Nationalsozialismus holte! Von den Hochschulprofessoren, die mit im Kreise waren, sind noch der Professor für Kirchenrecht Dr. Josef Lechner und der Professor für Chemie, Biologie und Geologie Dr. Franz Xaver Mayr zu nennen, aus deren Material gleichfalls mancher Baustein zu diesem Buch herbeigetragen ist. Aus dieser gewachsenen Beziehung Eichstätt-Konnersreuth heraus ist es auch zu verstehen, aber auch bei deren Wachsamkeit als Positivum für Konnersreuth anzumerken, daß die Eichstätter Bischöfe Konrad Graf Preysing, später Kardinal in Berlin, sein Nachfolger Michael Rackl, und auch der folgende Bischof, Joseph Schröffer, echtes Interesse an den Geschehnissen um Theres Neumann gezeigt haben. (1967 wurde Dr. Joseph Schröffer als Erzbischof in die Kurie nach Rom berufen und in das Kardinalskollegium erhoben. Am 7. Sept. 1983 gestorben, wurde er im Eichstätter Dom beigesetzt, Nachtrag 1985).

6) Der Herausgeber selbst ist durch Pater Ingbert Naab und Dr. Fritz Gerlich 1929 in Konnersreuth eingeführt worden und hat seitdem ununterbrochen engen Kontakt zu Konnersreuth unterhalten. Nach dem Kriege konnte die

Verbindung noch intensiviert werden, weil der Verfasser aus beruflichen Gründen mehrmals im Jahr und oft für längere Zeit in der Nähe von Konnersreuth weilte. So konnte er noch zu Lebzeiten der Theres Neumann viele ihrer Mitteilungen in Randbemerkungen zum Gerlich-Buch und in besonderen Aufzeichnungen festhalten, die das sonstige Material ergänzen.

Das kurzgefaßte Lebensbild, das so entstand, will dem ersten Verlangen nach zuverlässiger Unterrichtung über Theres Neumann dienen. Die Biographie muß sich, um nicht zu viel Raum zu beanspruchen, mancherlei Beschränkungen auferlegen und kann deshalb auch in dem Teil, der die mystischen Phänomene darstellt, zunächst nur wenige charakteristische Beispiele bringen. Insbesondere bei den Visionen konnten von den dem Verfasser bekannten über hundert Visionen, die sich im Laufe eines jeden Kirchenjahres einstellten, in diesem Buche vorläufig nur zwei der großen Schauungen ausführlicher dargestellt werden. Der Verfasser ist an der Arbeit, auch den Inhalt der übrigen der Öffentlichkeit zugänglich zu machen.

Wo der Verfasser eigene Bemerkungen in Zitate oder Aufzeichnungen anderer in Klammern oder als Fußnoten einfügt, sind sie mit DV gezeichnet.

München, am 17. Mai 1963, Jahrtag der Heiligsprechung der Kleinen hl. Theresia

D. V.

Zur siebenten Auflage

Die Aufzeichnungen der im Vorwort zur ersten Auflage angekündigten Schauungen konnten im August 1973 unter dem Titel „Visionen der Therese Neumann" herausgebracht werden. Das Buch umfaßt auf 312 Seiten die Kindheits-, Licht- und Stigmatisationsvisionen und die Visionen über das Leben Jesu und Mariens von der Immakulata bis zur Assumpta. So legte es sich nahe, aus diesem Band Ostervisionen und die seit der vierten Auflage mit hineingenommenen Weihnachtsvisionen und andere wegzulassen, damit sich die Bücher nicht überschneiden. Dafür wurden einige Ergänzungen und wichtige Zeugnisse aus den letzten Jahren als Anhang hinzugefügt.

München, Ostern 1974

D. V.

Zur neunten Auflage

Die neunte Auflage dieses Buches ist nach wie vor durchwegs wortgetreue Wiedergabe der ersten von 1963, die unmittelbar nach dem Tode der Therese Neumann der Verfasser unter Mitwirkung und in ständiger persönlicher Fühlungnahme mit Pfarrer Joseph Naber in Konnersreuth erarbeitet hat. Es sind nur einige Seiten daraus weggelassen, die in zwischenzeitlich erschienenen Büchern enthalten sind. Es seien die Bücher „Visionen II (Visionen aus Heiligenleben, von Engeln, Sterbenden und Armen Seelen, dazu einem Anhang mit wichtigen Akten)" vom gleichen Verfasser, 1977, ferner die Biographien „Aretin, Fritz Michael Gerlich, Prophet und Martyrer, Sein Kraftquell", 1984, und „Witetschek, Pater Ingbert Naab, Ein Prophet wider den Zeitgeist", 1985, alle im Verlag Schnell & Steiner, genannt. Andererseits ist über wichtige einschlägige Begebenheiten der jüngsten Zeit, so über Gründung, Zweck und Tätigkeit des „Konnersreuther Ring e. V.", anerkannt als „pia unio", und dessen Betrauung mit den Vorbereitungen eines Seligsprechungsprozesses durch Bischof Dr. Rudolf Graber mit der Verpflichtung zur Übernahme der Kosten hierfür, der Erwählung eines Postulators mit Vizepostulatoren und deren bisherige Vorarbeit kurz berichtet.

München, am Feste Mariä Himmelfahrt 1985

Johannes Steiner

Teil I

LEBENSGESCHICHTE DER THERES NEUMANN

Vorbemerkung

In unserer Zeit hat mancher eine Scheu davor, zur Bezeichnung der Zweiten Göttlichen Person das Wort „Heiland" zu verwenden. Es erscheint ihm als zu kindlich, manchem vielleicht als frömmelnd, anderen als altertümelnd. Theres Neumann ist ihr ganzes Leben lang – darin sind sich alle, die sie genauer kannten, einig – eine kindlichfromme Seele geblieben. Ich habe nie gehört, daß sie, außer beim formalen Gebete, das Wort „Jesus" oder „Christus" oder auch „Der Herr" gebraucht hätte. Sie sprach stets nur vom „Heiland".

Nun ist aber das Wort „Heiland" nichts anderes, als die Übersetzung des Namens „Jesus" in die deutsche Sprache. „Du sollst ihm den Namen Jesus (d. i. der Heilende) geben, denn er wird sein Volk heil machen von seinen Sünden" (Mt 1,22). Daß Theres Neumann das Wort „Heiland" gegenüber den anderen Bezeichnungen Jesu Christi bevorzugte, entsprach sicherlich nicht nur ihrem Gefühl, sondern auch ihrer inneren Führung. Weil sie das ahnten, und im Hineinbezogenwerden in die Geschehnisse auch selber spürten, daß in diesem Ausdruck nicht nur Macht und Größe, sondern vor allem auch Liebe und Güte angesprochen würden, haben sich Umgebung und Besucher der Therese vielfach angewöhnt, auch selbst diese Bezeichnung zu verwenden. Als Name für „Jesus" in unserer Muttersprache ist das Wort „Heiland" von Pfarrer Naber, von Gerlich, von den anderen zu Wort Kommenden und vom Verfasser gedacht und gebraucht und will so auch in diesem Buche verstanden sein.

Konnersreuth zwischen Fichtelgebirge und Böhmerwald

HEIMAT UND JUGENDJAHRE

Theres Neumann wurde in der Nacht vom Karfreitag auf Karsamstag, den 8. auf 9. April 1898 kurz vor Mitternacht in Konnersreuth als erstes von elf Kindern (von denen eines bald nach der Geburt starb) der Schneiderseheleute Ferdinand und Anna Neumann geboren. Am Ostersonntag, dem 10. April, wurde sie durch die heilige Taufe in die Gemeinschaft der Kirche aufgenommen. Die allgemeine Armut des zwischen Fichtelgebirge und Böhmerwald gelegenen, klimatisch rauhen Ortes und die ganz besondere der kinderreichen Familie zwangen von klein auf zu einer uns heute kaum faßbaren Sparsamkeit und Bedürfnislosigkeit, erweckten aber dafür um so mehr den dankbaren Sinn für alle freien Gottesgaben: für die warmen Sonnenstrahlen, für die wechselnden Farben des Himmels und der Landschaft, für Blumen und Vögel. Das Kind war intelligent, fleißig und fromm. Ihr Schulentlassungszeugnis vom 30. April 1914 lautet: Religionslehre und Sachunterricht sehr gut, Lesen und Rechnen fast sehr gut , Aufsatz und Schönschreiben gut. Gesamtnote I = sehr gut. Daß Therese schon bei der Erst-Kommunion den Heiland von Angesicht zu Angesicht sehen durfte, hat sie erst sehr spät in ihrem Leben bekannt (vgl. S. 55), ebenso das wiederholte Erlebnis sakramentaler Kommunion ohne Priester (siehe S. 158)[1].

Ihr Wunsch und Ziel war, als Krankenschwester in die Missionen zu den Schwarzen in Afrika zu gehen, sobald Geschwister so weit herangewachsen wären, daß sie selbst daheim nicht mehr benötigt würde. Sie hatte sich bereits über die Aufnahme bei den Missionsbenediktinerinnen in Tutzing orientiert.

Da kam der Erste Weltkrieg. Der Vater mußte einrücken und schenkte ihr während eines Urlaubs ein aus Frankreich mitgebrachtes Bildchen der gottseligen Theresia von Lisieux. Daheim hatten Frauen die Arbeiten der abwesenden Männer übernehmen müssen. Theres war gesund und kräftig und trat bei einem Land- und Gastwirt in Konnersreuth als Magd in Dienst, um ihr tägliches Brot selbst zu verdienen und darüber hinaus vom geringen Lohn zum Unterhalt der großen elterlichen Familie beizutragen. Sie entwickelte sich so gut, daß sie die schwerste Männerarbeit leisten konnte und imstande war, Halbscheffel-Säcke (ca. eineinhalb Ztr.) über fünf Stiegen auf den Getreideboden hinaufzutragen. Im Jahre 1916 mußten der Dienstherr und sein Knecht einrücken; der Resl, wie man sie nannte, oblag mit zwei weiteren Schwestern, die inzwischen bei diesem Dienstherrn eingetreten waren, die Bewältigung des gesamten landwirtschaftlichen Betriebes. „Aufs Feld hab' ich mich immer gefreut; Stricken, Nähen, Häkeln, Sticken war mir zuwider." Aber immer behielt sie das Ziel im Auge, nach dem Kriege Missionsschwester zu werden.

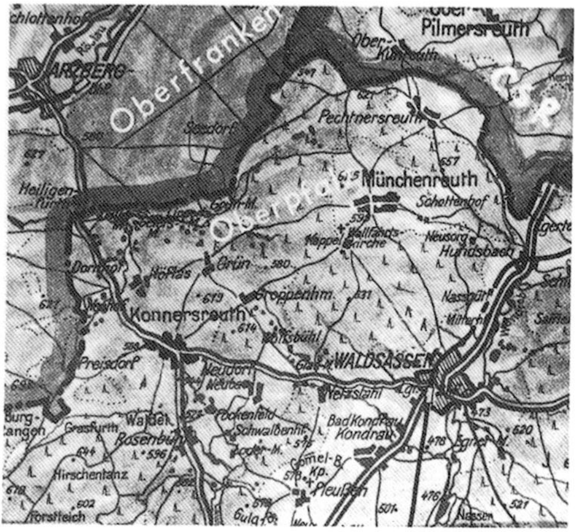

Lage nahe der tschechischen Grenze

Die Eltern Neumann

Unfall und Krankheit

Es fügte sich anders. Am 10. März 1918 brach in einem Nachbaranwesen ein Brand aus, bei dem die Resl als eine der kräftigsten der Helfenden, auf einem Hocker stehend, die von den anderen vom Brunnen hergeholten vollen Eimer in raschem Tempo über den Kopf in den Zwischenboden hinaufreichen mußte, wo sie ihr Dienstherr an die Holzwand seines angrenzenden gefährdeten Stadels goß. Dabei geschah das für ihr weiteres Leben entscheidende Unglück: Sie verrenkte sich das Rückgrat. Nach späterem ärztlichem Befund waren der 2. und 3. Wirbel der Lendenwirbelsäule aus ihrer normalen Lage verdreht. Die dadurch eingetretene und nicht wiederaufzuhebende Klemmung eines Zentral-Nervenstranges, der sog. Cauda, führte zu fortschreitender Lähmung; ab Kirchweih 1918 völlige Bettlägerigkeit im Elternhaus. Heilversuche im Waldsassener Krankenhaus waren ergebnislos geblieben. Mitte März 1919 kam zur Lähmung noch völlige Erblindung. Dazu traten bei Therese noch die bedrückenden Überlegungen, daß sie nun ihrer Familie nicht nur wirtschaftlich zur Last falle, sondern au-

bei der Feldarbeit

ßerdem viel Arbeit für ihre Pflege verursache. Doch waren Vater und Mutter nach Berichten nie unwillig. Durch die schwere Krankheit reifte Therese in sieben Jahren geduldigen Leidens, das sie in heldenhafter innerer Haltung ertrug – vgl. ihre eigenen Briefe S. 99 ff. –, heran für die kommende Entwicklung.

Auffallende, plötzliche Heilungen

Theres hatte, seit sie von ihrem Vater jenes Bildchen erhalten hatte, zu der Schwester Theresia von Lisieux wegen deren kindlichen Frömmigkeit und wegen des gleichen, auf die Große heilige Theresia von Avila als Patronin zurückgehenden Namens große Zuneigung gefaßt. Oftmals, später täglich, hatte Therese Neumann das auf dem Bildchen aufgedruckte Gebet um Seligsprechung der Schwester Theresia vom Kinde Jesu gebetet. Als nun diese am 29. April 1923 seliggesprochen wurde, erschien es Theres noch im Schlaf, als ob jemand an ihr Kissen rühre; sie wachte auf und konnte sehen. Sogleich klopfte sie mit ihrem Stock auf den Stubenboden. Sie erkannte die herbeieilende Schwester Kreszentia erst an der Stimme, denn deren Äußeres hatte sich zu sehr verändert: sie war in den mehr als vier Jahren der Blindheit stark gewachsen. Zu ihr sagte Theres noch nichts von der Heilung; davon sollte als erste die Mutter erfahren. Sie kam und wollte die plötzliche Heilung bestätigt sehen. Sie hielt deshalb einen weißblühenden Blumenstock hin, über den Theres sich sofort freudig und zutreffend äußerte. Zenzl mußte inzwischen die Schwester Ottilie holen. Resl begrüßte sie mit den Worten: „Ja mei, bist du groß worden die Zeit her." Der Vater war an diesem Tage, einem Sonntag, in Neustadt a. d. WN. bei einem Naturheilkundigen gewesen. Diesen hatte er schon wiederholt unter Mitnahme seines ganzen Wochenverdienstes aufgesucht, um für Theres Medikamente mitzubringen. Nachdem die ärztlichen Bemühungen bisher gescheitert waren, hatte man eine Besserung auf diesem Wege versucht. Als er nun am Abend heimkam, sah Theres gleich, daß der Vater inzwischen grau geworden war, erwähnte dies aber in seiner Gegenwart nicht. Theres konnte auch wieder lesen, sogar die kleine Druckschrift des „Lob Gottes" (Diözesangebetbuch). Die Freude in der ganzen Familie war groß.

Theres Neumann, dreijährig

Das Vaterhaus im Fronleichnamsschmuck

Die Lähmungen aber blieben; die Krämpfe verstärkten sich. Durch eine dauernde Muskelzusammenziehung wurde das linke Bein angezogen, der linke Fuß kam unter den rechten Oberschenkel zu liegen. Therese konnte infolgedessen nur noch auf dem Rücken liegen. Das führte zu großflächigen Aufliegewunden am Rücken und an den Beinen. Der linke Fuß eiterte über ein halbes Jahr, der Knöchel lag blank. Der Arzt befürchtete, den Fuß abnehmen zu müssen (April 1925). Die Mutter war darüber sehr entsetzt und klagte. Wegen dieses Jammerns der Mutter ließ sich Therese durch ihre Schwester Zenzl Anfang Mai ein Rosenblatt, das an Reliquien der heiligen Theresia von Lisieux berührt war, in den Verband geben. Kurz darauf verspürte sie eine Erleichterung an diesem Fuß. Man entfernte den Verband und stellte fest, daß das aufgelegte Rosenblatt mit dem ganzen Eiter am Verband festgeklebt war und die Wunde selbst vollständig abgeheilt war. Auf der Wunde war eine frische Haut.

Am 17. Mai 1925 hörten die Eltern im unteren Zimmer die Resl plötzlich laut „Au, Au“ schreien. Sofort zu ihr eilend, fanden sie zu ihrer Bestürzung Therese geistesabwesend unverwandt auf einen Punkt schauen. Plötzlich setzte sie sich ohne Hilfe auf. Die Mutter hob, darüber verblüfft, unten das Oberbett ein wenig hoch und sah den linken Fuß gestreckt und gesund aussehend neben dem rechten. Theres rief: ,,Herr Pfarrer", gab aber auf die Frage, ob man ihn holen solle, keine Antwort. Man holte Pfarrer Naber. Als Resl zu sich kam, fragte er sie: ,,Resl, wo bist denn gewesen?" Statt einer Antwort sagte sie: ,,Ich kann jetzt sitzen und auch gehen." Man glaubte es ihr nicht, gab ihr aber auf Wunsch ein Kleid; sie stand auf und ging, von den Anwesenden gestützt, einige Schritte. Pfarrer Naber fragte nochmals, wo sie gewesen sei; ihrem Seelsorger erzählte sie nach dem Weggang der anderen, sie habe ein wunderschönes Licht gesehen, aus dem eine Stimme fragte, ob sie gesund werden wolle; sie habe geantwortet, es sei ihr alles recht, was vom lieben Gott komme, er verstehe es am besten. Die Stimme fragte erneut (laut Gerlich): ,,Hättest Du eine Freude, wenn Du heute aufstehen und gehen und Dir wieder selbst helfen könntest?" Sie antwortete: ,,Ich habe an allem eine Freude, was vom lieben Gott kommt. Mich freuen alle Blümlein, die Vögel, oder auch wieder ein neues Leiden. Am meisten freut mich der liebe Heiland." Die Stimme erklärte darauf: ,,Du darfst heute eine kleine Freude erleben. Du kannst Dich aufsetzen, probier's einmal, ich helfe Dir" (Gerlich I, S. 87). Dabei sei sie an der rechten Hand von ,,etwas Kaltem" emporgezogen worden und hätte einen furchtbar schmerzhaften Riß und Ruck an der Wirbelsäule gespürt und ,,einen Knacks, wie wenn was einschnappt". (Die Schmerzensrufe, die sie dabei ausstieß, hatten die Eltern gehört.) Die Stimme habe dann weiter gesagt: ,,Du kannst auch gehen, aber leiden darfst Du schon noch viel und lang, und kein Arzt kann Dir helfen. Nur durch Leiden kannst Du Deine Opfergesinnung und Deinen Opferberuf am besten auswirken und dadurch die Priester unterstützen. Durch Leiden werden weit mehr Seelen gerettet, als durch die glänzendsten Predigten. Ich habe es früher schon geschrieben." Wer das ,,ich" sei, sagte die Stimme nicht.

Diese letzten Worte gaben Pfarrer Naber und dem damaligen Benefiziaten, dem er den Vorfall erzählte, Veranlassung, im Schrifttum nachzusuchen. Man vermutete sofort Theresia von Lisieux, weil diese am Tag der Heilung heiliggesprochen wurde. Die Worte fanden sich als Brief 226 an den Missionar P. Rouland vom 9. Mai.1897 (Briefsammlung, Leutesdorf 1976; Hinweis P. Dr. Sträter SJ).

Mutter Neumann mit ihren zehn lebenden Kindern. Aufnahme 1916 für den im Kriege fernen Vater (Theres obere Reihe links)

Die Eltern mit den herangewachsenen Kindern. Letzte Aufnahme, bei der noch alle lebten (1946), für Pfarrer Naber

In der folgenden Zeit verlangten die Eltern, daß sich Theres noch große Schonung auferlege und zunächst zu Hause bleibe. Am Fronleichnamsfest, dem 11. Juni 1925, wurde sie auf inständiges Bitten hin zum ersten Mal wieder in die Kirche geführt. Dies war ihr erster Ausgang aus dem Elternhaus seit Kirchweih 1918. Das halbe Dorf hatte sich inzwischen auf dem Marktplatz versammelt und sah ihr auf dem Heimweg teilnahmsvoll und erfreut zu. Der Vater führte sie am Arm, die andere Hand stützte sie auf einen Stock. Wohl waren die Wunden am 17. Mai plötzlich abgeheilt, und die vermutliche Ursache der Lähmung, die Cauda-Klemmung, gemäß dem Bericht über die Wiedereinrenkung der verschoben gewesenen Lendenwirbel beseitigt worden. Aber die Beine waren nach so vielen Jahren dauernder Bettlägerigkeit noch schwach.
Am 30. September 1925, dem Jahrestag des Todes der Kleinen heiligen Theresia, lag sie nachts wach im Bett und betete die Litanei zu Ehren dieser Heiligen. Da erschien das wunderbare Licht wieder, und die freundliche Stimme sagte zu Theres Neumann, sie werde von jetzt an ohne fremde Hilfe gehen können. Sobald sie sich des Sinnes dieser Mitteilung voll bewußt geworden war, stand sie auf – es war nachts ½1 Uhr – und ging in ihrer Freude eine Viertelstunde frei im Zimmer herum. Als es in der Frühe Gebet läutete, ging sie zu den erstaunten Eltern in das Erdgeschoß hinab und von dort in die Kirche.

An Allerheiligen und Allerseelen 1925 war Therese fast den ganzen Tag und die Nacht über zum Ablaßgebet in der Kirche; sie zog sich eine schwere Erkältung zu. Hierauf wurde sie wieder bettlägerig. Es stellten sich immer mehr zunehmende, rasende Schmerzen und hohes Fieber ein. Der am 13. November endlich herbeigerufene Arzt Dr. Seidl stellte Blinddarmentzündung unmittelbar vor dem Durchbruch fest und verordnete sofortige Einlieferung zur Operation in das Waldsassener Krankenhaus. Da bat Resl der jammernden Mutter wegen die hl. Theresia um Hilfe und ließ sich eine Reliquie von ihr auf die schmerzende Stelle legen. Sie hatte vorher Pfarrer Naber befragt, ob ihre Bitte keine Versuchung Gottes sei. Dieser erhob keine Bedenken, die hl. kleine Theresia zu bitten, sie möge ohne Operation helfen, wenn dies Gottes Willen entspräche. Theres Neumann, die sich nach der Schilderung des Pfarrers wie ein Wurm vor Schmerz im Bette wand, sagte: „Heilige Theresia, Du könntest mir helfen. Du hast mir schon öfters geholfen. Mir ist's gleich. Aber hörst es doch, wie d'Mutter tut." Darauf erschien ihr, während sie sich mit strahlendem Antlitz aufrichtete, wiederum das Licht und die Stimme sagte ihr (lt. Gerlich):

„Deine völlige Hingabe und Leidensfreudigkeit freut uns. Und damit die Welt erkenne, daß es ein höheres Eingreifen gibt, sollst du jetzt nicht geschnitten zu werden brauchen. Steh auf und geh gleich in die Kirche und danke Gott! Aber gleich, gleich! Du wirst aber noch viel zu leiden haben und dadurch mitwirken dürfen am Heile der Seelen. Dem eigenen Ich mußt du immer mehr absterben. Und bleib immer so kindlich einfältig!" Mit der Erscheinung des Lichtes hatte sich ihr eine Hand entgegengestreckt. Der Vater hat den Eindruck gehabt, daß Theres ihre Hand so ausstreckte, als ob sie nach etwas greifen wollte, es aber nicht erreichen konnte, und befragte deshalb seine Tochter. Sie antwortete ihm, es sei ihr eine Hand erschienen, nach der sie – Theres Neumann – greifen wollte, die sie aber nicht habe „erwischen" können. Es sei eine weiße, schmale Hand gewesen (Gerlich I, S. 98).

Als Resl zu sich kam, erzählte sie die Worte und schloß: „Mutter, bringt's mir ein Gewand!" Die Mutter widersprach unter Hinweis auf die Dunkelheit und die Kälte des Abends. Aber Therese dachte an die Worte: „Aber gleich, gleich" und bestand auf ihrem Vorhaben, so daß man, da sich Pfarrer Naber auf die Seite der Resl stellte, ihren Willen erfüllte. Resl stand auf und ging in die Kirche, gesund und schmerz- und fieberfrei. Das Geschehen von der Ankunft des Arztes bis zur Rückkunft aus der Kirche vollzog sich innerhalb einer Stunde von 6–7 Uhr abends. In der folgenden Nacht ging der Eiter auf natürlichem Wege ab.

„Am anderen Tag fuhren Pfarrer Naber und Theres Neumann gegen Mittag mit dem Postauto nach Waldsassen zu Sanitätsrat Dr. Seidl, der sie überrascht empfing. Er erklärte, es komme allerdings, aber nur höchst selten vor, daß sich der Eiter einer Blinddarmentzündung auf natürlichem Weg durch den Darm entleere. Aber die Ausheilung einer solchen Kranken beanspruche noch mehr Zeit als die nach einer Operation" (Gerlich I, S. 99/100).

Es darf angenommen werden, daß Theres Neumann über die ihr zugesprochenen Worte, sowohl die vom 17. Mai wie vom 13. November, oft nachgedacht und zu den angekündigten Leiden Ja gesagt hat. Sie war zum Leiden bereit. Diese Haltung geht schon aus ihrer reifen Antwort am 17. Mai auf die Frage, ob sie gesund werden möchte, hervor: „Mir ist alles recht, leben und sterben, gesund sein und krank sein, was der liebe Gott will, der versteht's am besten." Noch deutlicher beweisen die Briefe, die sie auf ihrem Krankenlager nach der Heilung von über vierjähriger Blindheit ab 1923 schrieb (siehe S. 99), daß sie schon in dieser Zeit ihren Leiden den rechten Sinn zu geben wußte. Da sie nicht durch Tätigkeit der menschlichen Gesellschaft nützen konn-

„Liebe Schwester! Der liebe Gott hat mir das Augenlicht wieder geschenkt. Es grüßt dich deine Freundin Theres." Mit zittriger und nach über vierjähriger Blindheit außer Übung gekommener Hand schrieb Theres Neumann an einem der ersten Tage nach der Heilung von der Blindheit in ihrer Freude diesen Zettel an ihre Jugendfreundin im Missionsbenediktinerinnen-Kloster Tutzing (Handschrift in Originalgröße).

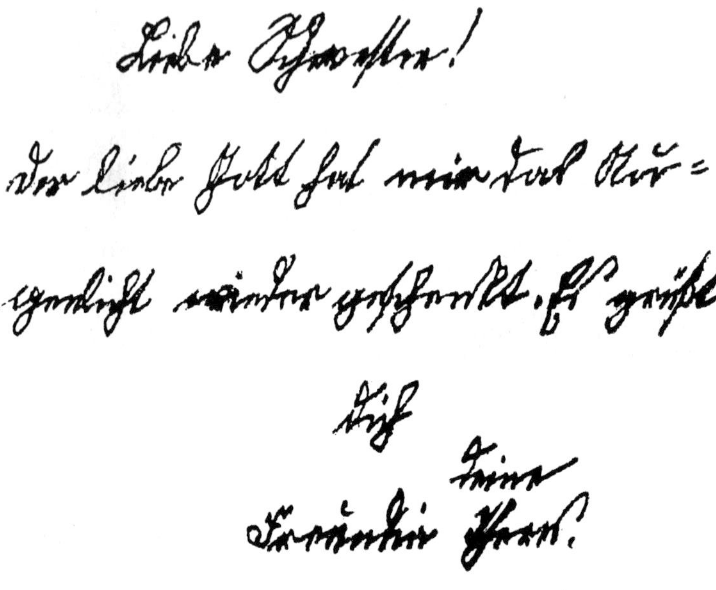
Liebe Schwester!
Der liebe Gott hat mir das Au=
genlicht wieder geschenkt. Es grüßt
dich
deine
Freundin Theres.

Der am 17. Mai 1928 in der Pfarrkirche aufgestellte Altar der Hl. Theresia vom Kinde Jesu

te, wollte sie wenigstens durch Aufopferung ihres Leidens ein nützliches Glied am Corpus Christi Mysticum sein. Von dieser Zeit an spätestens darf man deshalb wohl ihren Lebensweg als heroischen bezeichnen.

Aus dem späteren Leben ist noch eine plötzliche Heilung zu berichten: Am 15. August 1940 verschwanden während der Vision Mariä Himmelfahrt plötzlich alle Folgen eines schweren Schlaganfalles. Als Therese Maria, dem Grabe entschwebt, sah, hielt diese ihre rechte Hand über Theresens linke Kopfseite, und sofort wurde deren gelähmte rechte Körperhälfte in allen Muskelpartien und Gliedern wieder voll funktionsfähig (Näheres bringt das Buch „Visionen").

Nahrungslosigkeit

Die Nahrungsaufnahme wurde im Laufe der Krankheit immer geringer. Ab Weihnachten 1922 nahm Theres Neumann wegen Lähmung des Schluckmuskels nur noch flüssige Nahrung zu sich; ab August 1926, und auch da nur auf ständiges Drängen der Mutter, täglich nur noch ein bis zwei Löffel voll. Denn sie hatte vom August an kein Hungergefühl mehr, empfand im Gegenteil Widerwillen gegen Speise und Trank. Von Weihnachten 1926 an verweigerte sie endgültig alle Nahrungsaufnahme. Man gab ihr nur noch zur täglichen hl. Kommunion ein paar Tropfen Wasser. Ab September 1927 hat Pfarrer Naber auch diese nicht mehr gereicht. Theres Neumann hat von dieser Zeit an bis zu ihrem Lebensende, also 35 Jahre lang, ohne jegliche Speise und ohne jeglichen Trank gelebt. Die tägliche heilige Kommunion war ihre einzige Nahrung.

Die sakramentale Gestalt Christi wurde in ihr, von bestimmten Fällen oder Zeiten abgesehen, nicht aufgelöst, sondern verblieb bis kurz vor der nächsten heiligen Kommunion. Sie fühlte es, wenn die sakramentale Gegenwart beendet wurde und drängte dann rasch zur nächsten hl. Kommunion (Angaben von Pfarrer Naber; Beispiele dafür werden im Teil II angeführt. (Vgl. S. 161)

Die Nahrungslosigkeit wird neben eidlichen Aussagen von Theres selbst von den Eltern und Geschwistern und allen Personen ihrer Umgebung bestätigt. „Sie war oft den

Theres im Jahre 1925
(nach der Heilung)

Nach der Stigmatisierung
Aufnahme 1928 (für Gerlichs Werk)

ganzen Tag über mit Angehörigen auf dem Feld oder im Garten, bei großer Sommerhitze, und hatte nicht das geringste Durstgefühl" (Mitteilung Bruder Ferdinand Neumann). Außerdem konnten sich alle die Kreise von ihrer Nahrungslosigkeit überzeugen, bei denen Theres im Laufe des Lebens, oft mehrtägig, zu Gast war. Hier falsche Aussagen gewissensverpflichteter Menschen anzunehmen, also Betrug und Täuschung zu unterschieben, wäre ein grober Verstoß. Es ist nicht erlaubt, die Glaubwürdigkeit wahrheitsliebender, im Leben bewährter Menschen ohne überzeugende Gegengründe anzuzweifeln, namentlich nicht, wenn ihre Angaben in solch breiter Streuung übereinstimmen.

Im Zusammenhang mit der Nahrungslosigkeit unterblieben auch die Ausscheidungen. Im bisher unveröffentlichten Tagebuch Pfarrer Nabers findet sich unter dem 1. März 1931 (2. Fastensonntag) folgender Eintrag: „Schauung der Verklärung Christi[2]. Theres erklärt, sie habe beim erstmaligen Schauen der Verklärung Christi (6. Aug. 1926) Hunger und Durst auf dem Tabor gelassen. Ich hatte damals auch den

Eindruck, daß sie von jenem Tage an nichts mehr an Speise und Trank, eigentlich bloß an Trank, benötigt hätte. Feste Speise hatte sie ja schon seit Anfang des Jahres 1923 nicht mehr zu sich genommen. Vom 6. August 1926 bis Weihnachten dieses Jahres nahm Theres nur auf Drängen der Mutter etwas Flüssigkeit – es mochte in der Woche vielleicht eine Tasse ausmachen, mußte sich dann aber wieder erbrechen. Sie schmierte die Mutter auch aus, wie sie sagt, indem sie mit der Flüssigkeit Blumen begoß, die aber dann zugrunde gingen. Von Weihnachten 1926 bis in den September 1927 hinein erhielt Theres nur gelegentlich der hl. Kommunion ein wenig Wasser, weil ich glaubte, sie könnte das Teilchen Hostie, das sie ihres kranken Halses und der dadurch verminderten Schluckfähigkeit wegen nur gereicht erhielt, so nicht schlucken. Seit September 1927 hat sie nicht das Geringste an Speise und Trank, auch nicht einen Tropfen Wasser, mehr zu sich genommen. Die Ausscheidungen aus Blase und Darm, die zuletzt schon sehr selten geworden waren (etwa alle 14 Tage etwas Wasser und alle 2–3 Monate unter großem Schmerz etwas Schleim aus den Gedärmen), haben mit Beginn des Jahres 1930 überhaupt aufgehört.

Wenn man Theres fragt, wovon sie denn lebe, sagt sie einfach: ‚Vom Heiland'. Sie meint: von der hl. Kommunion. Es erfüllt sich da an ihr *buchstäblich* das Wort des Herrn: ‚Mein Fleisch ist wahrhaft eine Speise und mein Blut ist wahrhaft ein Trank.' Daß Theres Hunger und Durst gerade auf dem Verklärungsberge beim Schauen der Herrlichkeit des Heilandes verloren hat, erinnert mich an die Worte der Schrift: ‚Satiabor, cum apparuerit gloria tua'." Soweit die Eintragungen Pfarrer Nabers vom 1. März 1931.

Überprüfung der Nahrungslosigkeit

Im Juli 1927 wurde Theres Neumann mit ihrer Zustimmung auf Veranlassung des Regensburger Ordinariates durch eine ärztliche Kommission und vier vereidigte Mallersdorfer Schwestern sehr streng und genau überwacht. Das Ordinariat hatte zuvor an zuständiger Stelle zurückgefragt, wie lange ein Mensch normalerweise ohne Speise und Trank leben könne, und, besonders im Hinblick auf das letztere, eine Frist von 11 Tagen genannt bekommen. Daraufhin setzte man die Zeit der Überwachung auf 15 Tage fest. Je zwei von vier vereidigten Schwestern haben Theres während dieser 15 Tage gemäß der kirchlichen und ärztlichen Anweisung genauestens beobachtet. Das Mundspülwasser wurde nachgemessen, alle Ausscheidungen wurden kontrolliert. Von den blutenden Stigmen wurden Aufnahmen gemacht, und das Blut selbst wurde untersucht. Es wurden sogar ihr sehr peinliche Untersuchungen, die in ihrer Zustimmung zur „Überwachung" nicht inbegriffen waren, ohne Frage, ob sie diese erlaube, an ihr vorgenommen. Sie hat sich zehn Jahre hindurch gescheut, diese selbst ihren Eltern mitzuteilen. Man hat auch während der Untersuchung einen Blendversuch mit Kohlenbogenlampen mit einer Lichtstärke von 5000 Watt während der Freitagsekstase durchgeführt. Der Strahl wurde direkt während der Ekstase auf ihre offenen Augen gerichtet. Wenn Theres normal empfindlich gewesen wäre, hätte dieser schwerste Sehstörungen für die schon einmal Erblindete auslösen können. Sie aber zuckte nicht einmal. Damit wird bewiesen, daß sie, wie später ausgeführt wird, im Zustand visionären Schauens für äußere Eindrücke völlig unempfindlich war.

Es wurde nicht die geringste Nahrungsaufnahme während dieser 15 Tage festgestellt.[3] Das Gewicht betrug bei Beginn der Untersuchung 55 kg, sank nach den Freitagsleiden einmal auf 51 kg, das andere Mal auf 52,5 kg, und war beim Abschluß der Untersuchung wieder ohne Nahrungs- und Getränkeaufnahme 55 kg (vgl. hiezu Gutachten Mayr S. 182ff.). Das Durchschnittsgewicht von Theres Neumann hat im Laufe des weiteren Lebens nicht abgenommen; sie ist sichtlich alters- und erbveranlagungsgemäß stärker geworden. Während der Freitagsleiden hatte sie jedesmal erheblich (wie aus oben angeführter Überprüfung ersichtlich, bis zu 8 Pfund) an Gewicht verloren; bis zur Mitte der nächsten Woche hatte sie jedoch ohne jede Nahrungsaufnahme ihr Körpergewicht wieder auf den Durchschnittsstand ergänzt. Solche starke Schwankungen würde ein normaler Organismus wohl nicht einmal mit Nahrungszuführung überwinden können, wenigstens nicht auf die Dauer und nicht ohne schwere Störungen.

Im Dritten Reich wurde der Nahrungslosigkeit der Theres Neumann insofern Rechnung getragen, als man ihr für die

Zeit der Lebensmittelrationierung, also vom Kriegsbeginn an, keine Lebensmittelmarken zuteilte. Auf ihren Antrag hin gewährte man ihr erhöhte Zuteilung an Waschmittelmarken zur Reinigung des großen Wäscheanfalles, der durch die Freitagsblutungen entstand. Diese Regelung behielt sie dann auch nach dem Kriege bis zum Ende der Zwangsbewirtschaftung bei.

Prälat Prof. F.X. Mayr, Eichstätt, berichtet hiezu noch folgendes: ,,Eine unerwartete Gelegenheit, die Nahrungslosigkeit nachzuprüfen, ergab sich, als Th. vom 7. bis 13. Juli 1940 nach einem Gehirnschlag halbseitig gelähmt im Hause Wutz in Eichstätt zu Bett lag und ganz auf fremde Hilfe angewiesen war. Auf Anordnung von Bischof Michael Rackl wurde sie in dieser Zeit unter strengster Kontrolle gehalten. Es ließ sich einwandfrei feststellen, daß sie in diesen 7 Tagen keinerlei Nahrung und keine Getränke zu sich nahm und daß auch keinerlei Ausscheidungen erfolgten. Sie lebte nur von der Eucharistie, die sie täglich empfing. Die Dokumente darüber sollen mit anderen zu gegebener Zeit veröffentlicht werden.

Einen weiteren Beweis der Nahrungslosigkeit lieferte der Eichstätter Zahnarzt Dr. Richard Diener, bei dem im Mai 1930 Th. auf Veranlassung von Prof. Wutz ihre Zähne behandeln ließ. In einem für die kirchliche Behörde bestimmten Gutachten hebt er hervor, daß ‚die zu allen möglichen Formen zerstörten Zähne und kronenlosen Wurzeln' ohne die kariösen Beläge waren, die man sonst in jedem Gebiß beobachten kann. Die Mundhöhle der Resl war frei von der üblichen Bakterienflora, die durch die Nahrung in sie gelangt. Daraus zog Dr. Diener den Schluß, daß bei Th. eine Nahrungsaufnahme durch den Mund ausgeschlossen war.''

Stigmatisation und Passions-Visionen

Zu den auffallenden Heilungen und dem verminderten Nahrungsbedürfnis, das dann in die Nahrungslosigkeit überging, traten in der Fastenzeit 1926 plötzlich neue Erscheinungen hinzu: der Beginn der geschichtlichen Schauungen und – verbunden mit der Schauung des Leidens Christi – die Stigmatisation. Theres hatte vom Wesen einer Stigmatisation keine Vorstellung und hegte nach ihr keinen Wunsch. Dieser würde ihr, wie sie Jahre später sagte, „auch heute noch als sündhafte Vermessenheit erscheinen“. Vorgetragenen Autosuggestionsthesen steht diese Einstellung von Theres Neumann gegenüber.

In der Nacht vom Donnerstag, dem 4. März 1926, auf Freitag, den 5. März, sah sie plötzlich - sie lag ohne besondere Gedanken und ohne sich bewußt zu sein, daß Donnerstag sei, in ihrem Bett - Christus im Garten am Ölberg knien und hörte ihn beten. Plötzlich sah er sie an („er hat mich gut angeschaut“). Im gleichen Augenblick fühlte sie in der Herzgegend einen solch heftigen Schmerz, daß sie glaubte, sterben zu müssen. Gleichzeitig rann an der schmerzenden Stelle heiß das Blut herunter. Sie blutete dann leise bis Freitag Mittag weiter. An den nächsten beiden Freitagen wiederholte sich die Schauung und dehnte sich auf Geißelung und Dornenkrönung aus, wobei wieder die Seite blutete. Am „Schmerzhaften Freitag“, dem 26. März 1926, sah sie dazu noch Kreuztragung und Sturz. Die Herzwunde blutete, und es brach auch auf dem linken Handrücken eine Wunde auf. In der Nacht vom Gründonnerstag auf Karfreitag 1926 (1./2. April) sah Theres erstmals den ganzen Leidensweg vom Ölberg bis zum Kreuzestod. Man rief Pfarrer Naber; er kam mit dem Krankenöl, um ihr allenfalls die hl. Ölung zu spenden. Er berichtete (Grenzzeitung Nr. 89 vom 21. April 1926): „. . . Als ich sie am Karfreitag nach dem Mittagstisch mit noch einem Geistlichen besuchte, lag sie da wie ein Marterbild, die Augen von Blut ganz verklebt, zwei Streifen Blut über die Wangen, fahl wie eine Sterbende.“ Es ist charakteristisch für die Resl, daß sie ihre Wunden - am Karfreitag waren auch noch die rechte Hand und die beiden Füße aufgebrochen - vor Eltern und Pfarrer Naber zu verbergen suchte, was ihr mit Hilfte ihrer Schwester Kreszenz auch noch am Karfreitag gelang.

Am Karsamstag allerdings konnte sie beim Umbetten ihre Wunden nicht länger geheimhalten. Die aufgeregten Eltern gingen zu Pfarrer Naber. Dieser brachte am Ostersonntag früh die heilige Kommunion. Anschließend bat er die Eltern, die Verbände von Händen und Füßen abzunehmen und gebot der Resl, die Wunden zu zeigen. Resl war dies sehr zuwider, aber sie gehorchte. „Von dem unerwarteten

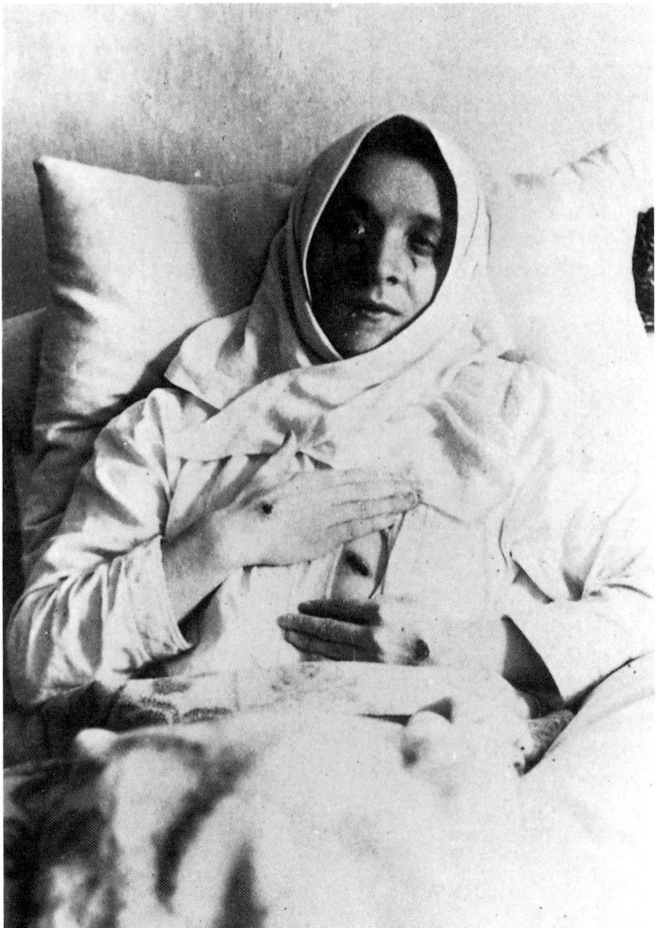

Herzstigma und Handstigmata bei der ärztlichen Überprüfung im Juli 1927 (Archiv-Foto, von Therese widerwillig, aber in Gehorsam zugelassen)

Anblick war Pfarrer Naber ebenso wie tags zuvor die Eltern aufs höchste betroffen, und es währte lange, bis ihm die gewohnte innere Ruhe zurückkehrte“ (Gerlich I, S. 105). In

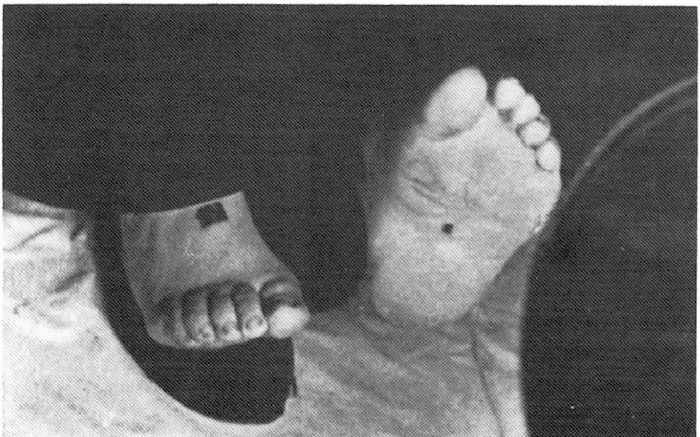

Oben: Ein Handstigma. - Unten: Die Fußstigmata, beim Wärmen der Füße nach einer Durchnässung überraschend aufgenommen

der Frühe des Ostermorgens hatte Theres den auferstandenen Heiland gesehen.

Man versuchte nun, zunächst mit Hausmitteln, und, als

diese nichts fruchteten, mit ärztlicher Hilfe, die Wunden zur Abheilung zu bringen. Sanitätsrat Dr. Seidl, Waldsassen, untersuchte Therese und stellte an der Seitenwunde eine Länge von 3 $1/3$ cm fest. Er sagte, es sei ihm ähnliches in seiner langjährigen Praxis noch nicht begegnet. Er verordnete Salben und legte Verbände an, aber je mehr man sich bemühte, desto schmerzhafter wurden die Wunden. Hände und Füße schwollen an. Theres bat nun die hl. kleine Theresia um ein Zeichen. Wenn die Wunden mit der Salbe geheilt werden sollten, wäre es ihr recht, wenn aber nicht, möge der Heiland erkennen lassen, was weiter zu tun sei (am 17. April 1926, nachts gegen 2 Uhr). Bald darauf spürte sie ein Lockern des Verbandes. Sie weckte die in ihrem Zimmer schlafende Schwester „Zenzl" und bat sie, den Verband abzunehmen. Mit einem Stock, der auch sonst als Klopfzeichen für die Eltern gedient hatte, weckte man die Eltern, die im Zimmer darunter schliefen, und zeigte ihnen die Wunden. Sie sahen hellrot aus, aber über ihnen hatte sich ein durchsichtiges Häutchen gebildet, so daß Theres von jetzt an wieder Hände und Füße waschen konnte. Dr. Seidl war erstaunt über die Eigenart der Wunden, die sich weder entzündeten noch eiterten, wenn man sie in Ruhe ließ, aber bei Behandlung die größten Schmerzen verursachten. Er verzichtete dann auf weitere Verordnungen.
Aus innerer Scheu und um sensationeller Neugier zu entgehen, trug Theres Neumann von da an Stutzhandschuhe mit freien Fingern, später Kleider mit sehr langen Ärmeln, so daß die Wundmale nur gelegentlich zum Vorschein kamen. Die Scheu vor allem neugierigen Begafftwerden hat sie durch ihr Leben beibehalten. Die Herzwunde hat außer den Ärzten und Schwestern und den pflegenden Familienmitgliedern niemand mit ihrem Wissen gesehen. Ein Theologieprofessor, der in der Ekstase die Wunde aufdeckte, durfte Therese nie mehr besuchen. Wo sie konnte, suchte Theres es zu verhindern, von Unbekannten fotografiert zu werden, und Bekannte, denen sie gelegentlich eine Erinnerungsaufnahme an eine gemeinsame Feier o. ä. gestattete, mußten ihr versprechen, die Bilder zu ihren Lebzeiten nicht ohne ihre Zustimmung zu veröffentlichen. Die Stigmen sind bis an das Lebensende verblieben. Auf dem Totenbett hatte man die Wunden der Hände enthüllt.

Diese Ereignisse durchliefen blitzschnell die Weltpresse. Es setzte ein für die unmittelbar Beteiligten unerwünschter und bedrängender Sensationsansturm in Konnersreuth ein, der sich noch steigerte, als bekannt wurde, daß sich die Leidensekstasen an den Freitagen (mit Ausnahme der Festzeiten und Festtage) wiederholten. Viele führte aufrichtiges seelisches Bedürfnis herbei; viele kamen aus Neugierde, wurden erschüttert und suchten die Kirche auf zum Gebet und Sakramentenempfang. Diese Stärkung im Glauben und im Vertrauen wurde eine der Missionsaufgaben von Konnersreuth, deren Strapazen und Entsagungen sich alle, besonders Pfarrer Naber und die Mitglieder der Familie Neumann, unterziehen mußten und auch unterzogen, für die der Besucherandrang zeitliche Opfer und seelischen Kraftverbrauch bedeutete.

BEWUSSTSEINSZUSTÄNDE DER THERES NEUMANN

1. Ekstatische Zustände

a) Zustand des visionären Schauens

Es wurde bereits im letzten Kapitel ein vom normalen Bewußtsein eines Menschen abweichender Zustand dargelegt: der ekstatische Zustand visionären Schauens. Der ekstatische Zustand hatte aber auch noch andere Formen, die wir im folgenden anführen werden.

b) Der erhobene Ruhezustand

Wer Theres Neumann in diesem Zustand sah, der fast nach jeder hl. Kommunion, aber auch zur Stärkung zwischen den Leidensvisionen auftrat, hatte das Empfinden, daß sie dann mit Christus in Glückseligkeit vereinigt sei. Sie saß aufrecht und fast unbeweglich, mit geschlossenen Augen, aber selig gelöstem Angesicht und war, im Gegensatz zu den Visionen, ansprechbar. Ihre Aussage oder Gegenrede bei Besprechungen und Fragen war lebhaft, sicher und von einem solchen Takt, daß viele ergriffen und selbst beglückt wurden. Das Wissen, das hier geäußert wurde, überstieg weit das Wissensgut von Theres Neumann in normalem Zustand. Sie sprach hier annähernd hochdeutsch. Die Person des mit ihr Sprechenden war durchschaut, und manchmal wurden, gewissermaßen um Vertrauen zu schaffen, ohne Vorwurf persönliche Bemerkungen aus dem Vorleben des Betreffenden gemacht, oder es wurden Antworten im Gespräch auf eine Frage gegeben, ehe man die Frage formuliert und gestellt hatte. Es war möglich, über Probleme zu sprechen, die dem eigenen oder dem Seelenheil anderer dienten, auch über Projekte, wenn man damit Christus dienen wollte, es wurden zuweilen sogar wertvolle persönliche Ratschläge gegeben. Man mußte sich aber hüten, diese, wie es manchmal geschah, nach eigenen Wünschen auszudeuten; man mußte sich, wenn man schon im Vertrauen auf die Übernatürlichkeit der Quelle eine Frage stellte, der Herkunft der Antwort aus einem transzendenten Reich bewußt sein und folglich damit rechnen, daß die Antwort möglicherweise selbst die Schranke des Todes übersprang (z.B. Schicksal Gerlich); man mußte schließlich im Auge behalten, daß es nicht etwa Weisungen mit der Folgen-Übernahme durch den Auftraggeber waren, sondern Ratschläge, bei deren Durchführung der Empfangende vor Recht, Gesetz und Gewissen ebenso selbstverantwortlich blieb, wie auch bei dem Rat eines Freundes.

Die Antworten kamen offensichtlich nicht aus dem Wissen und Bewußtsein der Theres. Pfarrer Naber hat in diesem Zustand häufig auch noch weitere Erklärungen zu den Visionen erhalten. In das normale Bewußtsein zurückgekehrt, hatte Therese keinerlei Erinnerung an das, was gesprochen worden war, und nicht selten kam es deshalb vor, daß ein Auftrag lautete: „Sag der Resl, sie möge dem und dem schreiben, oder das und das tun.“ Jeder wurde in diesem Zustand mit „Du“ angeredet. Nach einiger Zeit kehrte, meist unter entspannendem Gähnen, das normale Bewußtsein bei Theres zurück.

Man verhielt sich in diesem Zustand, schon auch aus Ehrfurcht vor der kurz vorher vollzogenen hl. Kommunion, in geziemender Weise und führte nur der Situation angemessene Gespräche. Ungebührliche Fragen wurden nicht beantwortet. Es konnte vorkommen, daß dann der erhobene Ruhezustand abbrach. Im allgemeinen war der Kreis der zum erhobenen Ruhezustand Zugelassenen sehr beschränkt. Pfarrer Naber pflegte jedesmal, vor allem dann, wenn er den Betreffenden mit der Ekstatischen allein ließ, vor der ersten Begegnung zu fragen, ob er die Person zulassen dürfe.

Als ein Beispiel sei wiederum ein Fall berichtet, der aufzeigt, daß das Wissen der Ekstase und das des normalen Zustandes gänzlich auseinanderliefen, daß also eine Beeinflussung der ekstatischen Antwort durch persönliche Meinung in diesem Fall sicherlich nicht stattfinden konnte. Pfarrer Naber hatte mir - es war 1931 - erlaubt, ihn bei der Überbringung der hl. Kommunion in das Haus Neumann zu begleiten und im erhobenen Ruhezustand Fragen zu besprechen (vgl. später „Der Gerade Weg"), mit denen ich beauftragt und auch selbst beschäftigt war. Auf dem Weg läutete die Sterbeglocke. Ich wußte nicht, wer gestorben war, und es wäre unziemlich gewesen, auf einem Gang mit dem Allerheiligsten etwas zu fragen. Als Therese kommuniziert hatte, verließ Pfarrer Naber das Zimmer. Ich war mit Theres im erhobenen Zustand allein und konnte die Anliegen, die mir Dr. Gerlich aufgetragen hatte, besprechen. Da kamen nach längerem Gespräch die Worte: „Die Benigna hat schon recht, wenn sie sagt, jeder Mensch erhält nach dem Maße seines Vertrauens. Schau, wie ist dem Professor geholfen worden." Es wurde ein Fall einer besonderen Hilfe für Prof. Wutz erzählt, an den sich das folgende anschloß: „Da ist heut nacht ein Mann gestorben. Der war an sich gut, aber er hat vom Heiland nichts wissen wollen. Da ist der Herr Pfarrer zu ihm gegangen, aber ohne etwas zu erreichen. Kürzlich ist dann die Resl zu ihm gegangen, und da hat er sich gerichtet (d.h. die Sakramente empfangen. DV), und heute nacht ist er plötzlich gestorben. Wie ist dem geholfen worden!" Ich dachte mir, was hat diese letztere Mitteilung mir wohl zu sagen? Da ging die Ekstase in gewöhnlichen Zustand über. In dieser Zeit kam Pfarrer Naber zurück. Ihn begrüßte Resl mit den Worten: „Gell jetzt ist heut nacht dös alte Weiberl gstorben." „Welches?" fragte Pfarrer Naber. „No ja, die N. N." (ich habe mir den Namen nicht aufgeschrieben). Pfarrer Naber: „Nein, nein, die ist nicht gestorben." Resl: „Ja wer denn sonst? Ist ja niemand krank hier, und ich hab' doch, bevor Sie kommen sind, das Sterbeglöckerl läuten hören." Da sagte Pfarrer Naber den

Namen des Verstorbenen. Sie war völlig überrascht und sagte immer wieder: „Ja so was! Dem hat doch gar nichts gefehlt." Ich erzählte dann die Ekstaseworte und erkannte, daß Theres im erhobenen Ruhezustand Dinge wußte, die ihr im Normalzustand völlig unbekannt waren, sogar der Vermutung des Normalzustandes, wie in diesem Falle, direkt zuwiderliefen. Ich fand später die vernommenen Worte vom Vertrauen als Ausspruch der Benigna Consolata Ferrero.

c) Zustand des „Gebetes der Ruhe"

Eine weitere Form des ekstatischen Zustandes ist der Zustand des „Gebetes der Ruhe", in dem die Seele, vereinigt mit Gott, alles Zeitgefühl verliert. Auch dieser Zustand ist bei Theres Neumann vorgekommen. Ich zitiere zwei Eintragungen aus Pfarrer Nabers Aufzeichnungen.

„12. April 1931 (Weißer Sonntag): In der Osterwoche hatte Theres keine eigentlichen Schmerzen in den Wundmalen, sie fühlt nur, daß etwas Besonderes dort ist. Am Weißen Sonntag abends begannen die Schmerzen wieder, und sie hatte in der folgenden Nacht bereits wieder ein Sühneleiden und zwar für den ungläubigen Vater einer Erstkommunikantin. In der Osterwoche hat Theres, wenn sie nicht zur Kirche hat kommen können, zu Hause den Heiland täglich bei der Wandlung gesehen und hat sich heuer an ein kürzeres Schauen des Heilands das Gebet der Ruhe angeschlossen, weil das für sie (hieß es im erhobenen Ruhezustand) noch beglückender sei, als das Schauen des Heilandes."

„24. Mai 1931 (Pfingstsonntag): In der vergangenen Nacht um ungefähr 1 Uhr hat sich Theres in die Kirche geschlichen (man hatte ihr einen Sakristeischlüssel übergeben, damit sie unbemerkt und ungestört bei verschlossenen Portalen zur Anbetung gehen könne. DV) und dort auf einen Vespersessel gesetzt. Dort erschien ihr der Heiland und sie kam dann in's Gebet der Ruhe. Erst als jemand zum Engel-des-Herrn-Läuten kam, schlich sie sich davon. Die Sehnsucht nach solcher Einsamkeit mit dem Heiland benimmt ihr die Furcht, in ihr fühlt sie sich selig." (Die Zeitspanne betrug also mindestens vier Stunden. DV)

d) Zustand der Verzückung

Eine besondere Form und Höhe des ekstatischen Zustandes,

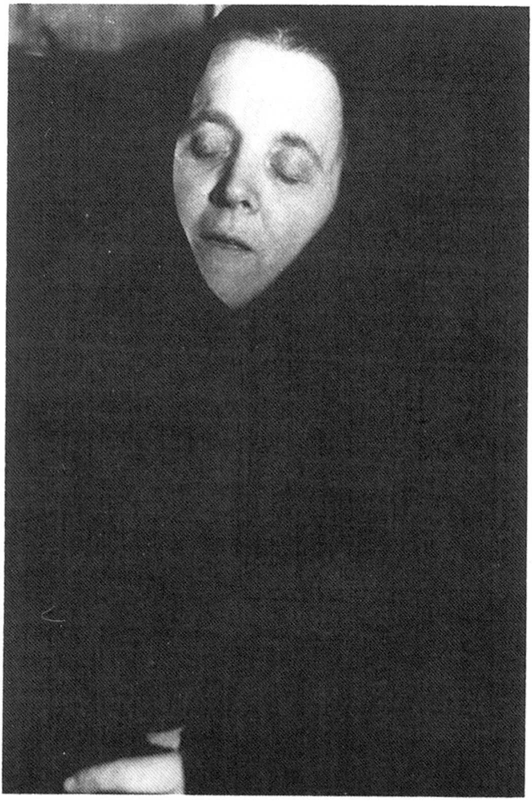

Im Zustand des Gebetes der Ruhe

der allerdings nur selten vorkam, bezeichnet Pfarrer Naber als den „Zustand der Verzückung“. Er überfiel Theres Neumann, wenn sie etwas hervorragend Schönes sah, z. B. einen besonders farbenprächtigen Sonnenuntergang oder eine überwältigende Landschaft. (Ein Beispiel: als man Theres einmal nach einem Besuch bei Bischof Gregorius Schmid von Grüneck in Chur über Oberalp und Furka fuhr und sie zur Rechten den in der Sonne liegenden Rhône-Gletscher und zu Füßen das oberste Rhônetal bei Gletsch sah. Mitteilung Prof. Wutz). Der Zustand ist, berichtet Pfarrer Naber, „auch eingetreten, wenn sie in einer Predigt habe reden hören von der Liebe und Güte des Heilandes. Sie saß oder stand dann ruhig da, immer wieder selig lächelnd, mit über der Brust gekreuzten Händen. Sie könne dann, sagte sie hernach, nicht mehr denken, sie fühle nur noch die Größe und Macht Gottes und des Heilandes". Der 93jährige Pfarrer Naber sagt heute: „Das ist meiner Ansicht nach ein Stück Himmel, so werden wohl die Heiligen in Gott alles schauen." In seinen Aufzeichnungen befindet sich folgender Eintrag (unter dem 1. Juni 1932): „Neuhinzugekommen sind seit Weihnachten 1931 geistige Schauungen. Was diese eigentlich seien, sagt Theres, könne sie nicht beschreiben. Sie treten ein, wenn sie in ihren Visionen des Heilands Gottheit bei seinem Auftreten, Reden oder Wirken besonders hervortreten sieht; von der Wandlung bis zur Kommunion, wenn sie bei ersterer den Heiland in der Verklärung vom Himmel auf den Altar hat herabkommen sehen, auch sonst, wenn sie sich der Größe, Macht, Schönheit usw. Gottes lebhaft bewußt wird. Dann hebt sich ihre Brust, sie öffnet Mund und Augen und ringt nach Atem, oder sitzt ruhig, immer wieder selig lächelnd, die Hände über der Brust gekreuzt da. Eine manchmal kaum mehr faßbare Fülle von ‚Freude am Herrn' entwickelt sich da in ihr; sie *fühle* da gewissermaßen, sagt sie, die Größe und Macht Gottes und des Heilandes. Dieser Zustand geht offenbar über den Zustand des Gebetes der Ruhe hinaus, in welchem sie, ohne diskursiv zu denken, einfach den Heiland gern hat und sich seiner freut; er ist aber auch verschieden vom erhobenen Ruhezustand, in dem der Heiland der Theres Seele und Leib in süßeste Ruhe versetzt und, ohne diese zu stören, nur selbst jene gelegentlich als Werkzeug für Kundgebungen gebraucht."

2. Kindlicher Zustand der Eingenommenheit

Es gab aber neben dem gewöhnlichen und den verschiedenen Formen des ekstatischen Zustandes noch einen weiteren, den der Eingenommenheit, nämlich von dem eben Geschauten. Er war gewissermaßen eine mystische Phase zwischen dem visionären und dem gewöhnlichen Zustand. Theres Neumann hatte hier die Ausdrucksfähigkeit eines etwa fünfjährigen Kindes, aber die Denkfähigkeit eines Erwachsenen. In diesem Zustand konnte man sie über Inhalt und Ablauf des eben Geschauten befragen, während sie im Normalzustand nicht gern davon sprach. Sie konnte sich in diesem Zustand nie, im ganzen Leben nicht, an dieselbe Vision, wenn sie schon in früheren Jahren aufgetreten war, von einem zum anderen Mal erinnern, auch nicht in der sich so oft wiederholenden Leidensvision. Sie konnte es von einer Schauung zur anderen nicht glauben, daß Jesus gekreuzigt würde; sie hielt von einem zum anderen Mal Judas zunächst für einen Freund Jesu, weil er ihn küßte, usw. Dagegen konnte sie sich daran erinnern, wenn sie in anderen Visionen die gleichen Personen und Orte sah. So bezeichnete sie z.B. nach der Vision des bethlehemitischen Kindermordes die Stadt, die sie gesehen hatte, als „den Platz, wo's neulich die Mutter net hineinlaßn ham" (nämlich bei der 4 Tage vorher geschauten Herbergsuche; unwillkürlich weckt dieses Zusammenbringen zweier Ereignisse die Frage, ob dieser Kindermord vielleicht Sühne für die gezeigte Hartherzigkeit sein sollte. DV). Oder den Jordan bei der Taufe Jesu als „das laufende Wasser, wo die Drei mit ihre Leut (Zug der Heiligen Drei Könige) drüber san". Paulus, den sie beim Apostelkonzil heftig auftretend sieht, nannte sie bei anderen Visionen den „Stamperer", Johannes den Täufer „den mit'm Viechgwand" (Tierfelle als Bekleidung), Maria Magdalena „das Moidl", Pilatus den „Idrauminet" (ich trau' mich nicht) usw. Die Muttergottes war stets „die Mutter", der hl. Josef „der guat Mo", Johannes Ev. „der gunge (junge) Mo". Die Vertrauten lernten diese Bezeichnungen allmählich kennen und in Befragungen bei späteren Visionen anwenden.

3. Gewöhnlicher Zustand

In diesem Zustand erwies sich Theres Neumann als intelligent, und man konnte mit ihr vieles besprechen und beraten, um so mehr als sich bei ihr durch die Berührung mit Besuchern aus aller Welt der Gesichtskreis immer mehr erweiterte.

Freilich kamen in diesem Zustand auch menschliche Schwächen zum Vorschein, deren Erwähnung eines gerechten Bildes wegen nicht unterlassen werden soll. Theres hatte ein lebhaftes Temperament; und Menschen solcher Veranlagung neigen zu einem jähen Wesen (Jähzorn zu sagen, wäre bei Theres Neumann zu scharf geurteilt), das eine Verärgerung nicht verbirgt. So erschien sie dann so manchem Besucher als abweisend, unwillig, manche meinten sogar als lieblos. Betrachten wir die Lage: Wer würde nie unwillig, wenn zu ihm jahrzehntelang Fremde, Dutzende, Hunderte, täglich kämen und ihre Sorgen - und oft welche Sorgen! - ausbreiten möchten. Wenn sie ihm ins Haus, in den Garten, ja selbst in die Kirche nachlaufen, wenn sie omnibusweise anströmen und mit Fotoapparaten hinter allen Winkeln auf jeden Ausgang lauern, ja sogar beim Besuch plötzlich die Kamera zücken! Daß die Resl diejenigen, die ihr sogar durch die Sakristei nachschlichen, wenn sie gerade mit dem Schmücken der Kirche beschäftigt war - denn die Kirchentüren wurden dann verschlossen - und sie bei der Arbeit störten, mit unfreundlichem Gesicht stehen und durch ihre Hilfe auffordern ließ, sie möchten wieder gehen, daß sie diejenigen fortwies, die sich neugierig an ihren Gartenzaun drängten, womöglich mit Teleobjektiven bewaffnet, wenn sie Blumen pflegte - für die Kirche -, wer mag es ihr verdenken! Daß bei diesem Unmut auslösenden Andrang zunächst alle, Ernsthafte und Sensationslüsterne, abgewiesen wurden, ist verständlich. Wenn Theres merkte, daß ein Besucher mit einem echten Anliegen zu ihr kam, widmete sie sich ihm, und zwar zu jeder möglichen Tageszeit, gerne und auch, wenn einmal Kontakt hergestellt war, für lange Zeit. Leider mußte sie aber oft feststellen, daß manche Besucher, die sehr auf eine Unterredung drängten, auf die Frage, in welchen Anliegen sie kämen, nur die Antwort wußten: „Wir wollten Sie nur einmal anschauen", worüber Therese dann mit Recht entrüstet war. Dennoch bekämpfte sie die Heftigkeit als ihren Hauptfehler. In Pfarrer Nabers Aufzeichnungen steht als ihre Äußerung der Satz: „Wenn ich einmal gach (jäh) gewesen bin, dann habe ich den Heiland gleich gach gern, damit er's wieder auslöscht", und an anderer Stelle verspricht sie: „Heiland, hilf dem N. N., ich werde dafür im nächsten Monat zu den Besuchern recht lieb sein." Trost schenken und die Werke der Barmherzigkeit üben, war ihr innerstes Wesen. Wir werden das noch sehen.

Das Besondere, das im Normalzustand in Erscheinung trat, war ihr kindlich-frommes Wesen, ihre ständige und innige Verbundenheit mit dem Heiland, die nicht selten den Besuchern sich mehr oder minder stark mitteilte und auch diese erkennen ließ, welche Kraft und welche Seligkeit aus der Gottverbundenheit entspringt. Viele kamen in anderer seelischer Verfassung von Konnersreuth zurück, als sie dorthin gegangen waren, manche für einige Zeit, wie der Samen, der auf steinigen Boden fällt, oder in die Dornen (Lk 8,13–15), manche aber für immer beeindruckt. Die im dritten Teil dieses Buches folgenden Berichte bringen Bestätigungen.

Theres Neumanns heroische Haltung drückte sich in der Hingabe aus: ,,Heiland, nimm alles, was ich zu leiden habe, für andere an; für meine eigenen Fehler will ich schon selber im Fegfeuer büßen" (Mitteilung Pfarrer Naber). Zu leiden hatte Theres Neumann fast in übermenschlichem Maße. Zu ihren körperlichen Leiden der ständigen Schmerzempfindlichkeit der Stigmen (mit Ausnahme der Osterwoche), der mitempfundenen körperlichen Schmerzen bei den Freitagsleiden, der Schmerzen und Plagen, die ihr Sühneleiden verursachten, kamen die seelischen Leiden: Das Mit-Leid mit dem Heiland und seiner Mutter, das Mit-Leid mit den Kranken, mit den Leiden und Gebrechen der Besucher. Pein bereiteten ihr Spötter, ,,Heiland verzeih" war ihr Wort, wenn sie einen Fluch hörte. Auch in dem großen Stoß Post, der ihr täglich zuging, befanden sich so manche Beleidigungen, auch anonym. Wenn sie sich gegen sie selbst richteten, beachtete sie diese nicht. Wenigstens war dies äußerlich nicht sichtbar, wenn sie auch innerlich wohl Schmerz empfand. Aber es erfolgten auch Beleidigungen von Göttlichem und Heiligem. Diese berührten sie sehr. So sind auf einer ihr im Dezember 1930 zugegangenen Spottkarte (offene Postkarte) die Spuren von Tränen zu sehen. Wir bringen deren Inhalt, um an einem Beispiel zu zeigen, welcher Schmutz an Konnersreuth herangetragen wurde.

,,An Fräulein Therese Neumann, halbwegs Heilige, Konnersreuth, Straße ist nicht nötig; weltbekannt. Absender: ein ungeduldiger Verehrer. Stempel: Würzburg–Bamberg. Bahnpost. 14.12.30. Nu! was is Deresl? warum hört ma nix von Dir und über Dich? is nix mehr mit Dein Wunder? Kratz halt na a weng an Deine Händ innen drin, awer auch a bisl außn und an die Füß a und iß im Vorrat, daß nachher besser hungern kunst. Wast was? krieg halt am hl. Abend noch schnell a Kind, so wie damals die hl. Maria; kannst ja a sagn, der hl. Geist worsch gwest oder der Engel Gabriel; sixt, des wär a Sach, des tät flecken; un heilig werst a gesprochen, jetzt schunn und täts nacher in Himmi fahrn. Oder lebst am End gar nimmer, gehert hamwer nix daß gsturbn wärst. Bis Karfreitag hin, do is noch lang; bis dahin is verleicht wider Reichstagswahl; saxunder dös wär was für Di, wanns'd rumreißen und Wahlreden halten tätst. Aber mach halt a weng daß mr wider was von Dir hören tut. Mei Weib fragt schon lang, was is denn mit der Deres? unn ob's wohr is, daß'n Kaplan Dei Schatz is. Waßt, bei den teuren Zeitn braucht mr was, was nix kosten tut. Es grüßt Dich Dein Franzl.“ Der empörende Angriff auf die Ehre der Gottesmutter hat ihr sicherlich viel mehr Schmerz bereitet als die wüsten Angriffe auf sie selbst. Im Tagebuch Pfarrer Nabers finden sich in den darauffolgenden Tagen und Wochen immer wieder Aufzeichnungen von Sühneleiden für diesen Spottkartenschreiber, wie sie im erhobenen Ruhezustand angegeben wurden, vor (er habe sich in Trunkenheit vor Neujahr über die Karte gebrüstet, sei dann beim Hinausgehen ausgeglitten und über einen Stuhl gestürzt, mit schweren Folgen, die im einzelnen beschrieben sind. Er sei ein Schreiner nahe bei Würzburg, früher bei einer Bank gewesen, Glauben habe er keinen, aber er überlege sich nun im Laufe der Krankheit, nachdem zu den Verrenkungen noch Lungen- und Rippenfellentzündung gekommen wären, doch die Zusammenhänge zwischen seinen Lästerungen und seiner Krankheit und werde sich bekehren; dafür müsse die Resl mitleiden).

Was über sie selbst geschrieben wurde, las Theres Neumann nicht, oder nicht gerne. Es ließ sich aber nicht vermeiden, daß man zur Klärung von Sachverhalten mit ihr sprechen mußte, wenn Angriffe kamen. Sie nahm zwar alles mit Gelassenheit hin, aber man konnte doch spüren, wie es ihr nahe ging, wenn ernsthaft zu nehmende Menschen – von Zeitungsnachrichten, in denen ihr unwahre Geschichten, z. B. die verheimlichte Geburt eines unehelichen, von einem

Fakir stammenden Kindes aufgedichtet wurden, gar nicht zu reden - in Sachunkenntnis Urteile fällten, nach denen Hysterie, Geltungstrieb, Suggestion und Autosuggestion, wenn nicht gar Betrug, die Grundlagen von Konnersreuth sein sollten. Unbegreiflich innerhalb des christlichen Sektors ist in dieser Richtung das 1950 in Irland erschienene und 1953 (Einsiedeln) auch in deutscher Sprache verlegte Buch von Hilda C. Graef, Berlin, in welchem neben vielen anderen Verdächtigungen unterstellt wird, Therese Neumann würde bei den Freitagsleiden mit Menstruationsblut präpariert (in der deutschen Ausgabe ist diese eine Verdächtigung nicht mehr enthalten).[4] Als ich nach dem Erscheinen dieses Buches mit Theres Neumann darüber gesprochen hatte, sagte sie: „Da trau' ich mich schon mit der Graef vor den Heiland hintreten und sagen ‚Heiland, schau uns an, Du kennst uns', und *ich* brauch' mich dann nicht zu fürchten."

Schon in früher Kindheit hat sich die innerlich-tiefreligiöse Haltung bei Theres Neumann entwickelt. Es gibt Bezirke im menschlichen Seelenleben, von deren innerstem Kern die Schleier zu heben man sich scheut. Dennoch scheint es Gottes Wille zu sein, des Beispieles und der Nachahmung wegen den Einblick in die „Herzkammer" von Begnadeten zuzulassen. So wurde der Kleinen heiligen Theresia geboten, in der „Geschichte einer Seele" ihr Innerstes zu offenbaren. Viele weitere Beispiele aus der Geschichte der Heiligen könnten noch angeführt werden.

Der Tod der Theres Neumann und die kundgegebene Absicht mögen auch die Wiedergabe der folgenden Aufzeichnung vom Vorwurf einer Indiskretion freihalten, die ich dem Tagebuch Pfarrer Nabers entnehme: „21. Dez. 1930. Theres erzählt von früher: ‚Als ich noch klein war, den Heiland noch gar nicht empfangen hatte, da bin ich schon von weitem auf den früheren Herrn Pfarrer zugelaufen und hab ihm die Hand leicht und zart gegeben aus Freude an seinen Händen, in dem Gedanken: Diese Hände haben heute früh den lieben Jesus gehalten und die darf ich jetzt berühren. Dies hat mich gefreut und froh bin ich dann wieder gegangen voll Freude am lieben Jesus. Oft habe ich gedacht: Wenn ich ein Bub wäre, würde ich auch ein Herr Pfarrer, dann dürfte ich auch den lieben Jesus halten. Wenn ich ein Herr Pfarrer geworden wäre, ginge es dem Heiland schlecht, so fest drückte ich ihn zusammen mit den Händen, allweil tät ich ihn streicheln, da würde ich nicht fertig, da würden die Leute sagen: Der wird gar nicht mehr fertig der Langsamerer. ‚Für den Heiland' ihr könntet sagen, was ihr möchtet. Wenn ich einmal in den Himmel komme, dann wird nicht mehr weggegangen vom Heiland, dann komme ich nimmer zu kurz, dann laß ich den Heiland nimmer aus, dann habe ich ihn immer gern." Äußerungen dieser Art waren bezeichnend für den Zustand der kindlichen Eingenommenheit.

Im Zusammenhang damit seien noch zwei Worte berichtet, die Pfarrer Naber unter dem 2. Januar 1931 als Äußerungen im erhobenen Ruhezustand aufgezeichnet hat: „Die Liebe ist Alles, die Liebe ist die Quelle jeder Tugend, sogar der Demut." Und die andere: „Der Heiland wird einst nach der Liebe richten."

Über das *Gebetsleben* der Theres Neumann zu berichten, ist kaum möglich. Man stößt hier in Bereiche vor, die der einzelne nicht in die Öffentlichkeit trägt und über die deshalb ein anderer, namentlich ein Laie, nur aus äußeren Wahrnehmungen sich eine Vorstellung machen kann. Mein Eindruck war: Theres Neumann lebte so gottverbunden, daß der ganze Tag für sie Gebet war. Nach vorgegebenen Formulierungen betete sie die Liturgie der Kirche, den Rosenkranz und aus verschiedenen Gebetbüchern, namentlich dem Diözesangebetbuch, dem „Lob Gottes". Die „Psalmen" hielt sie stets griffbereit. Den Kreuzweg und den schmerzhaften Rosenkranz vermochte sie nicht zu beten; die Betrachtungen hierüber griffen sie so an, daß sie ohnmächtig wurde.

Ihre impulsive Art, auch im Gebetsleben, läßt sich daraus erkennen, daß sie in Gebetbüchern das, was ihr nicht gefiel, einfach durchstrich. So zeigte sie mir einmal ein Buch, das sie am Vormittag von einem sie besuchenden Pater, aus dessen Feder es stammte, geschenkt bekommen hatte. Es hieß darin: „. . .Laß uns einst zu Dir in Dein Reich gelangen"; das folgende hatte sie durchgestrichen „und verherrliche uns dann in dem Maße, in dem wir bestrebt gewesen sind, zu Deiner Verherrlichung auf Erden beizutragen". Ich mußte über solches Temperament lachen. Da sagte sie: „Ist doch wahr! Das wäre noch schöner, dem Heiland vorzuschreiben, wie er uns zu belohnen hat. Das wäre ja ein Geschäft." Diese aus dem Herzen kommenden einfachen Worte zeigten, ohne daß sich Therese dessen bewußt war, eine Haltung, wie sie im Gleichnis von den Arbeitern im Weinberg der Herr bei den Arbeitern finden möchte (Mt 20,1-15).

Lieber als das Beten nach Büchern war ihr das persönliche Gebet, das „Reden mit dem Heiland", den sie stets zu Rate zog und bei allem Handeln vor Augen hatte. Das Lobpreisen war ihr die liebste Art persönlichen Gebetes: Du bist so lieb, Du bist so gut, Du bist so mächtig, Du bist so verzeihend. Und sie erfand immer neue Lobpreisungen. Bei jeder Blume, die sie einzeln sorgfältig an den Altären aufsteckte - und das waren oft Hunderte - dachte sie: „du blühst für den Heiland" oder „sei schön für den Heiland". Wenn ihre Vögel sangen, hörte sie darin das Lob Gottes. Sie redete nicht viel über solche Gedanken. Aber sie sagte manchmal aufmunternd, vielleicht um den Gesprächspartner zu ähnlicher „Gleichschaltung mit Gott" anzuregen, ein Wort, aus dem man diese Haltung erkennen konnte. Man empfiehlt dem Christen die gute Meinung am Morgen, mit der er seine Tagesarbeit zum Gebet heiligen könne. Die Tagesgestaltung der Therese stand auf einer höheren Stufe: sie war „Geistliches Atmen". So wurde ihr ganze Leben zum Gebet.[5]

CHARISMEN

Vorbemerkung: Das charismatische Leben der Theres Neumann kann nicht mehr im Rahmen des Kapitels „Gewöhnlicher Zustand" behandelt werden. Denn hier überschneiden sich ständig sämtliche bisher angeführten Zustände. Fallen die Sühneleiden und das Erkennen der Anwesenheit der Eucharistie in der Regel in den gewöhnlichen Bewußtseinszustand, so gehen die anderen angeführten Charismen in die ekstatischen Zustände hinüber. Infolgedessen war diesem orientierenden Bericht hierüber ein eigenes Kapitel zuzuweisen.

Charismen, oft auch nach der griechischen Mehrzahl Charismata genannt, sind die besonderen Gnadengaben des Heiligen Geistes (gratiae gratis datae), wie einige bei Mk 16, 17/18 aufgezeichnet sind. Bei Theres Neumann konnte man Vorhandensein und Wirkungen mehrerer solcher Gnadengaben des Heiligen Geistes erkennen. Sind schon Stigmatisation und Nahrungslosigkeit besondere Auszeichnungen, so waren die ekstatischen Zustände, die wir besprochen haben, noch eine Höherführung im mystischen Leben. Es kamen jedoch noch weitere Fähigkeiten hinzu. Ich möchte die beobachteten, zunächst zusammenfassend, gewissermaßen als Übersicht, aufzeigen, um sie im zweiten Teil des Buches einzeln durch Beispiele zu belegen. Dabei ist in dieser Kurzbiographie Beschränkung auf einige wenige Beispiele geboten.

1. Visionen

a) geschichtliche und bildliche

Theres Neumann hatte, nachdem die Visionen des Leidens Christi sukzessive in der Fastenzeit 1926 eingesetzt hatten (vgl. S. 29), fortan das ganze Leben hindurch dem Kirchenjahr entsprechende Schauungen (Visionen), meistenteils geschichtliche, nach den Evangelien oder der Apostelgeschichte, oder aus dem Leben der Heiligen, manchmal auch bildliche, z.B. das Christkind in Verklärung auf einer Wolke, oder die bethlehemitischen Kinder in der Verklärung, oder verstorbene Arme Seelen, meistens Bekannte, die sie um Erlösung baten, oder dieselben oder andere verklärt nach ihrer Läuterung, namentlich am Allerheiligentag. Andere Visionen griffen über Zeit und Materie hinaus und in das Reich der invisibilia hinüber, z.B. die Vision des Engelsturzes. Diese war so bedrückend, daß Theres bat, „Heiland, laß mich das nie wieder schauen". Diese Vision stellte sich dann auch nicht wieder ein. Die anderen Visionen pflegten sich alljährlich, die Leidensvision, wie schon erwähnt, auch innerhalb des Jahres, zu wiederholen. Der Visionen waren es im Laufe eines Jahres so viele, daß ihre Darstellung einer gesonderten Arbeit vorbehalten werden muß, die nach Fertigstellung dieser Kurzbiographie erstellt werden wird (gegen hundert im Laufe des Kirchenjahres). Zu den bedeutenden gehören Heilige Nacht, Dreikönig, Tabor, Auferstehung, Pfingsten, Himmelfahrt und Mariä Himmelfahrt, die ergreifendste ist die Leidensvision, die sich von allen anderen auch dadurch unterscheidet, daß Theres hier das Leiden Christi innerlich und äußerlich mitzuleiden hatte.

Theres sah in ihren Visionen Einzelheiten, die die in der Heiligen Schrift geschilderten Vorgänge in ihre Umgebung stellen und die knappe Darstellung manchmal anschaulicher machen. Als Beispiel sei erwähnt jene Stelle aus dem Lukas-Evangelium (4,28–30), in der davon die Rede ist, daß Jesus in Nazareth vom Felsen hinabgestürzt werden sollte. Theres sah, mit Erschrecken, wie man den Heiland über den Felsen in den Abgrund hinausstößt, und dann mit Triumph, wie er sich in der Luft umwendet und wieder hereinkommt, so daß die Menge bestürzt auseinanderweicht. Mit dieser Darstellung versteht man den Sinn der Lukasworte: „Er aber schritt mitten durch sie hindurch." Hernach, bei der Besprechung dieser Schauung im gewöhnlichen Zustand, fragte ich Theres, ob der Heiland in der Luft gegangen sei oder geschwebt habe. Sie antwortete mit Lachen „natürlich geschwebt. Er geht ja auch auf dem See (Mt 14,25–26. Vision vom ehem. Oktavtag von Peter und Paul) nicht etwa schrittweise auf der Wasseroberfläche, was bei dem stürmischen Auf und Ab der Wellen ganz unmöglich wäre, sondern schwebt über die Wellen hin." Durch Befragung konnte man nach jeder Schauung Einzelheiten erfahren, die das Bild runden.

In diesem ekstatisch-visionären Zustand war Theres für äußere Eindrücke unempfindlich und nicht ansprechbar. Sie erlebte dagegen die Visionen mit allen Sinnen. Sie sah nicht nur, sondern hörte, und konnte hernach das Gehörte, soweit sie es dem Klange nach hatte behalten können, in den gesprochenen Sprachen wiedergeben. Zum Beispiel Aramäisch: „Schelam lich Miriam. . ." „Sei gegrüßt Maria", der Gruß des Engels. Oder Griechisch: „Zosin", d.h. sie leben (Ausruf der Menge nach der Auferweckung von zwei Toten durch den hl. Apostel Johannes in Smyrna – griechischer Sprachbereich –). Oder Französisch: phonetisch wiedergegeben „mondiöschöwusäm" = Mon Dieu, je vous aime (Mein Gott, ich liebe dich) als Wort der Kleinen hl. Theresia vor ihrem Tode. Bei einer Vision (13. Juni) des hl. Antonius von Padua (der bei einem Freund an der Nordgrenze Portugals zu Besuch war), hörte sie eine merkwürdige nasale Sprache. Als später einmal Pfarrer M. Strauß (Kinding), der viele Jahre als Seelsorger in Brasilien gewesen war, zu Besuch kam und mit seinem Begleiter, einem brasilianischen Arzt, sprach, sagte sie: „Die Sprach hob i doch scho ghört. Ja, beim hl. Antonius hams so gredt." (Mitteilung Prof. Mayr).

Theres Neumann im ekstatischen Zustand einer Vision des Heilands (während einer Wandlung)

Sie hatte keine dieser Sprachen je gehört oder gar gelernt. Suggestion durch die Anwesenden scheidet aus, weil diese während der Vision, namentlich bei deren erstmaligem Auftreten, nicht wissen konnten, was sie sah. Es könnten auch Beispiele erzählt werden, bei denen die Beteiligten es anders erwarteten, z. B. bei der Vision der Gottesmutter von Lourdes, nach der sie kein korrektes Französisch sprach. Ihre Mitteilung wurde phonetisch aufgezeichnet. Hernach stellten Prof. Wutz und Dr. Gerlich fest, daß diese Worte dem Pyrenäen-Dialekt entsprachen.

Auch das Gefühl war an den Visionen beteiligt. So hatte sie, als ich sie einmal - es war wohl 1952 oder 1953 - am 13. Januar abends mit Pfarrer Naber heimfuhr, mitten im Gespräch über den Bernadette-Film, den wir in Marktredwitz besucht hatten, im Auto die Vision der Taufe Jesu (Evangelium auf den Oktavtag von Epiphanie). Wir hielten sofort an, als wir die Vision bemerkten. Trotz grimmiger Kälte lockerte Therese ihren Schal, um sich hernach um so fester einzuwickeln und zu sagen: „Hutscherl, is's jetzt da kalt, und grad hat mir d'Sunn so warm auf'n Buckel

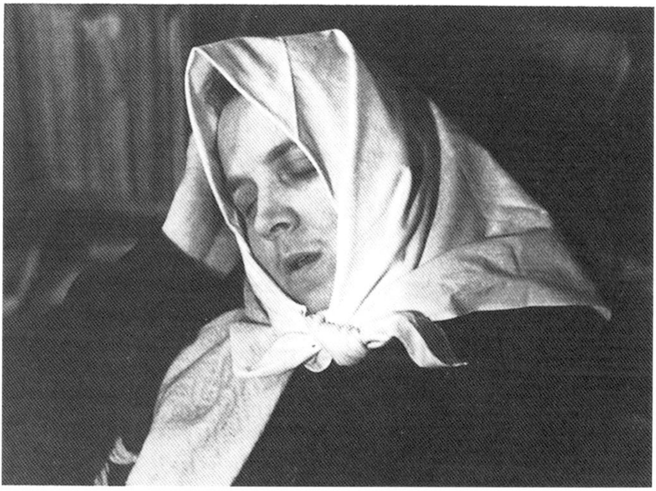

Nach der Vision im Übergangszustand zum normalen Bewußtsein

brennt." Auch die Beteiligung des Geruchssinnes konnte man feststellen, beispielsweise als sie, visionär im leeren Grabe Mariens (am Feste Mariä Himmelfahrt), die Nasenflügel blähte und tief Luft einzog. Hernach sagte sie, es habe nach den herrlichsten Blumen gerochen. Dagegen machte sie bei der Vision der Auferweckung des Lazarus nach dem Öffnen des Grabes Gebärden des Zusammenziehens und Abwendens der Nase und des Ausstoßens schlecht riechender Luft („Herr, er riecht schon").

Zum Charisma der Visionen sind noch zwei andersartige Gruppen visionären Erlebens zu rechnen, die neben den geschichtlichen und bildlichen Schauungen aufgetreten sind: die der visionären Teilnahme an kirchlichen Feiern und die der Schauung des persönlichen Gerichtes in Todesfällen.

b) Visionäre Teilnahme an heiligen Messen und kirchlichen Feiern

Oftmals wurde Theres Neumann die Gnade zuteil, der heiligen Messe in der Pfarrkirche von Konnersreuth visionär beiwohnen zu können, wenn sie selbst wegen irgendwelcher Leiden das Haus nicht verlassen konnte. Sie sah dann nicht nur den Fortgang der heiligen Messe, sondern auch den Kirchenschmuck und das Verhalten der Teilnehmer. Sie gab hernach an, wo etwa Blumen in Ordnung zu bringen seien, oder daß Kinder zu lebhaft gewesen seien. Diese Schauungen beschränkten sich nicht auf ihre Anwesenheit in Konnersreuth. Theres Neumann durfte, wenn sie in Eichstätt weilte, regelmäßig visionär am Sonntagsgottesdienst in der heimischen Pfarrkirche teilnehmen. Professor Wutz hat beim ersten Auftreten dieser Schauungen den Inhalt der Predigt in Konnersreuth, den Therese ihm erzählte, notiert und dann Pfarrer Naber gebeten, ihm mitzuteilen, worüber er gesprochen habe. Seine Notizen und die Angaben Pfarrer Nabers stimmten überein. Andererseits konnte Prof. Wutz Pfarrer Naber berichten, daß da und dort die Blumen schon verwelkt seien, was wiederum Pfarrer Naber als richtig feststellen konnte. Als Pfarrer Naber im Dezember 1930 in Berlin zelebrierte, durfte Theres in Konnersreuth die Messe visionär miterleben. Sie beschrieb ihm nach seiner Rückkehr die Kirche und sagte ihm, sie habe gesehen, daß er den Tabernakel erst nach Schwierigkeiten öffnen konnte (vgl. Bericht S. 188).

Sie durfte auch große kirchliche Feiern visionär schauen: z.B. die Eröffnung des Heiligen Jahres in Rom, die Dogmenverkündigung der leiblichen Aufnahme Mariens in den Himmel, Feiern in Lourdes, Lisieux und Fatima, Katholikentage und sonstige kirchliche Kongresse. Zum Eucharistischen Weltkongreß in Budapest 1938 hatte sich ihr Bruder Ferdinand von Eichstätt aus, ohne daß sie es wußte, durchgeschlagen. (Es war damals legal kaum möglich, von Deutschland aus am Kongreß teilzunehmen.) Er hatte in Budapest Kardinal Kaspar aus Prag getroffen, der ein Freund der Familie Neumann geworden war, und durch ihn die Erlaubnis erwirkt, in unmittelbarer Nähe des Apostolischen Nuntius Pacelli Aufnahmen zu machen. Als er, wieder heimgekehrt, nach Konnersreuth kam, sagte ihm Resl, bevor er irgend etwas erzählte: „Du bist ja in Budapest gewesen, hab dich schon gesehen, bist ja immer ganz vorn herumgelaufen“ (Mitteilung Ferdinand Neumann). Auch an der Schlußfeier des Eucharistischen Weltkongresses in München 1960 durfte Theres Neumann auf diese Weise teilnehmen. Jedes Jahr am Ostersonntag befand sie sich visionär unter den Anwesenden auf dem Petersplatz in Rom, denen der Heilige Vater den päpstlichen Segen urbi et orbi erteilte. In dieser Schauung erlebte sie drei Päpste: Pius XI., Pius XII. und Johannes XXIII. Zum letzten Mal hatte sie diese Vision in ihrem Todesjahr, am Ostersonntag 1962.

c) Schauung des persönlichen Gerichtes

Theres Neumann sah, wenn sie an ein Sterbelager gerufen wurde, in manchen Fällen auch ohne Anwesenheit am Sterbelager, einige Zeit nach dem Tode die Seele in einer der Gestalt des Verstorbenen ähnlichen Lichtgestalt dem Leibe entsteigen; dann sah sie Christus kommen und die Seele richten. Als Begleitung Christi erschienen lichte Seelen, die dem Verstorbenen, solange sie lebten, besonders nahe gestanden hatten und inzwischen in die Seligkeit hatten eingehen dürfen. Im allgemeinen hatte diese Gerichtsvision ungefähr folgenden Verlauf: Der Heiland erscheint mit verklärtem Leib, strahlend, begleitet von unkörperlichen Lichtgestalten, und blickt die Seele des Verstorbenen liebreich an. Diese wird mehr oder weniger hell und hat in einem Augenblick erkannt, daß dieser ihr Zustand absoluter Gerechtigkeit entspricht. Der Richter und die Begleitung entschwinden, während die Seele einsam zurück bleibt.

In wenigen Fällen sah Theres den Heiland im Augenblick des Todes überirdisch lächelnd kommen; die Seele des Verstorbenen wurde sofort ganz licht und durfte mitkommen. Sie selbst rief dann in der Ekstase ,,mit, mit" und streckte lebhaft die Hände aus. In diesen Fällen hatte sie hernach eine außerordentliche Freude.

Die Verdammung einer menschlichen Seele hat sie nie gesehen (die Sterbenden, zu denen sie gerufen wurde, hatten ja wohl auch stets im Glauben gelebt oder die Aussöhnung mit Gott vor dem Tode gesucht. Außerdem ist es wohl kein Fehlschluß, anzunehmen, daß der Heiland das Geheimnis solch furchtbarer Entscheidung niemals der lebenden Welt preisgäbe).

Pfarrer Naber gibt in Zusammenfassung seiner Erlebnisse von Gerichtsvisionen folgende Darstellung: ,,Der Heiland schaut die abgeschiedene Seele freundlich an und kehrt mit seiner Begleitung zum Himmel zurück; die abgeschiedene Seele darf mit, wenn sie ganz rein befunden worden ist, oder sie bleibt traurig zurück, bis die Sehnsucht nach dem Himmel sie völlig gereinigt hat. Das wird dann wohl ihr Fegfeuer sein."

2. Stellvertretende und Sühneleiden

für Lebende und Verstorbene sind in hoher Anzahl das ganze Leben hindurch aufgetreten.

Stellvertretende Leiden und Krankheiten sind solche, die für einen anderen Mitmenschen übernommen werden; der ursprünglich Betroffene gesundet. Sühneleiden dagegen helfen anscheinend mit, im Verein mit dem Erlösungswerk Jesu Christi Sünden zu tilgen; sie sind in besonderem Maße für solche Sünden von Therese zu ertragen gewesen, mit denen Heiliges und Heiligstes verunehrt wurde. Man ist beim Lesen der Aufzeichnungen Pfarrer Nabers zunächst überrascht, daß die Sühneleiden nicht selten für Priester auferlegt wurden - wohl als Gnade und Hilfe für den dem Herrn besonders nahestehenden Priesterstand. Bei dieser wie bei allen anderen Vermutungen bleibt wiederum die Unterstellung vorbehalten, daß die Kirche die Ereignisse von Konnersreuth als von Gott gewirktes Geschehen anerkennt.

3. Erkennen von Reliquien, Weihen und Segnungen (Hierognosie)

Theres Neumann hatte, besonders im Zustand der Eingenommenheit, die Fähigkeit, Reliquien, Weihen und Segnungen zu erkennen. Brachte man, während sie in diesem Zustand dalag, meist mit geschlossenen Augen, eine Reliquie an ihre Finger, so reagierte sie nicht oder abweisend, wenn es sich um eine unechte oder eine Fälschung handelte. War sie dagegen echt, so äußerte sich Therese sofort zustimmend und bezeichnete auch oft die Herkunft, sagte auch gelegentlich: „Das ist aber nur angerührt". Ebenso verhielt es sich mit geweihten Gegenständen. Auch die Personen, die ihre Finger berührten, wurden sofort dahin erkannt, ob sie Priester oder Laien waren. Gab ihr ein Priester, auch wenn er nicht in ihrem Gesichtskreis stand, den Segen, so registrierte sie die Empfindung mit einem freudigen Auflächeln oder auch der Bemerkung: „Etwas vom Heiland". Sie hätte den

Betreffenden, auch wenn er vor ihr gestanden wäre, in diesem Zustande an sich nicht gesehen, weil in diesem Zustand der Eingenommenheit der Gesichtssinn noch ausgeschaltet war. Nur das Gehör und das ,,innere Gefühl" reagierten auf die Umgebung.

4. Herzenskunde (Kardiognosie)

Es ist schon erwähnt worden, daß die Stigmatisierte im erhobenen Ruhezustand das Innere dessen, der mit ihr sprach, durchschaute (siehe S. 34). Seine Gedanken und Absichten waren erkannt, bevor sie und auch wenn sie nicht ausgesprochen wurden. Auch die Einsicht in das Vorleben des Sprechenden war gegeben. Doch wurden Äußerungen hierüber, vielleicht von ganz wenigen Fällen abgesehen, nur gegeben, wenn der Betreffende allein anwesend war. So konnte man die Fähigkeit nur aus eigenem Erleben, oder aus den Erschütterungen anderer, und aus gegenseitigem Erzählen erkennen. Auch im kindlichen Zustand der Eingenommenheit war diese Fähigkeit gegeben, namentlich, wenn eine Person die Finger der Theres berührte.

5. Erscheinen an anderen Orten (Bilokation)

Theres ist, obwohl sie in Konnersreuth oder anderswo leiblich zugegen war, gleichzeitig an anderen Orten dritten Personen erschienen. Laut Angabe im erhobenen Ruhezustand war es ihr Schutzengel, der in diesen Fällen ihre Gestalt annahm (Beispiele S. 152).

6. Schweben (Elevation)

Es sind Fälle bekannt geworden, in denen Theres Neumann der Schwerkraft ,,enthoben" wurde und im visionär-ekstatischen Zustand frei über dem Erdboden schwebte. Huber berichtet in seinem Buch (S. 120), daß die ,,Elevation" bei Theres Neumann ,,einige Male" vorgekommen sei, unterbreitet aber keine nachprüfbaren Angaben. Zwei Fälle dagegen sind mit örtlichen und personellen Angaben aufgezeichnet worden. Der eine, über den Boniface (S. 126) berichtet, hat sich in der Chorkapelle der Abtei St. Walburg in Eichstätt ereignet. Die Äbtissin Maria Benedikta von Spiegel merkte plötzlich, daß die bei der Wandlung in Schauung geratene Resl, die tiefer als sie neben ihr gesessen hatte, sich ungefähr in gleicher Höhe befand. Die Nachprüfung ergab einen Abstand um etwa eine Stufe vom Boden. Der zweite Fall wurde bei der Vision Mariä Himmelfahrt am 15. August 1938 im Steyler Kloster in Tirschenreuth beobachtet. Die beiden Fälle sind S. 204 bestätigt.

7. Mystische Beziehungen zum Altarsakrament

a) Theres Neumann fühlte im gewöhnlichen Zustand die Anwesenheit oder Nähe der Heiligsten Eucharistie.
b) Bei einer Kommunion im ekstatischen Zustand ging die hl. Hostie ohne jede Schluckbewegung in sie ein. Die Hostie war sofort nach dem Heranbringen an die Zunge nicht mehr sichtbar (mystische Kommunion).
c) Auch Fernkommunionen ohne Priester sind bezeugt.
d) Die *Brotsgestalt* der Hostie blieb in ihrem Körper *unaufgelöst* bis kurz vor der nächsten hl. Kommunion (Ausnahme: Adventszeit und Einzelfälle).

8. Mystische Beziehungen zum Schutzengel

Theres Neumann lebte in enger Verbundenheit mit ihrem Schutzengel. Nach ihrer Angabe schrieb sie seiner Eingebung schon im normalen Zustande viele Erleuchtungen zu: über Personen, die mit ihr sprachen, Warnungen vor allzu Neugierigen, Eingebungen von Rat für die Besucher u.ä. Dieser Kontakt wäre an sich noch nichts Außerordentliches, wenn er auch bei Theres Neumann in besonders hohem Grade bestand. Wie oft erfährt auch der nicht mystischer Gnaden Teilhaftige, sofern er an seinen Engel glaubt und ihn ehrt, eine plötzliche Eingebung, einen Rat oder Trost, welchen er als nicht allein seiner Überlegung entsprungen, sondern als ihm „zugegangen“ empfindet. Bei Theres Neumann steigerte sich die Verbindung ins Mystische: sie nahm ihren Schutzengel wahr. Sie „sah“ ihn im Zustand der Eingenommenheit als „lichten Mô“ (lichten Mann), wie sie sich ausdrückte, zu ihrer Rechten stehen. Sie „sah“ in diesem Zustand auch zur Rechten eines jeden Besuchers, ohne ihn selbst zu sehen, seinen „lichten Mann“, eine körperlose

Lichtgestalt, den sie gelegentlich auch als „mächtiger als ihren eigenen" bezeichnete. Es war das nicht eigentlich ein Sehen mit den Augen - diese waren im Zustand der Eingenommenheit meistens geschlossen -, sondern ein Wahrnehmen mit dem inneren Auge, ähnlich wie wir im Traum „sehen", ohne unsere Augen zu betätigen. Der Schutzengel übte nach ihren Angaben, wie dies die Aufzeichnungen von Pfarrer Naber im zweiten Teil dieses Buches (vgl. S. 168) aufzeigen, für sie verschiedenerlei Funktionen aus. Er übernahm ihre Stellvertretung in den angeführten Fällen von Bilokation, er half ihr zu Leistungen, deren sie sonst nicht fähig gewesen wäre, er schützte sie bei Bedrängnissen durch den Satan. Es erscheint uns nüchternen Menschen vieles unwahrscheinlich; aber wer vermag die Kräfte zu messen und zu wägen, die hinter dem Schleier unserer Sinne wirken? In der Geschichte der Mystik sind solche Fälle nicht selten. Gerlich hat einmal berichtet, es sei ihm, als er in Konnersreuth an der Biographie der Theres Neumann arbeitete, unter den Besuchern von Konnersreuth eine Frau begegnet, die ihm von Tag zu Tag irgend etwas, was dann eintraf, voraussagte, so daß er beinahe an Theres Neumann irre geworden wäre. Da habe er sich den Mut genommen, seine Zweifel im erhobenen Ruhezustand vorzutragen. Es sei ihm die Antwort gegeben worden: „Du mußt wissen, dem Satan sind auch starke mystische Kräfte verblieben, die er, soweit der Heiland das zuläßt, zur Verführung einsetzt." Von da an ging er der Frau aus dem Wege (mündliche Erzählung an den Verfasser).

9. Mystische Beziehungen zu den Armen Seelen

Die Beziehungen zur „leidenden Kirche" beschränkten sich nicht auf das, was Theres Neumann bei der Schauung des persönlichen Gerichtes erlebte. Es durften ihr darüber hinaus gelegentlich Seelen erscheinen und sie um ihre Hilfe bitten. So sah sie einmal ihren Jugendpfarrer, Ebel, der sie bat, „Bete doch für mich, ich habe dich doch getauft und dir die Erste heilige Kommunion gereicht. Ich habe dich hernach bestraft, ohne dich zu fragen, weil ich dich für zerfahren hielt; ich wußte ja nicht, daß dein Verhalten auf eine außerordentliche Erscheinung zurückging." Darauf betete Theres besonders für ihn und hatte bald die Freude, ihn als Verklärten zu sehen. Erst im Zusammenhang mit dieser Erscheinung hat sie zum ersten Mal Pfarrer Naber davon erzählt, daß sie bei ihrer Erstkommunion den Heiland selbst auf sich habe zukommen sehen; sie habe sich deshalb, ihrer selbst nicht mächtig, nicht wie vorgeschrieben verhalten. Pfarrer Ebel, erklärte sie unter Eid am 13. 1. 1953 vor einer vereidigten kirchlichen Kommission, ,,deutete es (mein Verhalten) als Zerstreutheit, machte mir anderntags Vorhalte und strafte mich vor allen Kindern''. Es könnten noch manche andere Fälle berichtet werden, in denen sie Armen Seelen die Seligkeit erbetete, die sich hernach, ihr erscheinend, bedankten. Zumeist hatte sie nicht für eine bestimmte Seele gebetet, sondern diese war ohne ihr Wissen auserwählt worden, zeigte sich ihr aber nachher dankend und gab an, wer sie gewesen sei. Es handelte sich manchmal um Personen, die schon sehr lang gestorben waren, die Theres Neumann also nie gekannt hatte. Im Zustand der Eingenommenheit bezeichnete Theres die Armen Seelen als ,,Bettelkatzln''. Über einige der Einzelfälle berichtet wiederum der zweite Teil dieses Buches.

EIN JAHRZEHNT BEDRÄNGNIS IN DER AUSEINANDERSETZUNG UM MEDIZINISCHE UNTERSUCHUNGEN

Als im Jahre 1927 der Wunsch nach einer Überprüfung der behaupteten Nahrungslosigkeit der Theres Neumann an das Elternhaus herangetragen wurde, verhielt man sich zunächst ablehnend. Man wehrte sich aus Gründen des Ehrgefühls dagegen. Auch der Seelenführer der Theres fragte sich, warum man denn nicht rechtschaffenen Menschen unbescholtenen Leumunds, mit einem in tiefer Religiosität wurzelnden Gewissen, auch ohne medizinische Bestätigung Glauben schenken sollte. Die Eltern haben zudem entgegengehalten, man wäre zur Zeit der jahrelangen schweren Krankheit der Tochter dankbar gewesen, wenn sich die Ärzte mehr um sie bemüht hätten; jetzt aber, da ärztliche Hilfe nicht mehr nötig sei, bestünde plötzlich medizinisches Interesse. Beratende Freunde der Familie Neumann wiesen auch darauf hin, welch schwerer Eingriff in das Grundrecht menschlicher Freiheit es sei, eine Staatsbürgerin zu einer Überwachung in einer Klinik zwingen zu wollen, „die niemandem etwas zuleide getan hatte, und niemand aufforderte, sie zu besuchen oder anzusehen“ (Gerlich I, S. VIII).

Trotz all dieser Bedenken gab Theres Neumann selbst und später auch der Vater, der zeitlebens die Aufgabe sehr ernst genommen hat, Beschützer seiner Tochter zu sein, auf Ansuchen des Bischöflichen Ordinariates Regensburg die Erlaubnis zu einer Überwachung im elterlichen Hause, nachdem man ihm seiner Angabe gemäß die Zusage – allerdings nur mündlich – gegeben hatte, daß dies eine einmalige Forderung sei.

Diese Zustimmung zur Überprüfung der Nahrungslosigkeit hatte, wenn deren Behauptung Lüge und das angebliche Fasten Betrug gewesen wäre, das Risiko des Todes (vgl. Gutachten Mayr. S. 186), zum mindesten aber – bei allenfalls notwendigem Abbruch des Fastens – das Risiko des Ehrverlustes vor aller Welt bedeutet. Strenge kirchliche und weltliche Strafen hätten im Gefolge gestanden. Solcherlei Erwägungen wurden aber in Konnersreuth nicht angestellt, weil man sich über den Ausgang keine Sorgen machte. Der Standpunkt der Resl war stets: „Heiland, Du hat die Sache hier angefangen, Du wirst sie auch so, wie Du willst, vollenden; wir überlassen uns ganz Dir.“ Über die Durchführung der medizinischen Überwachung vom 14. mit 28. Juli 1927 wurde schon berichtet (vgl. S. 26).

Unter Außerachtlassung ärztlicher Diskretion wurde das Ergebnis der Beobachtung, bei der man sich keineswegs auf die Überwachung der Nicht-Nahrungsaufnahme beschränkt hatte, von Professor Ewald als Untersuchungsbericht in der Nr. 46 der Münchner Medizinischen Wochenschrift, Jahr 1927, veröffentlicht. Selbst wenn man den Einwand gelten lassen wollte, dieser Schritt habe nur der Unterrichtung der ärztlichen Fachkreise gedient, so kann man nicht umhin, es als eine völlige Durchbrechung ärztlicher Schweigepflicht anzusehen, daß der Bericht ohne Zustimmung des Patienten unter Ausnützung des Weltinteresses an Konnersreuth noch als allgemein angebotene Sonderbroschüre herauskam, deren Werbekarte u.a. folgenden Text trug: „Die Stigmatisierte von Konnersreuth, Untersuchungsbericht und Gutachten von Dr. G. Ewald, a.o. Professor für Psychiatrie, Erlangen... Das Ergebnis: Die Stigmata sind höchstwahrscheinlich echt und durch seelisches Erleben hysterischer Art bedingt. Ungeklärt und unerklärlich ist aber das behauptete monatelange Hungern bei zeitweiser Gewichtszunahme. Die Wissenschaft kennt keine Wunder, keine Durchbrechung des Kausalzusammenhangs. Hier kann nur Überwachung in einer neutralen Klinik letzte Klarheit bringen".

Es erschien notwendig, Tatsache und Inhalt dieser Werbekarte wieder ins Gedächtnis zu rufen, um einerseits aus den anspruchsvollen Worten: „Die Wissenschaft kenn keine Wunder, keine Durchbrechung des Kausalzusammenhangs" die Einseitigkeit des Standpunktes eines „Gutachters" aufzuhellen, der als Grundlage zu einem für ein katholisches Bischöfliches Ordinariat bestimmten Gutachten einen dem Glauben und der Lehre der katholischen Kirche genau entgegengesetzten Standort bezog, gleichzeitig aber das Wort „neutral" in Anspruch zu nehmen wagte, – um andererseits durch den Hinweis auf die Verletzung des ärztlichen Berufsgeheimnisses durch diese gegen den Willen der Betroffenen geschehene Veröffentlichung eines ärztlichen Untersuchungsberichtes verständlich zu machen, warum sich die Sperrung des Hauses Neumann gegen eine neuerliche medizinische Überprüfung in der Folgezeit noch mehr verfestigen mußte.

Das Bischöfliche Ordinariat Regensburg hatte im Amtsblatt vom 4. 10. 1927 festgestellt: „Der umfangreiche, eingehende Bericht des Herrn Sanitätsrates Dr. Seidl mit einem Passus aus der Hand des Herrn Universitätsprofessors Dr. Ewald nötigt in Verbindung mit den zwei Gruppentagebüchern der vier Schwestern zu der Überzeugung, daß die ursprünglich angestrebte, aber nicht durchführbar gewesene Beobachtung in einem Spital oder in einer Klinik auch keinen besseren Erfolg hätte bringen können. gez. Scheglmann, Generalvikar. Wührl, Sekretär." Die oben angeführte medizinische Verlautbarung besagte kühn das Gegenteil und wirkte, ständig wiederholt, aufweichend bei einigen aus den Kreisen, die sich ursprünglich mit der geschehenen Untersuchung zufriedengeben wollten.

In den anschließenden Jahren mehren sich deshalb die

Forderungen an Konnersreuth nach einer zweiten Untersuchung, denen andererseits von dort aus in gleichem Maße wachsender Widerstand entgegentritt. Denn zu den schon aufgezeigten Gründen kommt noch hinzu, daß auch Bischöfe die Familie Neumann gegen die Einbringung der Theres in eine Klinik animierten. Man hielt entgegen, das Ergebnis würde, wenn es in einer von katholischen Ärzten geleiteten und unter Pflege durch katholische Ordensschwestern stehenden Klinik gewonnen würde, selbst bei Vereidigung aller Beteiligten, wie schon erwiesen, von anderen Kliniken doch nicht anerkannt und die Forderungen nach Untersuchungen würden kein Ende nehmen.

Inzwischen hatte der Nationalsozialismus die Macht in Deutschland an sich gerissen. Die sehr klare Haltung von Konnersreuth gegen das „Dritte Reich" war niemand verborgen. Jedoch hatte Theres Neumann nicht in der Öffentlichkeit gegen sein Emporkommen gewirkt. Und die privaten Unterredungen boten, wenn sich kein Verräter fand, keine faßbaren Unterlagen für einen Eingriff. So wollten wohl die höheren Stellen kein Aufsehen erregen, weil Konnersreuth in der ganzen Welt ein Begriff geworden war und eine Aktion die Weltpresse alarmiert hätte, wenngleich lokale Gestapostellen wiederholt zu Angriffen ansetzten (Haussuchungen und Verhöre). Man hielt es für erstrebenswerter, Theres Neumann ins Bedeutungslose versinken zu lassen. Man wollte alles Positive der Vergangenheit und Vergeßlichkeit anheimgeben und lanzierte nur gelegentlich abträgliche Berichte in die Spalten willfähriger Zeitungen. Die Forderung nach „Einlieferung in eine Klinik" tauchte immer wieder auf. Man sprach nicht mehr von „Beobachtung", auch nicht von „Untersuchung", sondern von „Einlieferung". Gegner (Professor Dr. Aigner) scheuten sich nicht, sogar das „Schwarze Korps" und den „Durchbruch" für die Durchsetzung ihrer Meinung in Anspruch zu nehmen.

Eine erneute medizinische Feststellung der Nahrungslosigkeit der Theres Neumann und damit die Bestätigung eines Wunders zugunsten der Katholischen Kirche hätte aber sicherlich nicht der Geisteshaltung der neuen Machthaber entsprochen. Wenn nun trotzdem so heftig die Forderung nach „Einlieferung in eine neutrale Klinik" erhoben wurde, so ließ dies die Befürchtung erstehen, man wolle auf dem Weg über eine Klinik für einen der neuen Weltanschauung genehmen „Ausgang" sorgen. Es wurden Äußerungen an die Familie Neumann herangetragen des Inhalts: „Wenn wir sie nur erst einmal in einer Klinik haben, dann sorgen wir schon für entsprechende Einspritzungen."[6] Diese Äußerungen waren sehr ernst zu nehmen. Die Injektionen in den KZ-Lagern zeigen die Labilität der Verantwortung in jener Zeit.

In dieser äußerst schwierigen Situation erschienen am 10. Dezember 1936 plötzlich die zwei Regensburger Domkapitulare Döberl und Wührl und legten ein Dekret des Hl. Offiziums in Rom vor, Theres Neumann habe sich zu einer erneuten Untersuchung in eine Klinik zu begeben, widrigenfalls sie als „inoboediens" (= ungehorsam) erklärt werde. Die Hintergründe, warum und auf wessen Initiative ein solches Vorgehen in dieser aufgewühlten Zeit veranlaßt worden war, sind zu vielverzweigt und zu persönlich, um in diesem Buche behandelt werden zu können.

Über diesen Schritt und die weitere Entwicklung des Verhältnisses Konnersreuth-Regensburg habe ich mich bei einem Besuch in Konnersreuth nach dem Zweiten Weltkrieg am 20. Sept. 1949 in einem Gespräch, das zwischen Pfarrer Naber, Vater Neumann und mir – später kam auch noch Theres dazu – stattfand und schon damals von mir aufgezeichnet wurde, genau unterrichtet.

Das Motiv zu diesem Gespräch war folgendes: Ich hatte kurz vorher Kardinal Faulhaber das eben publizierte Buch von Aretin „Fritz Michael Gerlich, ein Martyrer unserer Zeit" überreicht. Der Kardinal hatte Gerlich nach dessen durch sein Konnersreuther Erleben bewirkten Konversion, bei der er den Zunamen Michael angenommen hatte, im Einzelakt gefirmt – Professor Wutz war der Firmpate – und dabei die Gerlich sehr erfreuenden, feinsinnigen Worte gesprochen: „Zu Paulus wurde einst Ananias geschickt: ‚geh in die gerade Straße'; ich sage Dir: Michael, geh den Geraden Weg" (so hatte Gerlich seine Zeitung betitelt). Beim Durchblättern des Buches sah er das Kapitel „Gerlich und Konnersreuth". Da sagte er, es bedrücke ihn etwas, ob man es nicht einst in der Geschichte den bayerischen Bischöfen zur Last legen würde, daß sie keinen Weg zu einer nochmaligen Überprüfung der Nahrungslosigkeit der Theres Neumann gefunden hätten. Theres selbst sei daraus kein Vorwurf zu machen, denn sie selbst habe ja zugestimmt. Man sei nur mit dem Vater nicht übereingekommen. Auf meine Frage, ob ich in Konnersreuth darüber sprechen solle, die Zeiten seien inzwischen doch ganz andere geworden, sagte er, er möchte von sich aus diese schwierige und nun seit einem Jahrzehnt ruhende Frage nicht erneut aufrollen; es sei nur, wie gesagt, der Gedanke der Mitverantwortung in der

Geschichte etwas bedrückend. Diese Worte des Herrn Kardinals, aus denen man einerseits ein Wohlwollen für Konnersreuth, anderseits die für ihn aus Loyalität gebotene Zurückhaltung herauslesen konnte, gingen mir nahe; ich entschloß mich, in dem Wunsche, vielleicht zur Behebung des Zwiespaltes beitragen zu können, in Konnersreuth über die Unterredung zu berichten und mich über die Vorgänge der letzten Jahre vor dem Kriege möglichst genau aus den direkten Quellen zu informieren.

„Stellen Sie sich mein Erschrecken vor, ich, ein kleiner Landpfarrer, und ein Dekret des Hl. Offiziums", sagte Pfarrer Naber. „Ich rief Theres und sie hat unterschrieben, daß sie bereit sei, dem Verlangen zu entsprechen. Ich rief daraufhin auch den Vater; dieser stellte sich dagegen." Man könnte einwenden: Theres war doch alt genug (38 Jahre) und hätte ohne Zustimmung des Vaters handeln können. Der Vater vertrat jedoch – und zwar zeitlebens – den Standpunkt: „Solange die Resl bei mir im Hause wohnt, muß sie mir auch folgen, sonst soll sie anderswo hingehen." Und Theres anerkannte diesen Standpunkt und war dem Vater immer gehorsam. Der Vater widersprach auch deswegen, weil ihm, wie er sagte, „der hochwürdigste Herr Generalvikar (Dr. Scheglmann) bei der Untersuchung 1927 zugesagt hätte, daß keinerlei weitere Untersuchung stattfinden würde". „Ich sagte zu den Herren: Wenn ich jemand etwas verspreche, halte ich es auch, und wenn der Herr Generalvikar etwas verspricht, wird er es doch erst recht halten." Diese Meinung ließ man aber nicht gelten, man kam in ein erhitztes Gespräch und hielt dem Vater sogar das Schriftwort vor: „Wer die Kirche nicht hört, der sei dir wie ein Heide und öffentlicher Sünder." Nach längerem Verhandeln erklärte der Vater, er sei bereit, wenn man einige Bedingungen erfülle, vor allem, daß man nicht experimentieren werde. Er würde sich das noch überlegen und die Bedingungen dem Bischöflichen Ordinariat mitteilen. Zu mir sagte der Vater (1949): „Ich dachte mir, da mußt du doch mit erfahrenen Freunden reden und sie um Rat bitten und nicht gleich selbst zusagen." Es war schon in den Jahren vorher über Untersuchungen gesprochen worden, und befreundete Ärzte hatten die Befürchtung geäußert, man werde zur Feststellung des Charakters der Stigmen Schnitte machen wollen, man werde, wenn Theres keine Nahrung durch den Mund aufnehme, versuchen, wie sie auf Ernährung durch den Darm oder „eingespritzte" (intravenöse, z.B. Traubenzuckerinfusion;

Zur Erholung mit Geschwistern in Eichstätt im Garten von Professor Wutz

das Wort ,,eingespritzte" war der Ausdruck des Vaters) anspreche, man werde sie eingipsen wollen u. dgl. ,,Und da sollten wir sie, wo sie doch so viel in Zuständen ist, bei denen ihr Bewußtsein ausgeschaltet ist, einer Klinik ausliefern! Im Dritten Reich, wo man doch nicht wußte, was in einer Klinik passiert!" Prof. Wutz freute sich, als er von dem Vorgang hörte, daß man nicht bedingungslos ja gesagt habe, und beriet mit Prof. Lechner (Kirchenrecht) und dem Vater Bedingungen. Die hauptsächlichsten waren (nach der Erzählung des Vaters): 1. Es darf nicht experimentiert werden; Theres darf nur beobachtet werden. 2. Die Mutter oder eine leibliche Schwester darf während der ganzen Beobachtungszeit bei Resl im Zimmer bleiben und wohnen, um umgekehrt für das Elternhaus zu kontrollieren, daß nicht mit ihr experimentiert würde. 3. Es muß Gewähr gegeben sein, daß Resl täglich kommunizieren könne. Diese Bedingungen wurden nach Regensburg mitgeteilt. Es kam jedoch von dort der Bescheid zurück, daß keine Bedingungen angenommen würden. ,,Nun, das können Sie sich denken", sagte Pfarrer Naber, ,,in welcher Verlegenheit ich nun war. Aber es kam bald darauf ein Brief von Erzbischof Kaspar aus Prag, er müsse zu einem Konsistorium nach Rom, ob wir ir-

In St. Walburg in Eichstätt mit Äbtissin M. Bened. v. Spiegel (vgl. S. 203)

gendwelche Wünsche hätten. Ich dachte mir: das ist Hilfe vom Heiland, und schrieb ihm alles, was sich zugetragen hatte, und bat ihn, sich der Sache anzunehmen. Er muß sie gut vertreten haben, weil mir hernach berichtet wurde, es sei ein weiteres Dekret der betreffenden Kongregation an den Diözesanbischof ergangen, man möge Theres Neumann *einladen* zu einer neuen Untersuchung, ohne ihr einen formellen Befehl zu erteilen. Im Dezember 1937 erschien unangemeldet im Auftrag des Hl. Offiziums aus Rom ein Universitätsprofessor, der die Theres, den Vater, die Mutter und auch mich eindringlich vernahm. Sie werden verstehen, daß ich von dem, was offiziell gefragt und geantwortet wurde und was er sich aufgeschrieben hat, nichts sagen kann und will. Aber so im privaten Gespräch sagte ich zu ihm: ‚Herr Professor, Sie wissen ja aus der Geschichte der Mystik, daß manche solch begnadete Personen von der Kirche hart behandelt worden sind, um hernach heiliggesprochen zu werden.‘ Er war anscheinend von einem Besuch recht befriedigt und hat, als er weg- und am Neumann-Haus vorbeifuhr, seinen Segen zum Haus hin gegeben.[7] Von da an haben wir nie mehr, weder von Rom noch von Regensburg, etwas gehört, daß sich die Theres zu einer Untersuchung begeben solle.

Ich hatte lange Zeit Hemmungen, im erhobenen Ruhezustand in der Sache zu fragen. Gerade in diesem Fall wollte ich es unbedingt vermeiden, den Eindruck zu erwecken, man hätte nach solchen Weisungen gehandelt. Denn wer an die außerordentlichen Ereingisse hier nicht glaubt, für den ist ja eine Äußerung in diesem Zustand kein Argument, sondern ein Gegenargument. Aber als man dann die Bedingungen des Vaters abgelehnt hatte, und ich in dieser großen Verlegenheit dastand, habe ich doch einmal gefragt, was wohl von einer neuen Untersuchung zu halten wäre. Darauf bekam ich die präzise Antwort: ‚Wenn sich der Heiland von einer neuen Untersuchung etwas zu seiner Ehre oder zum Heile der Mitmenschen hätte erwarten können, so hätte er selber schon längst darauf gedrungen.‘ Ich habe das später auch Bischof Michael geschrieben." Soweit Pfarrer Naber. Bischof Michael Rackl, Eichstätt, hatte in dieser Zeit einmal erfahren, daß Vater Neumann in Eichstätt sei. Er schickte zu ihm hin und ließ ihn um einen Besuch bitten, er selber könne nicht zu Vater Neumann kommen, da er krank zu Bett liege. Der Vater hatte große Hemmungen und sagte: „Ich kann doch zu einem Bischof nicht ans Bett hingehen." Man mußte ihm über diese Scheu hinweghelfen. Als er dann den Bischof besuchte, ermunterte ihn dieser, keinesfalls in eine nochmalige Untersuchung einzuwilligen (Mitteilung Prof. Mayr, Eichstätt).

Kardinal Preysing von Berlin, vorher Bischof von Eichstätt, der aus dieser Zeit die Verhältnisse kannte, hat geurteilt: „Mich freut es, daß der Vater so einen harten Kopf hat. Denn ein Arzt würde es dem anderen nicht glauben und eine Klinik nicht der anderen."

Papst Pius XI. hat laut Bericht eines Mailänder Theologen (Univ.-Prof. Gemelli)[8] zu Kardinal Schuster, Mailand, gesagt, als die Sprache auf Konnersreuth kam: „Laßt mir das Kind in Ruhe", und zu einem anderen Bischof, der es bei seinem Besuch in Konnersreuth Pfarrer Naber erzählte, sagte er: „Konnersreuth überlassen wir der Göttlichen Vorsehung".

Der Kirchenrechtler Hochschulprofessor Dr. theol. Josef Lechner hat in einem Brief und Gutachten ausgeführt, daß das kirchliche Recht kaum Handhaben biete, einen Laien zu einem längeren Beobachtungs-Aufenthalt in einem Krankenhaus zu zwingen und ihn im Falle der Nichtbefolgung dieses Auftrages als inoboediens (ungehorsam) zu erklären. Im Gegenteil, der CIC (Codex iuris Canonici) schütze die menschlichen Grundrechte der Freiheit und Unantastbarkeit der Person.

Der o. Professor für Chemie und Biologie Franz X. Mayr hat in einem eingehenden Gutachten, das wir S. 182 bringen, in sehr gründlicher Weise auseinandergesetzt, daß für die Beurteilung der medizinischen Probleme die Untersuchung von 1927 genüge.

Der Vater hat zu allen Zeiten, solange er lebte – auch ich bezeuge das –, gesagt: „Meinetwegen stellen sie die Resl in ein Glashaus und beobachten sie, solange sie wollen, aber herumexperimentieren lasse ich nicht mit ihr."

Die von Pfarrer Naber im Anschluß an die Unterredung vom 20. Sept. 1949 ausgesprochene Meinung war: „Wenn nur grad einer von den Regensburger Domherren oder Professoren käme, wir würden ihm ja alle Wege ebnen und alle Beobachtungsmöglichkeiten zu jeder Zeit gewähren." Jetzt, nachdem das Dritte Reich vergangen sei, liege manches anders. So unrichtig und unannehmbar seien die Bedingungen des Vaters doch wohl nicht gewesen. Aber von Konnersreuth aus könne man doch so einen Besuch nicht anregen, das könnte falsch ausgelegt werden. Dieses aufrichtige Bedauern hat Pfarrer Naber auch jetzt noch, bei meinen letzten Besuchen 1963, ausgesprochen. Man hat unter der gegensätzlichen Haltung vieler, die Konnersreuth in den letzten 25 Jahren unbeachtet ließen, sehr gelitten. Um so mehr hat man sich allerdings 1953 über die Ansprache des Erzbischofs Michael Buchberger in Konnersreuth, als er gelegentlich einer Firmungsreise durchkam, gefreut. Er sagte ungefähr folgendes: Die letzten 25 Jahre hat unser Volk sehr viel zu leiden gehabt, und die Leute sind in ihren Bedrängnissen auch nach Konnersreuth gekommen. Sie haben hier entweder Erhörung gefunden, oder sind getröstet wieder weggegangen. Andere haben den Glauben gefunden, und wieder andere sind im Glauben gestärkt worden. Man war über diese Worte freudig überrascht. „Aber gekommen ist halt aus Regensburg auch nachher kein Herr", sagt Pfarrer Naber, „und nun ist uns die Theres weggestorben."

Als Anlage zu diesem Kapitel

das das Leben der Theres Neumann seit dem Beginn der mystischen Ereignisse überschattet hat, folgen drei Briefe. Man erkennt aus den ersten beiden und aus ihrem zeitlichen Abstand – zwischen dem ersten und zweiten liegen zehn Jahre –, wie sehr Theres unter dem Mißtrauen gelitten hat; der dritte macht offenbar, warum sich der Widerstand des Vaters gegen die erneute medizinische Untersuchung so sehr verhärtete.[9] Die beiden Briefe der Theres sind an Professor Wutz geschrieben, zu dem sie nächst Pfarrer Naber das größte Vertrauen hatte. Sie fanden sich im Nachlaß von Professor Wutz. Die Abschrift des dritten im Auszug wiedergegebenen handschriftlichen Briefes, den der Vater an Erzbischof Michael Buchberger geschrieben hat, ist mir erst nach dem Tode der Theres Neumann in die Hand gekommen.

Konnersreuth, den 25. Oktober 1927

Hochw. Herr Professor!

Da ich überzeugt bin, daß Sie von dem, was der lb. Heiland an mir und durch mich Armselige wirkt, ein klares Bild und den rechten Begriff davon haben, so will ich Ihnen schreiben, was ich auf dem Herzen habe und mir wehe tut, weil es dem lb. Heiland nicht gefällt, ganz gewiß nicht. Ich will nicht Ihnen was vorjammern; nein, denn ich weiß, daß ich keinen Anlaß dazu habe. Sie wissen ja, was ich immer sage: „Der lb. Heiland ist mit mir und er macht auch alles auf das Beste.“ Ja, wenn die Wissenschaft noch so dagegen arbeitet und gescheiter sein will als der lb. Heiland selbst; sie müssen am Ende doch zugeben, daß sie aus sich nichts wissen. Sie wissen ja, daß ich von solch übergescheiten, die alles nach dem Verstande erklären wollen und nicht bedenken, daß der lb. Heiland über ihnen steht, nicht viel wissen mag. Die kommen mir genau so vor, wie die elenden, stolzen Pharisäer, die ich immer am Freitag sehe und vor denen ich solch großen Abscheu und Ekel habe. Ja, es kommen oft ganz gute, vernünftige Ärzte, wie gleich gestern Einer bei mir war. Ich denke halt, die wahre Wissenschaft sollte zum lb. Gott führen, aber so ist es meistens das Gegenteil. Wenn ich an das denke, was ich erst kürzlich erlebt und was auch der Anlaß meines Schreibens ist, so darf und kann ich das ruhig sagen. Solch eine Unehrlichkeit und der Hochmut dazu. Kam letzthin Herr Sanitätsrat Dr. Seidl nach langer Zeit wieder mal zu mir und wir redeten verschiedenes, woraus ich erkannte, wie gewissenlos in dem, was der lb. Heiland tut, gehandelt wird. Wenn ich auch nicht so gescheit bin, so kenne ich trotzdem ein, wie es jetzt zugeht. Herrn Professor Ewald schätzte ich anfänglich höher, sonst hätte ich ihm kein Vertrauen geschenkt. Denken Sie nur, was mir Dr. Seidl erzählte. Er sagte: „Auf ihn machte Ewald einen guten Eindruck und er war sehr gerührt von dem, was der Heiland hier wirkt. Als er aber heimkam u. mit seinem Chef Professor Specht darüber sprach, wurde er umgestimmt." Ich mußte staunen hierüber u. er fügte bei: „Ja, sind halt noch junge Professoren, die sich leicht einschüchtern lassen von ihren Oberen; ich dachte auch nicht, daß es so kommen würde." Ich erwiderte hierauf: „Und das heißt man Wissenschaft? Da ist ein altes Mutterl, das nichts wissen will, doch viel gescheiter... Da bin ja ich, wo ich mir nicht helfen kann, denn doch schon fester und nicht so wankelig. O die arme Welt."

Ich mein halt so, wenn man auch armselig ist u. dabei auf den lb. Heiland vertraut, man sich vor nichts fürchten braucht u. wenn die ganze Hölle und die böse Welt sich aufbäumt.

Wenn man einen solch treuen, verlässigen Frund, wie der lb. Heiland ist, an der Seite hat, kann nichts fehlen. Ich sagte dem Dr. Seidl viel u. offen meine Meinung. Ich bin nicht bös mit ihm und verzeihe ihm, aber zu tun möchte ich so wenig wie möglich haben, wenn es nicht direkt sein muß, wie damals als mich das Ordinariat nötigte. Da weiß ich, was ich durchmachte und jetzt soll es umsonst sein? Ich werde ja pünktlich folgen, was die Obrigkeit mir befiehlt, wenn es noch so hart ist und wenn ich mich nur dazu zwingen muß... Mir ist es ja gleich; ich füg mich in alles. Und wenn es heute heißt, ich soll fort in eine Klinik, so ist es mir recht. Brauche ich ja nichts zu fürchten u. der lb. Heiland sorgt doch immer, daß es recht wird. Aber der Vater sagt, er lasse mich nie fort, da er daheim damals dies zugab, womit das Ordinariat zufrieden war und die Herren werden doch nicht heute so u. morgen anders bestimmen. Ich kümmere mich gar nicht viel darum und überlasse es ganz dem lb. Heiland, dem doch alles unterworfen ist und der alles zum Besten lenkt und leitet und den wir über alles lieben und auf ihn vertrauen wollen. Am Ende werden wir dann sagen: „Der Herr hat alles wohlgetan." Jetzt hab ich Ihnen viel Gelegenheit im Geduldüben zum Lesen gegeben; bin halt so im Schreiben immer weiter gekommen... Wollen wir beten und den lb. Heiland bitten, er möge allen verzeihen, die durch Hochmut dem, was der lb. Heiland wirkt, widerstehen; sie wissen ja nicht, was sie tun. Mit besten Grüßen an Ihre alte Mutter schließe ich und verbleibe

Ihre dankbare Theres Neumann

Konnersreuth, den 22. 2. 1937

Lb. Hochw. Herr Professor!

Wohl weiß ich, daß Sie mehr zu tun haben, als meine Jammerbriefe zu lesen. Aber was will ich tun! Sie verstehen mich am besten, da Sie in alles gut eingeweiht sind und ein recht klares, ruhiges Urteil haben. Hab heute ein sehr schweres Herz. Die Tränen laufen nur so. Ich laß laufen, denn wenn man sich ausgeweint, ist es leichter. Die Fastenzeit ist heuer furchtbar. Ich trag es mit Gottes Hilfe gern. Aber es ist ßi hart. Mein Kopf wird jeden Tag sichtlich weißer. Wenn man nur die nötige Kraft vom lb. Heiland zum Ausharren bekommt. In letzter Zeit bekommen wir verschiedene Briefe, wo die Leute schreiben, daß die Gegner schon schreien vom Schwindel, weil man niemand zu mir läßt. Dies regt mich nicht auf. Die haben Zeit. Aber wenn man immer wieder hört, daß man im Ordinariat recht abfällige Bemerkungen macht, so wird man nachdenklich. Ich sag mir immer wieder: „Was hast denn eigentlich angestellt, daß du so behandelt wirst." Ja eigentlich, nix, muß ich mir sagen. Für den lb. Heiland u. die Kirche habe ich die 10 Jahre gelitten u. gearbeitet u. geblutet. Und meine Eltern haben im gleichen Sinne die Opfer mit den vielen Leuten gebracht. Dafür wird uns jetzt der Ausschluß von der Kirche gedroht. Ist furchtbar Herr Professor, wenn man in Schmerzen daliegt u. nicht schlafen kann; da grübelt man halt. Beten kann man auch nicht immer... Ich möchte nur, daß meine lb. Eltern u. ich wie der letzte und armseligste Diözesan behandelt würden... Aber so das immerwährende Quälen, die 10 Jahre durch. Macht einem schon mürb.

Wir alle leiden darunter. Der einzige Trost ist, daß alles ein Ende nimmt. Und die Ewigkeit ist lang genug, die Wahrheit offen zu sehen. Hier kann einem nichts mehr freuen. Ist einem alles gleich! Ich sag immer wieder: „Heiland gern; für wen du willst.“ Wird halt auch zum Ganzen gehören! Aber alles muß man erst lernen. Mich gewöhnte der lb. Heiland schon an gar Manches. Immer wurde es wieder recht! Momentan bin ich wie eingetunkt ins Leid. Aber man spürt schon die Kraft des lb. Heilands. Wenn man ihn mir nur nicht noch nimmt, wie schon angedroht. Alles andere trage ich schon, solange er es zuläßt. Die Freitage sind wie voriges Jahr. Kopf, Schulter, Herz, Hände, Füße u. Knie bluten. Sonst hab ich ziemlich viel mit Herzschwächen, Rheumatismus u. Nieren zu tun. Sitz viel im Bett, da das Liegen schwer geht, wegen der Nieren. Aber es geht schon! Vielleicht ist, wenn Ostern kommt, die schwere Frage auch gelöst, daß wir dann aufatmen können. Zu all dem die schwere Zeit so! Die traurige Schulfrage überall. Und der Glaube so gefährdet! Da wenn man so nachdenkt, versteht man schon, was der Heiland will, daß er so schwere Heimsuchungen zuläßt. Wenn er nur die nötige Kraft gibt. Dann will ich alles auf mich nehmen. Ob man dann von der Kirche oder von den Gottlosen als Schwindler angesehen wird, ist dann gleich. Geltens, Sie schließen mich fest ein beim hl. Meßopfer u. hl. Segen, daß ich's spüre. Man merkt schon, daß viel für einen gebetet wird. Manchmal wenns recht hart ist, denke ich schon: Wenn's nicht weh tun würde, wäre es ja kein Opfer. Ist halt ein eigenartiges Opfer, welches man einem sparen könnte, nicht wahr! Schüren Sie halt den Brief gleich ein, daß ihn niemand liest. Mußte mich mal wieder ausreden! Sie verdenken's mir nicht. Ich vergesse Sie auch nicht. Und Ihres guten Hochwürdigsten Herrn gedenke ich auch jeden Tag mit seinen Sorgen. Ich spürte bei meinem letzten Besuch so recht, wie gütig u. väterlich u. rechtlich er ist.
Mit besten Grüßen

dankbar ergebenst Resl

Konnersreuth, am 10. 3. 37

Hochwürdigster Herr Bischof!

Dieser Tage erfuhr ich von meiner Tochter Therese etwas, das meine Einstellung zu einer erneuten Untersuchung von Grund auf ändert.

Bei der von Ihrem Vorgänger angeordneten Untersuchung hat Professor Ewald ohne mein Wissen und ohne jede Erlaubnis meine Tochter auf ihre jungfräuliche Unverletztheit untersucht. Meine Tochter hat es sich gefallen lassen müssen ohne in der Lage zu sein, dagegen zu protestieren; dabei hätte Ewald ihre Einwilligung haben müssen; und sie hat all die Jahre über aus Scham darüber geschwiegen...

Daß man unter dem Titel „Beobachtung der Nahrungslosigkeit" bischöflicherseits einem Arzt Vollmachten zugesteht, die es nicht verhindern, ein unbescholtenes Mädchen wie eine Dirne auf der Polizeistation zu untersuchen, finde ich unerhört und schamlos nach jeder Richtung. Damit ist jeder Disput über eine ärztliche Untersuchung ein für allemal geschlossen... Schließlich geben Stigmen und Nahrungslosigkeit keinen Grund für eine solche unerhörte Schamlosigkeit, die man sonst keinem normalen Menschen anzutun wagen dürfte. Jedenfalls passiert es mir nicht mehr, daß man in dieser schändlichen Weise das Vertrauen meiner Familie mißbraucht, da ja selbst die bischöfliche Anordnung keinen Schutz bedeutet hat...

In aller Ehrerbietung Ferdinand Neumann

Aus einem Bericht von Pfarrer Naber vom 8. Sept. 1937: „... Theres Neumann leidet viel, ungeheuer viel, und der Jüngste Tag wird es einmal klar zeigen, was sie dieser Welt, die das Kreuz hinauswerfen will, - man erinnere sich: geschrieben 1937, in der Hakenkreuzzeit, in der die Kruzifixe aus den Schulen entfernt werden mußten. DV. - mit ihrem gekreuzigten Heiland hätte sein können und sollen; das schwerste Kreuz aber, das ihre Leidenskraft zu brechen droht, sind ihr die Schwierigkeiten mit den kirchlichen Behörden. Am 29. April dieses Jahres, dem Jahrestag ihrer Seligsprechung, ist ihr die hl. Theresia v. K. J. erschienen und hat gesagt: ‚Liebes Kind! Geh, nimm doch jedes Leid und jede Prüfung willig und freudig hin! Die Seelen warten darauf. Werd doch nicht mutlos! Vertrau blindlings! Erhältst so viele Beweise der Liebe. Durfte dir doch schon öfter die Zusicherung unserer Hilfe geben. Wir verlassen dich auch weiter nicht. Mußt deinen Beruf ganz erfüllen, mußt auch dem verkannten, verachteten und verfolgten Heiland immer ähnlicher zu werden trachten.‘ Verkennung, Verachtung! Ich bin erschrocken bei diesen Worten und hab den Heiland gebeten: Ach, laß mich doch nicht ein Werkzeug dazu werden!“

In Abwägung all dieser Umstände und Begebenheiten, die nunmehr schon ein Vierteljahrhundert zurückliegen, kann man sich als Unbeteiligter des Eindruckes nicht erwehren, daß bei behutsamerem Vorgehen die Kluft zwischen Wunsch und Abwehr hätte überbrückt werden können.

Man kann den Fall Katharina Emmerich zitieren, die von Generalvikar Droste-Vischering in bester Absicht auf ärztliche Verlangen hin von Untersuchung zu Untersuchung gedrängt wurde. Zu spät sah der Generalvikar ein, daß er sich getäuscht hatte, daß sein Ziel, „um allen möglichen Einwendungen zu begegnen“, in immer eitere Ferne rückte, daß die Federführung von der Theologie auf die Medizin überging (vgl. Radlo, S. 176–179).

Von Theres Neumann ist bei der ersten Untersuchung so viel an psychischer und physiologischer Kraft verlangt worden, daß man sich nicht hätte wundern müssen, wenn auch sie selbst eine zweite verweigert hätte. Sie war aber dazu im Gehorsam gegen die Kirche bereit.

Wenn einmal alle vorliegenden Dokumente veröffentlicht werden können, werden sie den Fragenkomplex „Erneute Untersuchung“ in das rechte Licht setzen. Erst dann, wenn diese entscheidenden Dokumente im Abdruck vorliegen, wird ein letztes Urteil möglich sein.

WIRKUNGSKREIS DER THERES NEUMANN

Bisher haben wir vorzüglich die engeren Lebenskreise der Theres Neumann – das eigene Erleben und das Dulden und Wirken innerhalb ihrer Umgebung – kennengelernt. In einem ungewöhnlich hohen Grade war sie jedoch auch außerhalb des Familienkreises für die Allgemeinheit tätig.

Wir können nicht ermessen, was sie im Heilsplan Gottes durch ihr Leiden und ihr Gebet erwirkt hat. Aus den Briefen, die uns aus der Zeit ihrer Krankheit erhalten sind (vgl. S. 100ff.), ist zu erkennen, in welch heroischem Geiste sie schon diese sieben Jahre schweren Krankseins mit williger Hingabe als Opfer in die Waagschale des Leidens Christi gelegt hat. Das ist Geist vom Geiste des hl. Paulus: ,,Nun freue ich mich der Leiden, die ich für Euch erdulde und trage damit am eigenen Fleische zur Erfüllung dessen bei, was am Leidensmaße Christi noch abzutragen ist. Es kommt seinem Leibe, der Kirche, zugute" (Kol 1,24).

Wir wissen, daß Theres beispielsweise alljährlich, soweit ihre Gesundheit es zuließ, in der Nacht von Allerheiligen auf Allerseelen die ganze Nacht in der Kirche verbrachte und unaufhörlich, dazwischen immer wieder zur Erfüllung der Vorschrift des Neubetretens der Kirche kurz in die Sakristei gehend, die Allerseelen-Ablässe betete. War ihr doch aus ihren Visionen das persönliche Gericht, die Not, die Verlassenheit der Armen Seelen bekannt. Wie oft hatte sie gesehen, daß eine Seele, die im Gericht einen Augenblick die Herrlichkeit des Heilandes hatte schauen dürfen, einsam und verlassen traurig hatte zurückbleiben müssen. So suchte sie den Verstorbenen mit allen ihren Kräften zu helfen. Kommunion- und Rosenkranzablässe hat sie ihr ganzes Leben hindurch für die Armen Seelen aufgeopfert.

Doch nicht nur den Toten galt der Einsatz der Theres Neumann: viel mehr Zeit beanspruchte die Fürsorge für die Lebenden. Es wurde erwähnt, daß sie täglich einen hohen Poststoß erhielt und viele Nachtstunden mit dem Lesen verbrachte. Es ist verständlich, daß sie nur in den seltensten Fällen zu einer Beantwortung kam. Doch schloß sie alle ihr vorgebrachten Anliegen in ihr Gebet ein.

In noch unvergleichlich höherem Maße nahmen die persönlichen Kontakte ihre Zeit in Anspruch. Es ist nicht nachzuzählen und nachzuprüfen, wieviele Besucher in den 36 Jahren von 1926–1962 zu ihr kamen. Man kann höchstens statistisch eine angenäherte Zahl errechnen. In den Jahren bis zum Hitlerregime war der Andrang so groß, oft mehrere

Hundert an einem Tag, daß die Eltern froh waren, als das Bischöfliche Ordinariat Regensburg begann, Besuchserlaubnisscheine auszustellen. Sie ließen dann nur diejenigen Personen zum Besuch zu, die diesen Schein besaßen. Ab 1933 nahm die Besucherzahl ab, stieg aber nach dem Ende des Zweiten Weltkriegs wieder stark an. Rechnen wir täglich nur 7–8 Besucher, mit denen eine längere Aussprache möglich war, und nur 200 Besuchstage im Jahr, erreichen wir schon eine Zahl von über 50000 Besuchern, denen Theres im Laufe des Lebens im Einzelgespräch Rat und Trost gespendet, denen sie Aufmunterung zu neuer Hoffnung und tieferem Glauben gegeben hat. Wieviel Gutes mag sie hiebei gewirkt, wieviel Bereitschaft zu gutem Handeln geweckt und vermehrt haben!

Es sind Dutzende von Briefen von Kardinälen und Bischöfen vorhanden, darunter einer mit der Unterschrift Pacelli, Kardinalstaatssekretär (1935), mit denen diese Bekannte einer wohlwollenden Aufnahme oder bestimmte Anliegen oder auch ihre ganze Diözese dem Gebet der Theres Neumann empfehlen. Der letzte, den sie nicht mehr beantworten konnte, trägt das Datum 15. Sept. 1962. Mit ihm hatte sich der chinesische Bischof Vitus Chang zum Besuch angemeldet.

Gegen 700mal hatte sie im Leben das Freitagsleiden. An manchen Freitagen zogen Tausende – an Karfreitagen wurde sogar die Zahl von zehntausend überschritten – an ihrem Schmerzenslager vorüber. Hunderttausende also sahen zum mindesten mit Ernst, zum großen Teil erschüttert, das Bild der Passion. Unsere Abbildungen des Besucherandranges an Karfreitagen dokumentieren diese Feststellung. Sie zeigen, wie die Menge auch bei strömendem Regen aushielt. Oft wurde vor dem Hause gebetet. Beim Anblick des blutüberronnenen Angesichtes und der blutenden Handstigmen kamen vielen die Tränen, und der Aufruf Pfarrer Nabers, nach dem Besuch auch in die Kirche zu gehen, dem Heiland zu danken und den Kreuzweg zu beten, blieb nicht ungehört.

Zu diesen ungezählten Fällen der Glaubensfestigung bei Katholiken und Protestanten kamen noch besondere, die offiziellen Konversionen. Bevor hier auf einzelne Fälle hin-

Der jüdische Apotheker Bruno Rothschild und (rechts) dessen Priesterweihe in Eichstätt am 29. Juni 1931.

Rechts, vordere Reihe: Pfarrer Naber, Bruno Rothschild, Professor Wutz, P. Cosmas O. Min. Cap; Hintere Reihe: Theres Neumann mit Geschwistern Agnes, Marie, Ottilie, Ferdinand

gewiesen werden kann, ist vorauszuschicken, daß Theres Neumann jeden Menschen, bei dem sie ein inneres Ringen um die wahre Gotteserkenntnis fühlte, mit gleicher, taktvoller Freundlichkeit und Hochachtung vor dessen Überzeugung aufnahm, gleichgültig welcher Konfession oder Religion er angehören mochte. Sie sprach mit ihm über sein Leben und seine Sorgen und spendete Trost und Rat. Niemals aber hat sie jemand zu einer Konversion zugeredet. Die Entschlüsse hierzu sind bei den Besuchern selbst aus dem Kontakt und aus den Erlebnissen herangereift. Einige Fälle sind dem Freundeskreis um Konnersreuth teils durch Miterleben, teils durch Berichte der Betroffenen bekanntgeworden. So hat schon in der ersten Zeit des Konnersreuth-Geschehens der junge jüdische Apotheker Bruno Rothschild den Weg zur katholischen Kirche gefunden, hat alle Konsequenzen gezogen und Theologie studiert. Er wurde 1932 geweiht. Auf der Fahrt nach Konnersreuth ist er am Heiligen Abend 1932 an einem Herzschlag im 33. Lebensjahr gestorben. Welches Schicksal mag ihm erspart geblieben sein! Er liegt im Konnersreuther Friedhof begraben, weil ihn seine Familie ausgestoßen hatte.

Den Fall Dr. Gerlich werden wir noch kennenlernen.

Eine Berliner Familie - Ehemann, Ehefrau und vier Kinder - ist im Sommer 1930, veranlaßt durch Besuche in Konnersreuth, dort zur katholischen Kirche übergetreten. The-

res Neumann und der eben genannte Bruno Rothschild waren die offiziellen Zeugen der Übertrittserklärung.

Über die Konversion des mecklenburgischen Ministerialrates Paul Schondorf im Jahre 1933 berichtet sein Sohn Heinz Schondorf auf Anfrage unter dem 5. 3. 1963 folgendes: „Meine Eltern lebten in einer Mischehe: Mutter und mein Bruder Hans, der in Rußland fiel, waren katholisch, Vater und ich protestantisch. Begreiflicherweise war es Mutters Wunsch, alle im wahren Glauben vereinigt zu sehen. Da sie uns nicht beeinflussen durfte, wandte sie sich an Resl mit der Bitte, sie möge dieses große Anliegen in ihr Gebet und in ihr Leiden einschließen. Wir lernten Resl in Konnersreuth dann persönlich kennen und durften Zeugen des großen übernatürlichen Geschehens in Konnersreuth werden, so daß wir gar nicht anders konnten, als die Konsequenzen zu ziehen, und zur Einen Heiligen Kirche zurückzukehren. Meine Konversion fand am 17. Mai 1933, die von Vater am 30. Dezember 1933 statt. Ich war damals 28, mein Vater 60 Jahre alt." Paul Schondorf war zur Zeit seiner Konversion aktiver mecklenburgischer Ministerialrat. Es war viel Mut für einen Mann in dieser Position in einem fast völlig protestantischen Lande nötig, im Jahre 1933 zu konvertieren: in einer Zeit, in der andere hohe Beamte aus Opportunitätsgründen der Kirche fernblieben oder aus ihr austraten.

Der Wiener jüdische Kaufmann Dr. Benno Karpeles hatte

Kaplan Helmut Fahsel über Konnersreuth sprechen hören. Er bat ihn, ihm den Weg dorthin zu ebnen. Dies geschah. Er konnte große Teile des Freitagsleidens ansehen und war stark beeindruckt. Am darauffolgenden Samstag kam er nochmals mit Theres zusammen. Sein aus 1933 stammender Bericht[10] bringt viel Charakteristisches und ist deshalb im folgenden auszugsweise wiedergegeben. ,,Am Samstag fand ich Therese beim Pfarrer. Gestern noch ein entsetzliches Bild des Leidens, heute ein frisches, gesundes Bauernmädel, der man es nicht ansieht, daß sie sieben Jahre ohne Nahrung lebt...

Vom ersten Augenblick an war ich absolut überzeugt, diese Person lügt nicht. In meinem ganzen Leben habe ich nie einen Menschen gesehen, dem die absolute Wahrheit so deutlich auf die Stirne geschrieben ist wie der Therese Neumann...

Was in Konnersreuth vorgeht, läßt sich nicht auf natürliche Weise erklären, es ist übernatürlich. Ich habe Therese Neumann noch ein zweites, ein drittes und viertes Mal - immer mit bischöflicher Erlaubnis - auf einige Tage besucht und sie in den verschiedenen Zuständen gesehen. So wollte ich mich in Konnersreuth taufen lassen. Als ich nach Konnersreuth kam, fand ich Therese in ihrem Leiden... Am nächsten Tag um 5 Uhr früh wurde ich in Konnersreuth getauft, Therese war meine Taufpatin. In der darauffolgenden heiligen Messe kniete ich in einem Betschemel neben Therese. In dem Augenblick, als der Pfarrer die Worte der Wandlung sprach, geriet sie in den Zustand der erhobenen Ruhe.[11] Es ist rührend zu sehen, wie es sie hinreißt, wie sie aufstehen möchte, um dem Pfarrer entgegenzugehen, der mit der Hostie naht. Es ist bekannt und in einigen Broschüren und Büchern geschildert, daß Therese die Hostie nicht schluckt. Die Hostie ist auf einmal nicht mehr vorhanden.[12] Zu meiner Beschämung muß ich gestehen, daß ich meine erste Kommunion nicht mit der nötigen Andacht empfangen habe, weil ich meine ganze Aufmerksamkeit auf Therese verwendete. Ich sah genau hin, sah die Hostie verschwinden. Ich habe es mit meinen eigenen Augen gesehen und bin jeden Augenblick bereit, dieses Geschehen zu beeiden...

Ich habe unter dem Eindruck von dem, was ich in Konnersreuth gesehen und erlebt habe, nicht was ich gelesen oder bloß gehört habe, auch nicht, was mir die Herren, die mit Therese jahrelang verkehren, erzählt haben, den Weg zur Kirche und zum Glauben gefunden. Ich weiß, ich bin nicht der einzige; die drei- bis fünfhundert Briefe, die täglich in Konnersreuth einlaufen, sind Zeugnis hiefür. Konnersreuth hat viele Tausende im Glauben gestärkt oder zum Glauben zurückgeführt. Für mich ist Konnersreuth ein absoluter Beweis, daß Gott mit uns etwas Neues vorhat, daß er es an der Zeit gefunden hat, uns daran zu erinnern, daß es noch etwas anderes gibt als das tägliche Brot, als tägliche Sorgen und Vergnügungen."

Wieviele weitere Fälle der Hinwendung oder Rückkehr zur Kirche in Konnersreuth vollzogen wurden, ist nicht aufgezeichnet, wieviele durch Konnersreuth anderswo bewirkt oder gefördert wurden, ist nicht erfaßbar.

Daß es, wie überall im menschlichen Leben, auch Rückschläge gegeben hat, beweist folgender Eintrag Pfarrer Nabers: „12. Mai 1931. Vom 8. an leidet Theres für einen Mann, der voriges Jahr, nachdem er Konnersreuth besucht, konvertiert hatte, dann aber schließlich kein katholisches Leben geführt hat, nunmehr aber sterbenskrank geworden ist." „20.–26. Mai 1931. In dieser Woche leidet Theres noch für jenen Konvertiten, bis er stirbt..."

Mit großer Liebe hat sich Theres Neumann auch den *Kranken* gewidmet. Bis 1947 gab es in Konnersreuth keinen Arzt und keine Krankenschwester. Sie legte sich ein Wägelchen und ein kleines Pferd – die „Lotte" – zu und fuhr damit viele Jahre lang zur Krankenpflege. Auch im Hause verband sie die Wunden derer, die zu ihr kamen. Sanitätsrat Dr. Seidl, Waldsassen, bediente sich gern der Mithilfe der Resl, indem er häufig Patienten aus der Gegend den Rat gab, nach seiner medizinischen Behandlung sich weiterhin durch die Resl versorgen zu lassen.

Die *Kirche* von Konnersreuth wurde von ihr mit einer Liebe und Hingabe *geschmückt,* daß man immer wieder staunte, auch über den guten Geschmack, mit dem sie alles anordnete. Es gelang ihr im Laufe des Lebens, am Ortsrande von Konnersreuth ein kleines Grundstück zu bekommen, das sie als Blumengarten anlegte, um für die Kirche immer wieder der Jahreszeit entsprechende Blumen in Fülle zu haben.

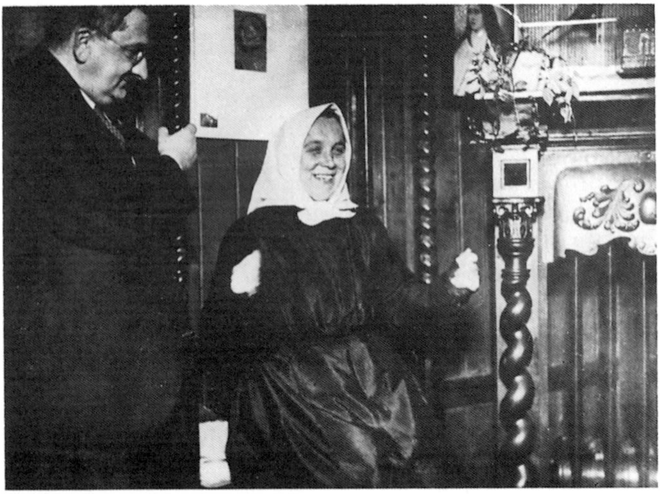

Am Tage vor seiner Konversion erlebt Dr. Gerlich eine Vision der Therese im Wutz-Haus in Eichstätt

Bedeutend, wenn auch nicht der Summe, aber der Anzahl nach, waren auch die finanziellen Hilfeleistungen, die sie im Laufe des Lebens, vornehmlich für die sog. verschämten Armen, getätigt hat. Wenn ihr von irgendwoher Geldbeträge zur Verwendung nach bestem Ermessen zugingen, hat sie diese vorzüglich im Sinne der Nächstenliebe und dann im Dienste der Pfarrkirche verwendet. Wenn sie freilich für einen bestimmten Zweck Mittel erbat und sammelte, z. B. für die Wiederinstandsetzung der Kirche nach dem Beschluß bei Kriegsende, für das Friedhofskreuz, für ein Kirchturmkreuz, hat sie das Ergebnis gewissenhaft diesem Zwecke zugeführt. Da sich in vielen an sie gerichteten Briefen Geldbeträge für gute Zwecke befanden, konnte sie häufig namhafte Beträge an Missionen senden. Gerne unterstützte sie finanziell auch verschiedene Stationen der Diaspora-Seelsorge in Schweden.

Ein weit über das Wirken in der Pfarrei hinausgreifender Einzelfall soll noch besonders berichtet werden. Dr. Fritz

Feier der Konversion Gerlichs am 29. Sept. 1931 in Eichstätt (St. Walburg) V. lks. n. r.: P. Cosmas, Pfarrer Naber, Prof. Wutz, Dr. Fritz Michael Gerlich, Fürst Waldburg-Zeil, Dr. Weitmann, Prof. Lechner, Äbtissin von Spiegel, Therese Neumann, Frau Gerlich, P. Ingbert Naab

Gerlich, damals Chefredakteur in den Münchner Neuesten Nachrichten, protestantisch-kalvinischer Konfession, war 1927 nach Konnersreuth gekommen, um sich dort als verantwortlicher Chefredakteur des größten süddeutschen Blattes persönlich vom Stand der Dinge einen Eindruck zu verschaffen. Außerdem hatte er, dem von Natur aus und aus seiner gründlichen Schulung als Historiker eine sehr scharfe Beobachtungsgabe eigen war, sich vorgenommen, jeden Schwindel zu entlarven, wenn sich in Konnersreuth ein solcher zeigen sollte. Ihm, der stets um die Wahrheit gerungen hatte, wurde besondere Gnade zuteil. Augenblicklich hatte er hier das Vorliegen natürlich nicht erklärbarer Erscheinungen erkannt und war als ein Paulus nach München zurückgefahren. Dort hat er im weiteren Verlauf seine Stellung aufgegeben und sein zweibändiges Werk über Konnersreuth geschrieben, auf dessen exakten Daten auch diese Biographie aufgebaut ist. Er lernte in Konnersreuth den Fürsten Erich von Waldburg zu Zeil kennen. Er besprach später mit ihm die Gründung einer von Finanzmächten unabhängigen Zeitung, die er redigieren wollte und die der Fürst finanzieren sollte. Dieser hat auf das Ekstasewort hin, ,,es hängen Hunderte von Seelen dran" (eigene Erzählung des Fürsten an den Verfasser), im Laufe der Jahre 1930–33 eine halbe Million Mark für die dann erscheinende Zeitung *,,Der gerade Weg"* geopfert. Der Verlag wurde ,,Naturrechtsverlag" benannt, womit programmatisch der Kampf für die Menschenrechte zum Ausdruck kommen sollte. Als Verlagsleiter dieser Zeitung erhielt ich von Gerlich mehrmals den Auftrag, nach Konnersreuth zu fahren und in der Ekstase Anfragen zu stellen. Ohne mich irgendwie in den Vordergrund drängen zu wollen, muß ich hierüber der historischen Fakten wegen berichten: Diese Ekstase-Antworten, die ich ihm überbrachte, und auch die, die er bei eigenen Besuchen erhielt, haben ihn im Kampf gegen den Nationalsozialismus und auch gegen den Bolschewismus immer wieder ermutigt. Es waren keine bestimmten Aufträge. Der freie Wille und die eigene Verantwortung und Erkenntnis sollten in keinem Falle ausgeschaltet werden. Aber es waren Einblicke, Hinweise, die ihn dann selbst die Entscheidung treffen ließen. Worte wie ,,Schau, es geht doch da letzten Endes gegen den Heiland" genügten ihm. Auch Bestätigungen der Richtigkeit des Standpunktes und Aufforderungen zum Vertrauen wurden gegeben, wobei man unter dem Eindruck verschiedener Visionen allerdings daran denken mußte, daß das Vertrauen nicht auf das irdische Leben beschränkt werden dürfe.

Dr. Gerlich war von ungemein aggressivem, cholerischem Temperament – aber auch von kindlicher Versöhnungs- und Entschuldigungsbereitschaft, wenn er einen Irrtum einsah –, das sich nicht nur im politischen Kampf, sondern gelegentlich auch intern auswirkte, etwa, wenn er glaubte, jemand sei zu bedächtig und zu zurückhaltend. Da wurde ihm einmal im erhobenen Ruhezustand gesagt: ,,Die Temperamente sind halt nicht alle gleich, aber sie müssen sich um der Sache willen finden." Dieses Wort, das er mir erzählte, verwandelte ihn geradezu im internen Verkehr mit den Mitarbeitern. Ich wollte den Vorfall nur deshalb anführen, um zu zeigen, wie der Kreis durch wenige, treffende Ekstaseworte auch zusammengehalten wurde.

Auch *P. Ingbert Naab,* der getreue Mitkämpfer im ,,Ge-

Riskanter Besuch bei P. Ingbert Naab in der Schweiz 1934: Therese mit Professor Wutz und ihren Geschwistern Ottilie und Ferdinand

raden Weg", der die überwiegend politischen Aufsätze Gerlichs durch weltanschaulich tieffundierte ergänzte, hatte Dr. Gerlich durch Konnersreuth kennengelernt und ist gleichfalls durch die Ekstase in der Richtigkeit seiner Ansichten und damit in seinem verzweifelten Abwehrkampf gegen den Nationalsozialismus bestärkt worden. Gerlich trat zur katholischen Kirche über; P. Ingbert Naab war sein Katechet, Professor Wutz sein verständnisvoller Beichtvater. Beim Sturm auf den „Geraden Weg" am 9. März 1933 wurde Gerlich in „Schutzhaft" genommen und am 30. Juni 1934 in Dachau ermordet. P. Ingbert Naab mußte ich im Sommer 1933 die Ekstase-Worte überbringen: „Sag dem Ingbert, er soll sofort verschwinden. Wenn jetzt, solang es ums Politische geht, nichts geschieht, macht es nichts, und wenn es hernach ums Religiöse geht", da brach die Ekstase ab. Ich fragte „Was dann", es kam aber keine Antwort mehr. P. Ingbert, der auch schon von anderer Seite im Auftrag der Ekstase gewarnt worden war, konnte, glattrasiert und in Zivil, ins Ausland fliehen. Es war keinen Tag zu früh, sonst wäre er von der Gestapo abgeholt worden. Er starb 1935 im Exil. Beide Männer wird man wohl einstmals unter die hervorragendsten Zeugen für Konnersreuth zählen. Ich habe im Jahre 1937, als man mich in einem fünfstündigen Gestapo-Verhör fragte, woher Gerlich die Kraft und den Mut geschöpft habe, so ausdauernd gegen den Nationalsozialismus zu schreiben („Das kann doch ein Mensch nicht aus sich allein", sagte der Vernehmende in richtiger Vermutung), die Antwort gegeben: „Ich weiß nur um seine Freundschaft zu Pater Ingbert Naab" (der inzwischen bereits gestorben war). Die Niederlegung geschichtlicher Wahrheit gebot, in diesem Rahmen den wirklichen Hintergrund aufzuzeigen.

KRIEGSENDE

Bericht nach Theres Neumann und deren Bruder
Ferdinand Neumann

Das Ende des zweiten Weltkrieges sollte für Konnersreuth bitter werden. Während ringsum der Übergang der Fronten ohne nennenswerten Widerstand und deshalb ohne Schäden für die Bevölkerung vonstattenging, kam es um Konnersreuth zu einem, wenn auch kurzen, aber für einen so kleinen Ort recht verhängnisvollen Kampf. Der letzte amtliche deutsche Wehrmachtsbericht, der herausgegeben wurde, besagte: „Um das weltberühmte Konnersreuth wird erbittert gekämpft." Am 20. April 1945 - Hitlers Geburtstag - wurde es von den Amerikanern eingenommen. In Konnersreuth befand sich eine Abteilung Waffen-SS, die sich etwa acht Tage vorher eingenistet hatte. Monate vorher war eine Genesungskompanie aus dem Raum Koblenz dort einquartiert worden, deren Angehörige mit der Bevölkerung in gutem Kontakt standen. Ihr Kommandeur, ein Major, hatte auch mehrmals Theres Neumann besucht. In den letzten Kriegstagen kreuzte nun diese SS-Einheit auf. Am Tag vor dem Kampf um Konnersreuth kam der Führer dieser Einheit zu den Eltern Neumann und verlangte die Resl zu sprechen. Man sagte, sie sei nicht da, vielleicht sei sie im Pfarrhof. Der SS-Zugführer ging mit einigen Leuten in den Pfarrhof hinüber, um sie zu suchen. Sie hatte sich aber verborgen. Da drohte man mit einer Haussuchung im Pfarrhof und bei den

Eltern. Als der Trupp wieder ins Neumann-Haus zurückging, gab es auf dem Platz eine scharfe Aussprache zwischen dem Major der Genesungskompanie und dem SS-Führer. Der Major verbat sich energisch, die Resl zu belästigen. Sie zogen sogar die Pistolen, wurden dann aber von einem anderen Offizier getrennt. Am 20. April morgens hat die SS-Einheit mit einem langen Bandmaß in Konnersreuth Entfernungen ausgemessen. Die Leute konnten sich den Grund der Vermessung nicht erklären. Daraufhin rückte die SS-Mannschaft aus der Ortschaft ab. Ohne die Genesungseinheit zu verständigen, begann sie gegen 5 Uhr nachmittags plötzlich leichte Artillerie gegen Konnersreuth einzusetzen. Sie hatte in Richtung Groppenheim-Kappl, in geringer Entfernung von Konnersreuth, Stellung bezogen und schoß deshalb sehr genau. Der Pfarrhof bekam Treffer, gegen 30 Granateinschläge gingen in den Pfarrgarten, das Haus Neumann bekam am Giebel einen Volltreffer, der u.a. die Schlafkammer des Vaters, die neben dem Zimmer der Theres gelegen war, zerstörte. Die Schüsse kamen alle aus der Richtung Nordosten, während die Amerikaner von Westen her anrückten. Es kreiste dann, als die Amerikaner die Schüsse hörten, ein amerikanischer Aufklärer, ein Beobachter, über Konnersreuth, den die SS abschoß. Daraufhin eröffneten auch die Amerikaner das Feuer. Man hatte auch mit Brandgranaten geschossen, von denen eine den Pfarrhofstadel entzündete. Unter diesem Pfarrhofstadel hatte der Bruder Ferdinand Neumann einen Unterstand gebaut, in dem sich die Resl und ihre zahlreichen Neffen und Nichten und einige andere Personen, gegen 30 Menschen, befanden. „Ich hatte", sagt Ferdinand Neumann, „den Unterstand nicht gebaut als Bombenschutz gegen Fliegerangriffe, sondern nur als vorübergehende Zuflucht beim Übergang der Fronten und vielleicht als Schutz gegen Plünderung, weshalb ich auch den Eingang tarnte. Ich errichtete vor ihm einen Holzstoß, und das war das Dümmste, was ich machen konnte. Ich hatte nicht mit Feuer gerechnet. Wohl hatte ich einen zweiten Ausgang geschaffen, allerdings nur einen Ausschlupf, der über eine Leiter zu erreichen war. Als nun der Stadel in Brand geschossen war, fing auch gleich der Holzstoß zu brennen an. Damit war die Benutzung des Hauptausganges nicht mehr möglich. Resl roch den Rauch und sah im selben Moment vor dem Hauptausgang alles lichterloh brennen. Sie ging sofort zurück, um alle Kinder durch den Notausschlupf zu retten. Man öffnete dessen Klappe und Resl reichte die Kinder hinaus. Es war höchste Zeit, denn infolge des Unterzuges, der nach dem Öffnen des Notausganges entstand, griff das Feuer auf Brennbares im Unterstand über, und Resl selbst kam mit bereits angesengten Kleidern, die gelöscht werden mußten, über die Leiter herauf. Es war eine für sie sehr gefährliche Situation. Nicht mehr zu retten war all das, was man in dem Unterstand hatte sichern wollen: Neben der Einrichtung von Bänken und Tischen verbrannten ganze Kisten mit Akten und Briefen, auch Kirchengerät, sogar eine Monstranz. Als die Insassen herausgekommen waren, sahen sie im ganzen Ort Feuer. Etwa ein Viertel der Häuser von Konnersreuth sind infolge der Beschießung niedergebrannt, oder mehr oder weniger zerstört worden.

Gegen Abend kam dann der Forstverwalter, der ein Häuschen etwas abseits von Konnersreuth an der Waldsassener Straße hat, und lud Pfarrer Naber, Resl und die Angehörigen ein, zu ihm hinauszukommen. Sie folgten ihm. Dort blieben sie einige Stunden. Als dann berichtet wurde, daß die Amerikaner Konnersreuth besetzt hätten, gingen sie wieder zurück. Inzwischen hatten sich die amerikanischen Vortrupps in Konnersreuth, namentlich in allen leerstehenden Häusern, eingenistet. Auch im Pfarrhaus war alles wirr durcheinander. In dem Moment aber, als Pfarrer Naber und Resl kamen, haben sie dort alles wieder freigegeben und in Ordnung gebracht. In meinem Elternhaus waren sie auch, aber da haben sie nichts angerührt. Bei uns war alles wie vorher, mit Ausnahme der Schäden, die durch die Beschießung entstanden waren. Nach den unmittelbaren Vortrupps kam als einer der ersten ein amerikanischer Kriegsberichterstatter namens Jordan, der schon vor dem Krieg bei Resl in Konnersreuth gewesen war, und der zuständige Abschnittskommandant der Amerikaner. Sie sprachen ihr lebhaftes Bedauern über das Geschehene aus. Sie hätten Auftrag von der oberen Führung gehabt, das Gebiet um Konnersreuth wenn irgend möglich zu schonen, aber sie hätten nicht anders handeln können, weil sie Widerstand gespürt hätten und ihr Aufklärer abgeschossen worden sei. Dieser Kriegs-

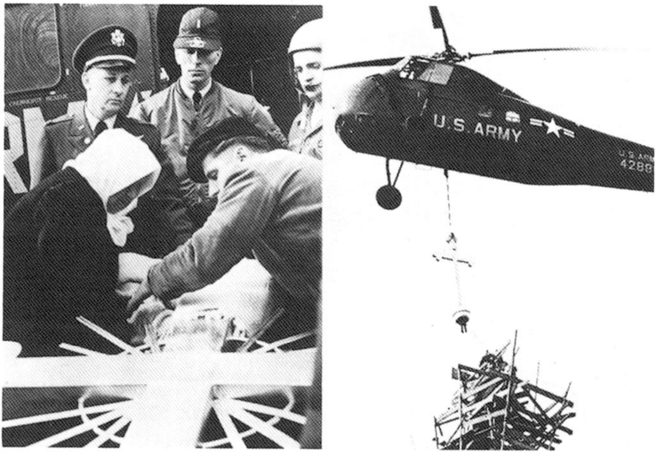

Ein Hubschrauber der amerikanischen Army setzt ein neues Kreuz auf die Turmspitze der Konnersreuther Pfarrkirche (1957)

berichterstatter Jordan ist dann später Theologe und Benediktiner (in Beuron) geworden und wurde 1950 zum Priester geweiht. Er stand dauernd in Verbindung mit Resl.

Es war ohne Zweifel der weitaus größere Teil der Zerstörung durch die SS bewirkt worden. Im Ort hat es auch Menschenverluste gegeben, auch die Genesungskompanie hatte drei oder vier Tote, weil sie nicht gewarnt worden war. Am Spätnachmittag hat die Beschießung schlagartig aufgehört. Wir erfuhren durch Überläufer aus der SS, daß ihnen die Munition ausgegangen war. Sie wollten von SS-Einheiten, die in der Gegend Wernersreuth (hinter Waldsassen, schon nahe der tschechischen Grenze) lagen, noch Munitionsnachschub haben, aber es stellte sich heraus, daß diese Gruppe bereits nach Süden abgerückt war, worauf die Gruppe, die Konnersreuth beschossen hatte, schleunigst nachzog.

Resl hat dann in den folgenden Tagen und Wochen viel zu tun gehabt, um den Verletzten zu helfen und in den Häusern Not zu lindern. Bald darauf setzte auch ein Massenbesuch seitens amerikanischer Soldaten ein, die sich stets korrekt und zurückhaltend benahmen, z.T. auch direkt oder über die Resl mithalfen, die schlimmste Zeit zu überstehen."

BEDEUTENDE EINZELEREIGNISSE NACH DEM ZWEITEN WELTKRIEG

Eine persönliche Tat der Theres Neumann ist der Erwerb des Gutes *Fockenfeld* bei Konnersreuth, als Heimstätte für den Priesternachwuchs, im Jahre 1951. Sie hatte durch den Arzt Dr. Mittendorfer, der die Gutsbesitzerin von Fockenfeld behandelte, vernommen, daß dieses Gut, früher zum Waldsassener Kloster gehörig und seit der Säkularisation in privater Hand, verkauft werden solle. Zunächst interessierte sich die Resl nicht. Aber als man sagte: ,,Resl, das gäbe doch eine Stätte für den Priesternachwuchs'', wurde sie hellhörig. Bald darauf kam Fürst Erich von Waldburg-Zeil nach Konnersreuth. Er fragte die Resl, ob sie Wünsche habe. Da sagte sie: ,,Herr Fürst, für mich habe ich keine, aber...'' und sie erzählte die Sache Fockenfeld. Da es sich um eine hohe Ankaufsumme handelte, konnte der Fürst nicht sofort zusagen. Er sagte: ,,Resl, die Franzosen haben für einige Millionen Mark Holz aus meinem Wald geschlagen; wenn Du mir hilfst, daß die von mir beantragte Abfindung ins Rollen kommt, helfe ich Dir in Fockenfeld.'' Resl wußte, wieviel der Fürst für den ,,Geraden Weg '' und auch für caritative Zwecke geopfert hatte, und zögerte nicht lange. Es waren zu ihr nach dem Kriege viele und auch einflußreiche Amerikaner gekommen, so daß sie ermutigt war, einen Bittgang für den Fürsten und damit für Fockenfeld zu wagen. Sie fuhr mit ihrem Bruder Ferdinand zum Sitze der entscheidenden amerikanischen Dienststellen. Die Reise wurde ein Erfolg: Der Abfindungsantrag des Fürsten wurde alsbald erledigt, und der Fürst gab den Oblaten des Hl. Franz von Sales in Eichstätt das Geld zum Ankauf von Fockenfeld in einem sehr günstigen Darlehensvertrag. Diese haben dort inzwischen eine Spätberufenen-Schule errichtet, aus der bereits Priester hervorgegangen sind. (Siehe Nachträge S. 212ff.)

Innerhalb des Familienkreises mußte Theres Neumann in den Nachkriegsjahren schwere Verluste hinnehmen. Am 5. September 1949 starb ihr Bruder Engelbert nach langem Leiden, währenddessen sie ihn, zum Teil in München, aufopferungsvoll betreut und gepflegt hatte. Wenig später, am

Schloß Fockenfeld, ca. 1750, säkularisiert, seit 1951 durch Vermittlung von Theres Neumann Seminar für spätberufene Priester

9. Dezember 1949, starb ihre Mutter Anna Neumann. Am Tag nach der Beerdigung sprachen wir zu dreien, Pfarrer Naber, Resl und ich, über den Tod und das Jenseits. Ich sagte, ich könne mir die Seligkeit nicht in Form „ewiger Ruhe" vorstellen, der Ausdruck „ewiges Leben" sei mir sympathischer. Darauf sagte Pfarrer Naber: „Ich denke mir die ewige Seligkeit als ein ständiges Anteilnehmen am Werke Gottes. Wir schauen in Gott alles, was gewesen ist, was ist und was sein wird." Darauf antwortete Resl: „O noch viel mehr, Herr Pfarrer: alles, was möglich ist."

Zehn Jahre später, im Jahr 1959, griff der Tod wiederum hart in die Familie hinein. Am 1. Mai 1959 starb in Eichstätt Ottilie Neumann, Vorsteherin des Dritten Ordens, die Professor Wutz den Haushalt geführt hatte. Resl, die die letzten Tage bei der Schwester zubrachte, sah im Augenblick des Todes den Heiland lächelnd in hellstem Glanze kommen und die sofort ganz rein aufstrahlende Seele der Schwester mitnehmen. Therese, die während der Vision „Mit, mit" rief, war hernach trotz des schweren Verlustes hochbeglückt.

Besonders hart traf sie am 26. November des gleichen Jahres der nach kurzer Krankheit erfolgte Heimgang ihres stets treusorgenden, mannhaften Vaters Ferdinand Neumann (im 87. Lebensjahr). Von da an hatte sie zunächst niemand mehr aus der Eltern- oder Geschwisterreihe, der mit ihr die Hausgemeinschaft im Elternhaus hätte teilen können. Sie begrüßte es deshalb mit großer Freude, als sich Pfarrer Naber 1960 mit 90 Jahren entschloß, zu resignieren und zusammen mit seiner Haushälterin, Theresens Schwester Marie, in die dafür wohnlich gemachten Räume des ehemaligen Stall- und Scheunenanbaues des Elternhauses zu ziehen.

Das letzte Anliegen der Theres Neumann entsprang einer Anregung des 1962 inthronisierten Diözesanbischofs Rudolf Graber. Dieser hatte ihr bald nach seiner Ernennung geschrieben, daß er es begrüßen würde, wenn in der Diözese ein *Anbetungskloster* entstünde, in dem täglich für die Anliegen des Bischofs und des Bistums gebetet würde. Das veranlaßte Theres sofort zu hoher Aktivität. So fuhr sie mit Pfarrer Naber in den letzten Wochen ihres Lebens zu einem hochherzigen Wohltäter ins Bodenseegebiet, der ihr großzügige Unterstützung zusagte. Ungefähr eine Woche blieb man im Kreise seiner Familie. Es fügte sich, daß Theres bei dieser letzten Reise Kardinal Augustin Bea, den Vorsitzenden des Sekretariats für die Einigung der Christen, traf, der damals seine eindrucksvollen Vorträge über die Aufgaben und Ziele des Konzils in Deutschland hielt. Ebenso wie viele andere Menschen sprach er mit ihr über seine Anliegen und Sorgen und bat sie, sie möge dafür, besonders um einen guten Fortgang und Ausgang des Konzils, ihr Gebet einsetzen.

Die Pläne für das Anbetungskloster wurden nach dem Tode der Theres Neumann, der sie so bald nach dieser Reise ereilte, nicht aufgegeben, sondern unter tatkräftiger Aktivität des erwähnten Wohltäters rasch durchgeführt. Erstaunlich war das weltweite Interesse breitester Kreise, die – durch eine Sammelaktion angesprochen – in Tausenden von großen und kleinen Gaben zum Gelingen des Werkes beitrugen. Innerhalb weniger Monate war der zum Bau und zur Ausstattung von Kloster und Anbetungskapelle erforderliche Geldbedarf gesichert. Am Sonntag, dem 28. April 1963 vollzog der Diözesanbischof die Grundsteinweihe. Es war ein unbeabsichtigtes, erst nach der Terminbestimmung festge-

Bischof Rudolf Graber weiht und legt den Grundstein für das Anbetungskloster Theresianum am 28. April 1963

stelltes Zusammentreffen mit dem 40. Jahrestag der Seligsprechung der Kleinen hl. Theresia vom Kinde Jesu, nach welcher das Konnersreuther Kloster ,,Theresianum" benannt ist. (Dieser Jahrtag fiel auf den nächsten Tag, Montag, den 29. April 1963. Vgl. S. 215.) In der Predigt des Pontifikalgottesdienstes gab der Bischof die Motive an, die zur Gründung des Klosters geführt hatten. Er sei, als er das erste Mal die Sacre-Cœur-Basilika auf dem Montmartre in Paris besucht habe, tief beeindruckt gewesen von der Inschrift ,,Gallia pœnitens et grata et devota" - das sühnende Frankreich, das dankbare und gotthingegebene Frankreich, und habe sich gefragt: Sind wir schuldloser als etwa unser Nachbarvolk im Westen? Von da an habe ihn der Gedanke der Sühne durch ein Anbetungskloster nicht mehr losgelassen. Und als er zum Bischof ernannt worden sei, habe er an Theres Neumann in diesem Sinne geschrieben und zugleich die Meinung ausgesprochen, es werde ohne Zweifel für eine Diözese von großem Segen sein, wenn, gewissermaßen im Sinne der Arbeitsteilung der Glieder des Corpus Christi Mysticum, in einem Anbetungskloster für die Anliegen des Bischofs und der Diözese unaufhörlich gebetet werde. Theres Neumann habe in ihrer impulsiven Art den Gedanken sogleich aufgegriffen und einerseits mit den ihr so lieben Marienschwestern vom Karmel in Regensburg und andererseits mit Wohltätern die Verbindung aufgenommen und die Wege geebnet, die sich durch vorsehungsvolle Fügung auch dadurch als richtig erwiesen hätten, daß ihr der Grund und Boden auf dem das Kloster nun stehe, zur selben Zeit geschenkt worden sei. Vielleicht sei nun Theres Neumann als Weizenkorn ins Grab gesunken, damit hundertfältige Frucht auferstehe und die Stätte entstünde, in der Gott angebetet und das Wort verwirklicht werde: ,,Der Vater sucht Anbeter, solche, die ihn im Geiste und in der Wahrheit anbeten" (Jo 4, 23).

Ein halbes Jahr nach der Grundsteinweihe konnte das Kloster bereits bezogen werden. Für den 22. September 1963 hatte der Diözesanbischof Rudolf Graber zu einem Gebets- und Sühnetag für das Konzil und den Weltfrieden in Konnersreuth aufgerufen, der mit der Weihe der Anbetungskapelle und des Klosters verbunden werden sollte. Etwa 40–50000 Gläubige sind seinem Rufe gefolgt, eine Zahl, die

Das 1963 erbaute Anbetungskloster „Theresianum"

Konnersreuth selbst zur Zeit der Massenbesuche in den 20er Jahren und an Karfreitagen bei weitem nicht gesehen hatte. Sieben Bischöfe zelebrierten Pontifikalgottesdienste und heilige Messen, Bischof Venancio von Leiria-Fatima hielt eine eindrucksvolle Ansprache, die von seinem Sekretär in Teilen immer wieder deutsch nachgesprochen wurde. Bischof Dr. Rudolf Graber weihte am Vormittag Kapelle und Kloster und zündete das Ewige Licht vor dem Tabernakel an, das nun, begleitet von ewiger Anbetung, fortbrennen soll. In der Einweihungs-Ansprache sagte er, es grenze an ein Wunder, daß nun heute, genau am Jahrestag der Beerdigung der Therese Neumann, Kirche und Kloster fertig dastünden und ihrer Bestimmung übergeben werden könnten. In der großen Hauptpredigt am Nachmittag im Freien vor den Tausenden von Betern wies er nochmals auf den Sinn des Klosters hin, stellte klar die Gefahren unserer modernen Welt heraus, die sich nicht im östlichen Atheismus erschöpfen, sondern im Westen mit allen Zerstörungs- und Folgeerscheinungen des Kultur-Bolschewismus, dem Niedergang des religiösen und sittlichen Lebens, dem raffinierten Lebensgenuß, der Erotisierung des Lebens, dem Mangel an Opfergeist und dem Schwund alles Idealen, keineswegs geringer seien, und schloß: „Um einen plötzlichen Krieg zu verhindern, hat man jetzt einen ‚heißen Draht' zwischen Moskau und Washington gelegt, so daß sich die obersten Leiter der Weltmächte sofort telefonisch verständigen können. Ob dieser heiße Draht helfen wird? Ich weiß es nicht. Aber Gott der Herr hat uns einen anderen heißen Draht in die Hand gegeben, der nicht bloß 8000 km überbrückt, sondern von der Erde zum Himmel geht, den Draht, der die Perlen des Rosenkranzes aneinanderreiht. Dieser Draht ist unendlich stärker als jener von Moskau nach Washington. Glaubt ihr nicht, wenn Millionen aus tiefster Überzeugung und nicht nur so nebenbei beten: ‚Bitte für uns jetzt in dieser gefahrvollen Stunde der Menschheit', daß dann der Vater uns erhören wird? – Dazu sind wir zusammengekommen. Dazu ist das Anbetungskloster erstanden. Dazu wurde das ewige Licht entzündet, damit von hier Kraft und Feuer ausgehe zur Erneuerung des Bistums, zur Rettung der Welt und der Menschheit."

*

Man darf es wohl als Fügung der Göttlichen Vorsehung auffassen, daß gerade die letzten Wochen des Lebens der Theres Neumann mit Aufgaben angefüllt waren, die man als Höhepunkte ihres geistlichen Wirkens bezeichnen möchte: dem Gebet für das Konzil und der Begründung eines Anbetungsklosters. (Vgl. auch Seite 225)

DER TOD

Theres Neumann war schon längere Zeit von Angina pectoris befallen, jener tückischen Unregelmäßigkeit des Herzens, die anfallartig, verbunden mit Atemnot, schwere Herzerregungszustände hervorruft und häufig plötzlichen Tod durch Aussetzen der Herztätigkeit zur Folge hat. Trotzdem glaubte in Theresens Umgebung niemand, daß sie dem Tode nahe sei, weil man bei ihr zu oft Zustände gesehen hatte, die den jetzigen durchaus glichen.

Jahrelang hatte sie keine größere und länger andauernde Reise mehr unternommen. Aber der Wille zum sofortigen Einsatz für den Plan des Anbetungsklosters ließ sie alle gesundheitlichen Bedenken zurückstellen. Sogleich wurde die Reise vorbereitet und durchgeführt. Bald nach der Rückkehr, am 13. September 1962, schmückte sie zum letzten Mal mit großer Hingabe das Missionskreuz in der Kirche und die darunterstehende Mater dolorosa. Am folgenden Tage, dem Feste der Kreuzerhöhung, hatte sie nach dreistündigem Leiden in den Wunden nochmals die Vision, die alljährlich an diesem Tage eintrat: Sie sah, wie in kaiserlichem Ornat und mit großem Gefolge Kaiser Heraklius das Kreuz auf den Kalvarienberg tragen will, wie er aber vor dem Stadttor nicht weitergehen kann. Erst als er auf Anraten des Bischofs Zacharias Krone und kaiserlichen Schmuck ablegt und die Schuhe auszieht, kann er das Kreuz weiter nach Golgatha tragen und dort vor der ergriffenen Menge aufstellen lassen. Diese Vision des Triumphes des Kreuzes war die letzte Schauung, die Theres Neumann erlebte.

Am Samstag Morgen, dem Feste der Sieben Schmerzen Mariens, erlitt Theres Neumann beim Aufstehen und Ankleiden, eingeleitet von einem sehr starken Schmerzstoß, jenen Herzanfall (Infarkt), der bald darauf zu ihrem plötzlichen und einsamen Tode führte. Wohl versuchte der Konnersreuther Arzt Dr. Stuchlik nach dem Anfall durch Strophantinspritzen und Herzmassagen Linderung und Besserung zu erreichen, aber Theres empfand weiterhin so gräßliche Schmerzen, daß man sie im Bett aufsetzen und an die hochaufgebauschten Kissen lehnen mußte. In dieser Stellung ist sie auch am Dienstag, dem 18. September, von ihrer im letzten Augenblick noch herbeigerufenen Schwester Marie in die Arme genommen, in deren Armen gestorben, ohne noch ein Wort des Abschieds sagen zu können.

Um halb elf Uhr hatte sie zum letzten Mal die heilige Kommunion empfangen. Lassen wir nun Pfarrer Naber sprechen: „Ich denke an die letzte Kommunion der Resl. Sie hatte an dem Dienstag, an dem sie gestorben ist, mich gebeten, ihr Mittag die hl. Kommunion zu bringen. Aber um halb elf Uhr schickte sie, sie möchte jetzt kommunizieren. Ich habe ihr gleich die hl. Kommunion gebracht. Sie war sehr schwach. Dann sagte sie zu Marie, sie möchte doch etwas Wasser bringen, weil ihr Mund so trocken sei. Seit 1927 hatte man ihr auch zur hl. Kommunion keinen Tropfen Wasser mehr gereicht. Nur bei dieser Kommunion am Dienstag Vormittag, da hat sie das verlangt. Das war uns auffällig, aber weder die Marie noch ich haben ans Sterben gedacht, weil wir sie halt oft und oft so elend gesehen hatten. Ich habe dann einen Löffel mit ein paar Tropfen Wasser genommen und die hl. Hostie auf die Spitze gelegt. So habe ich diese an ihren Mund gebracht, in dem sie ohne jegliche Schluckbewegung in dem Augenblick verschwunden ist, als ich mit dem Löffel an den Mund herankam (mystische Kommunion, wie früher beschrieben. DV). Nun ist es bei ihr ja immer so gewesen, daß die Brotsgestalt sich in ihr nicht aufgelöst hat, wie bei uns, etwa in einer Stunde, sondern bei ihr war es so, daß die Brotsgestalt sich gewöhnlich erhalten hat, bis kurz bevor sie wieder kommuniziert hat. So hatte sie das Bewußtsein: ‚Der Heiland is bei mir, ist in mir'. Und das war ihr natürlich eine große Freude und eine große Stärkung. Wenn ich gefragt habe: ‚Von was lebst Du', sagte sie einfach: ‚Vom Heiland'. So macht es nun den Eindruck, daß der Heiland noch vor dem Tod zu ihr kommen wollte. Dann habe ich nach der Kommunion noch eine Person beichtgehört, dann hat man zu Tisch gerufen. Da hat's dann plötzlich geklingelt, vom Zimmer der Resl her. Die Marie ist gleich hinauf, und es steht gar nicht lang an, da schreit sie: ‚Herr Pfarrer, Herr Pfarrer' und ich bin auch gleich hinauf. Und wie ich hinaufkomme, war es schon vorbei, war das Leben schon entschwunden. Die Marie sagte: ‚Das schaut ja grad aus, wie ihr Sterben bei den Leidensekstasen' und hat es lange nicht glauben können, daß es wirklich der Tod war. Denn mindestens fünf- bis sechshundertmal hatte man das schon gesehen, daß die Resl bei den Freitagsleiden die Todesqual mit dem Heiland gelitten hat und dann einfach zusammengesunken und wie tot einige Zeit liegengeblieben ist. Die Marie hat alleweil gewartet, daß sie wieder zum Leben kommt, aber dazu ist es halt nicht mehr gekommen. So ist die Resl in ihren Armen gestorben." Man schickte dann sofort ins Pfarrhaus mit der Bitte um die Heilige Ölung, die Pfarrer Schuhmann noch spendete.

Der vorhergehende Tag, der 17. September also der letzte Tag, den sie noch voll erleben durfte, war liturgisch das Fest der Stigmatisation des heiligen Franziskus. Und die Oration zu diesem Fest beginnt mit den Worten: „Herr Jesus Christus, da die Welt zu erkalten begann, hast Du am Leibe des hl. Franziskus die heiligen Wundmale Deines Leidens erneuert, um unsere Herzen mit dem Feuer Deiner Liebe zu entflammen." Und am selben Tage wird in deutschen Diözesen das Fest der heiligen Hildegard von Bingen gefeiert, in deren Meßtexten die Worte vorkommen: „Nicht viele Mächtige und Angesehene, nein, was der Welt töricht erscheint, hat Gott erwählt, um die Weisen und Großen zu beschämen." Passen nicht beide Texte genau auch auf Therese Neumann? „Als die Welt zu erkalten begann, hast Du die Wundmale Deines Leidens erneuert" und „die Kleinen hast Du auserwählt!"

In den Aufzeichnungen Pfarrer Nabers findet sich 1932 eine Stelle, die auf einen plötzlichen Tod der Theres Neumann hinweist. Unter dem 8. Nov. 1932 wird eine Kommunion ohne Priester berichtet. Pfarrer Naber war in Waldsassen und erst nach elf Uhr heimgekommen. Als er nach der Rückkehr die hl. Kommunion reichen wollte, merkte er, daß Theres sich schon in erhobenem Ruhezustand, wie gewöhnlich nach der hl. Kommunion, befand. Er berichtet: „Auf meine Frage, was geschehen, erfuhr ich, daß die Sehnsucht nach dem Heiland Theres so stark ergriffen hatte, daß das Herz zu schlagen aufhörte und nur mehr vibrierte und in etlichen Minuten ganz stille gestanden wäre. Dies zu verhüten, sei der Heiland vom Tabernakel herab ohne des Priesters Mitwirken zu Theres gekommen. Da könnte ich sehen, wie schnell es einmal mit Theres zu Ende gehen könnte. Im gewöhnlichen Zustand hernach wußte Theres nur, daß sie wie ohnmächtig geworden und dann der Heiland plötzlich sichtbar zu ihr gekommen war. Und eine andere Stelle in Pfarrer Nabers Tagebüchern weist auf den Tod Theresens hin. Unter dem 5. Dezember 1930 schreibt er (N 2,10) ein: „Um Allerseelen ds. Jhs. war Therese der Heiland erschienen. Unmittelbar darauf erfüllte sie die Erinnerung daran mit solcher Freude, daß die Herzwunde sich öffnete und das Blut herausschoß, in einen großen, dicken Fleck Watte, den Theres wegen eines vorausgegangenen Sühneleidens für die sterbende ... noch auf der Wunde hatte. Theres zeigte mir bald darauf den Fleck. Er war wie übergossen und durchtränkt von ganz hellrotem Blute. Im erhobenen Ruhezustand hieß es damals, *in einer solchen Liebesaufwallung werde Theres einmal sterben.*"

Vielleicht durfte sie nach Durst und Verlassenheit der Todesstunde das „Es ist vollbracht" noch in der Liebesaufwallung seligen Schauens erfahren, das ihr die Kraft gab, ihre Angehörigen noch herbeizurufen. Dreißig Jahre sind seitdem vergangen. Die Worte waren im Gedächtins verblaßt, man hatte in der Zwischenzeit zu oft sterbeähnliche Vorgänge beobachtet und wurde nun durch den plötzlichen tatsächlichen Eintritt des Ereignisses völlig überrascht.

Nach dem Tode wurde Theres Neumann unten in der elterlichen Stube, in deren Tür man ein Glasfenster einsetzen ließ, aufgebahrt. Tausende zogen vom Dienstag bis Samstag, den 22. September, dem Tag der Beerdigung, vom frühen Morgen bis Mitternacht an ihrem Leichnam vorüber. Sie konnten bei der vorderen Türe des Neumann-Hauses herein- und durch den Ausgang zum Hof wieder hinausgehen. Es war ein ständiges Durchfließen, und man bedauerte, immer wieder um raschen Durchgang bitten zu müssen, damit alle, die kamen, die tote Resl nochmal sehen konnten. Am Samstag fand in der Pfarrkirche der Seelengottesdienst statt, gegen dessen Ende man den Sarg verschloß. Vor der Einsargung haben drei Ärzte (Dr. med. Engelbert Ernst, Oberarzt des Krankenhauses Tirschenreuth, Dr. med. Eduard Stuchlik, Konnersreuth, Dr. med. Elisabeth Stuchlik, Tirschenreuth) festgestellt, daß trotz viertägiger Aufbahrung keine Spur von Verwesung und keinerlei Leichengeruch wahrzunehmen war, obwohl das verschlossene Zimmer sehr niedrig und die Jahreszeit warm war und in dem engen Raum ständig vier Kerzen brannten und zusätzliche Wärme erzeugten.

Unter so großer Anteilnahme, daß auch die Friedhofsmauern und die Dächer der umliegenden Schuppen bis zur Gefahr des Durchbrechens besetzt wurden, hat man Theres Neumann zu Grabe getragen.

Unmittelbar neben dem großen Friedhofskreuz aus schwedischem Granit, das der von ihr geschauten Kreuzform nachgebildet ist, hat Theres Neumann neben der ihr im Tod vorausgegangenen Schwester Ottilie ihr Grab gefunden, das von der Liebe der Angehörigen und der Dankbar-

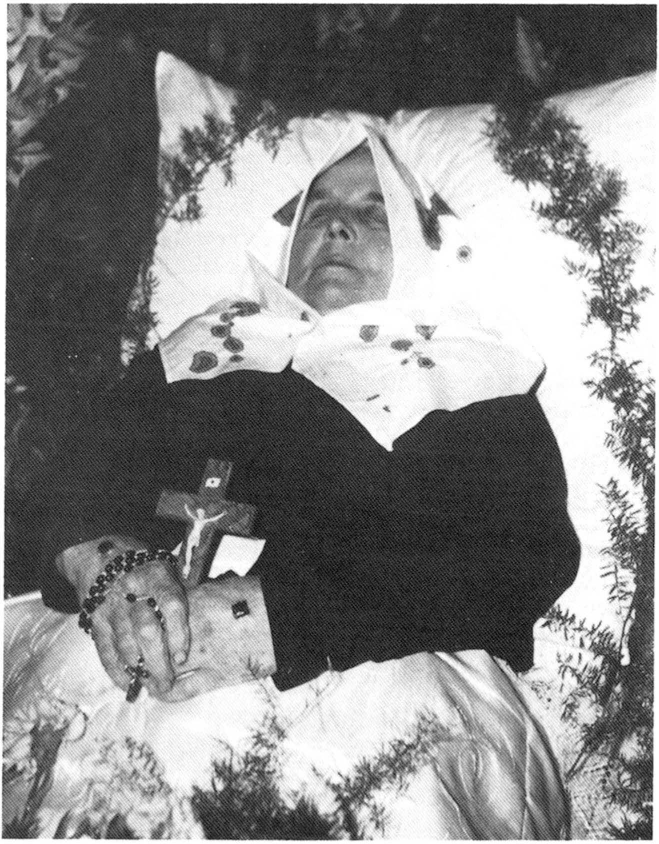

Theres Neumann auf dem Totenbett, im Elternhaus (18.–22. Sept. 1962)

keit der Schwestern des Theresianums umsorgt und von vielen vertrauensvollen Besuchern mit Fürbitt- und Hilfegebeten bestürmt wird. Eine sich laufend mehrende Anzahl von Dank-Votivtafeln, die Besucher am Grabe niederlegen, kündet davon, daß viele eine Gebetserhörung in ihren Anliegen der Fürbitte der Theres Neumann zuschreiben.

Rasch, für den Geistlichen Rat Naber allzu rasch, hat sie ihre Schwester Marie, in deren Armen sie gestorben ist, am

15. Juni 1963 in die Ewigkeit nachgeholt. Diese hat 34 Jahre lang in Konnersreuth den Haushalt Pfarrer Nabers geführt und liegt nun als dritte der unverheirateten Schwestern Neumann neben.den beiden anderen begraben. Einige Wochen vor ihrem Tode hat sie das Elternhaus in einem testamentarischen Akt dem neuen Kloster „Theresianum" zur Betreuung und Nutzung unter gewissen Bedingungen vererbt, darunter vor allem der, daß Pfarrer Naber lebenslänglich freies Wohnrecht in dem von ihm bezogenen Teil des Hauses habe. Noch fast 4 Jahre darüber hinaus hat Gott dem begnadeten Priester in seltener geistiger Frische geschenkt. In den letzten Lebenstagen bat er immer sehnsuchtsvoller „Heiland zu Dir, nimm mich auf". Am Donnerstag, dem 23. Februar 1967, hat der Heiland ihm diese Bitte erfüllt und ihn, wie wir sicher annehmen dürfen, zu einem Wiedersehen mit seiner „Resl" geführt, der er 44 Jahre lang Seelenführer hatte sein dürfen.

Der Sarg

im Grabe

Teil II

INNERES UND MYSTISCHES LEBEN DER THERES NEUMANN

Das innere Leben

Das innere Leben der Theres Neumann, in das wir schon einige Einblicke im Rahmen des allgemeinen Lebensablaufes vermitteln konnten, spiegelt sich am klarsten aus ihren eigenen Briefen wider. Besonders die Briefe aus der Zeit von 1923 bis 1926 sind hierfür am aussagekräftigsten. Sie stammen aus der Zeit, in der Theres die stärkste innere Konzentration möglich war. Am 29. April 1923, dem Tag der Seligsprechung der Theresia von Lisieux, war sie von vierjähriger Blindheit plötzlich geheilt worden. Sie konnte nun wieder schreiben und in ihr seelisches Leben während der Blindheit und in der Folgezeit der noch bestehenden Lähmung Einblick geben. Es ist die innige Verbundenheit mit dem Jesuskind und mit der seligen kleinen Theresia, aber auch die dunkle Nacht des Geistes, die der Mystiker zu durchstehen hat, herauszuhören. Eindrucksvoll ist jene Stelle, wo sie den Vorschlag der Mutter ablehnt, das Bett ans Fenster zu stellen, damit sie auf die Straße sehe, mit dem Bemerken, das würde sie zu stark zerstreuen, und jene andere, wo sie sich als Opferseele anbietet, denn Opfern und Leiden sei ihr Beruf, mit dem sie sich als Glied der Kirche Christi noch nützlich machen könne. Die Briefe sind unbereinigt hinsichtlich von Schreib- und Sprachfehlern mit allen im Original vorkommenden Abkürzungen wiedergegeben, um die köstlichen und kindlichen Milieuschilderungen, die Berichte über die kleinen Freuden, die die Schwerkranke dem Leben abzugewinnen wußte, nicht untergehen zu lassen.

Bericht über die Heilung von Blindheit. Brief von Theres Neumann an Frl. Simson, Pielenhofen (vorher Lehrerin in Konnersreuth).

Konnersreuth, den 27. Mai 1923

Liebes Fr. Simson!

Grüß Ihnen Gott! So möchte ich mit großer Freude rufen. Denken Sie, der liebe Gott hat mir durch die Fürbitte der seligen Theresia das Augenlicht wieder geschenkt. Welch ein Glück! Ich will Ihnen kurz davon erzählen. Ungefähr 3 Tage vor Nikolaus bekam ich im Hals eine kleine Lähmung, so daß ich nur Flüssigkeiten nehmen konnte. Ich konnte eben nicht recht schlucken. Sogar die hl. Kommunion mußte ich im Wasser nehmen, aber nur ein ganz kleines Teilchen. Dieser Zustand verschlimmerte sich so stark, daß ich den ersten Weihnachtsfeiertag auch nicht ein Tröpflein Wasser mehr zu mir nehmen konnte. Dieses dauerte dann 12 Tage. Ich wurde so elend und matt, daß ich den Durst kaum mehr spürte. Ich glaubte, ich dürfte jetzt sterben; aber welch ein Schmerz, sterben ohne den lb. Heiland im Herzen! Dies schien mir unmöglich. Der lb. Heiland wollte es auch nicht haben und so öffnete er mir am Tag vor dem Dreikönigsfest wieder meinen Hals soviel, daß ich wenigstens ein bißchen Wasser schlucken konnte. Dieser Zustand wurde allmählich wieder besser. Aber schon seit Weihnachten spürte ich, daß im Magen sich wieder ein Geschwür bildete. Kurz vor Ostern konnte ich wieder ziemlich schlucken, aber Speise zu mir nehmen, konnte ich des Magens wegen nicht. Und die Karwoche wurde ich so schlimm, mein Magengeschür wurde so groß, daß Herz und Lunge vor lauter Geschwulst nicht mehr funktionerten. Ich bekam kaum mehr Atem. Dieser Zustand dauerte dann bis zum 25. April. Ich empfing die hl. Sterbesakramente abends, ich war dem Ersticken nahe. Der hochw. Herr Pfarrer meinte, das Geschwür könne nicht aufgehn; ich aber hatte soviel Qual, daß ich mich kaum mehr auskannte. Auf einmal, erzählte mir meine Mutter, wurde ich ganz steif und blau, ich bekam überhaupt keinen Atem mehr. Alle meinten, jetzt kommts zum Sterben. Da auf einmal ging es auf und das Brechen los. Ich wurde dann etwas leichter, war aber sehr matt. Ich durfte jetzt nur Eis schlucken, auch das Bluten wollte kein Ende nehmen. Im Verstande wurde es wieder leichter, langsam besser, die Augen konnte ich natürlich vor Schwäche kaum heben. Am 25. April ging das Geschwür auf, am Mittwoch abend vor der Seligsprechung der kleinen Theresia. Samstag war vor meinen Augen alles noch Nacht und schwarz, wie die vergangenen 4 Jahre. Sonntag früh den 29. April machte ich die Augen wieder ein wenig auf, sie waren noch schwer von der letzten Qual im Magen. Ich war nämlich recht matt. Lb. Frl. Lehrerin, auf einmal als ich die Augen öffnete, meinte ich, ich träumte: vor meinen Augen war alles hell und ich klopfte der Mutter. Diese kam schnell, sie meinte ich bin schlimmer mit dem Blutbrechen geworden. Ich konnte ihr mein Glück und meine Freude kaum sagen. Ich sagte: „Ach Mutter, ich sehe!" Diese glaubte, ich phantasiere und hielt mir gleich ein Blumenstöcklein vor die Augen, worauf ich sagte: „Ach, blüht das schön weiß, das muß aber im Mai in die Kirche, zur lieben Muttergottes." Denken Sie. lb. Frl. Lehrerin, diese Freude an jenem Sonntag. Samstag war alles schwarz wie immer und Sonntag in aller Frühe sehe ich alles so genau und gut. Tausendfachen Dank nächst Gott der lieben kleinen Theresia. Niemand hätte geglaubt und ich am allerwenigsten, daß jetzt in diesem Zustand wie ich war, das Augenlicht kommen würde. Vor einem Jahr sagte einmal Dr. Seidl zu meiner Tante: Mit den Augen ist alle Hoffnung dahin. Die Sehnen (Dr. Seidl sagte wahrscheinlich: Die Sehnerven. Vielleicht Hör- oder Schreibfehler. DV) sind tot, da müßte ein Wunder geschehen, wenn sie wieder gesund werden sollte. Samstag den 28. April war er bei mir und da hatte der Krampf meinen linken Fuß bis zum rechten Knie gezogen. Da sagte er wieder zu mir: „Mit Dir wirds nichts mehr." Ich hätte mich bald ein bißchen darüber geärgert. Die Ärzte können so wenig wie wir in die Zukunft sehn. Dies hat sich Gott selber vorbehalten nur zu unserem Besten. Wir überlassen uns ja gern der göttlichen Vorsehung. Der liebe Gott kann mit mir machen was er will. Läßt er mich gesund werden ist mir recht, läßt er mich noch 50 Jahre in meinem Bette leiden, ists mir auch recht; nimmt er mir das Augenlicht wieder, ists auch seine Sache, läßt er mich sterben, das wär meine größte Freude. Ich habe manchmal soviel Heimweh nach dem Himmel. Aber vielleicht habe ich noch viel Sprossen zu steigen auf meinem steilen Kreuzweg. – Liebe Frl. Lehrerin, ich sagte oft zu meinen Schwestern, schreibt doch der lb. Frl. Lehrerin, aber sie hatten immer keine Zeit.

Seien Sie, lb. Frl. Lehrerin nicht bös, weil wir Ihnen so lange nicht geschrieben haben. Auch schreiben Sie mir recht bald, wie es Ihnen geht, freue mich schon auf Ihre Zeilen. Aber meine größte Freude wäre, wenn sie uns besuchen würden in den großen Ferien. Meine Freude wäre wirklich unbeschreiblich. Frl. Lehrerin hatte ein schönes Zimmer, da könnten Sie dann bleiben, solange es Ihnen gefallen würde. Sie besucht mich fleißig, ist wirklich recht gut und hat auch die Blumen recht gern wie ich und Sie, liebes Fräulein. War das eine Freude! - Ich habe soviel Blumen, daß ich kaum mehr Platz dafür habe, 42 Sorten. Sie dürfen die schönsten heraus suchen und dann mit heimnehmen. Ein lustigs Vogerl habe ich auch, mein Zeiserl. Lb. Frl. Lehrerin, vergessen Sie, ich bitte, mich bei der hl. Kommunion und im Gebete nicht. Ich habe Sie auch in mein Gebet und Leiden eingeschlossen. Die selige Theresia verhalf mir zum Augenlicht, ich bin immer der Ansicht, sie soll mir beim lb. Gott recht viel Gnadenlicht erbitten, damit ich ihren kindlichen, tugendhaften Lebenswandel recht erkenne, begreife und nachahme und so zur christlichen Vollkommenheit gelange. Dies wünscht auch Ihnen von ganzem Herzen

Ihre dankbare Theresia Neumann

Briefe an Schwester Kassilda in Tutzing. Diese war eine Schulkameradin und Jugendfreundin der Theres Neumann, und beide hatten vor, miteinander in die Missionen zu gehen. Pfarrer Naber hatte, weil er nicht wußte, wohin er sich wenden sollte, nach St. Ottilien geschrieben und die Absicht der beiden Mädchen mitgeteilt und war von dort an die Missions-Benediktinerinnen in Tutzing verwiesen worden. Dort wurde die eine aufgenommen, während die andere, eben Theres Neumann, inzwischen ihren folgenschweren Unfall erlitten hatte.

Konnersreuth, den 27. Mai 1923

„Grüß Dich Gott", so möchte ich Dir von Weitem zurufen. Vor allem sage ich Dir vielmals „Vergelts Gott" für Deine lb. Brieflein, die Du mir in meiner Krank- und Blindheit geschrieben. Sie erfreuten mich immer sehr, ich ließ mir's öfters vorlesen. Deine letzten Zeilen lb. Schwester aber konnte ich Gott sei Dank selber lesen. Das schöne Abendlied freut mich besonders. Ich lese es alle abend. Und mein lbs. Zeiserl glaub ich der versteht's. Ich lese immer laut u. wenn der kleine Schliffl hört, daß ich was lese oder rede, dann singt er, daß ich meine eigenen Worte kaum verstehe. Deine lb. Mutter las mir einmal ein Brieflein von Dir vor, mein Vögerl sang mit, sie sagt, es scheint er hat Freude wie ich. Liebe Schwester, ich hab ihn nimmer eingesperrt, blos des Nachts. In der frühe reicht mir mein kleiner Bruder das Häuserl mir auf's Bett, ich füttere ihn dann, er ist jetzt so zutraulich, daß er mir das Futter aus der Hand frißt und das freut mich immer recht, dafür neck ich ihn manchmal auch. Weißt wenn ich nur ein bisserl gut beeinander bin, was nur selten der Fall ist, dann bin ich gleich übermütig. Hat er dann frisches Wasser und Futter, dann laß ich ihn wieder an's Fenster hängen, nachher wird das Türchen aufgemacht, flugs ist er auf seinem Dächlein, da singt er manchmal so viel, daß wenn ich starken Kopfweh hab, ihn kaum mehr anhören kan. Hat er Hunger schlüpft er wieder in sein Häuslein, wo er aber nicht lang bleibt. Am liebsten ist er auf dem Dächlein. Liebe Schwester! Mein Vöglein gibt mir oft Anlaß zu mancher halben Stunde Betrachtung. Es ist wahr, wenn man bedenkt, der lb. Gott hat die Vöglein auch zu unserer Freude erschaffen und wie sie den ganzen Tag den lb. Gott loben u. preisen u. uns zugleich zum Lobe aufmuntern, da müßte man ein Herz haben, so hart wie Stein, wenn man da noch gefühllos bleiben wollte. Liebe Schwester! Seit ich sehe, meine ich überhaupt ich bin in einer anderen Welt. Alles ist mir wieder neu. Meine Mutter will immer gern mein Bett an's Fenster stellen, daß ich auf die Straße sehen kann, aber da weigere ich mich energisch. Ich glaube da würde ich dann recht zerstreut. Den schönen Himmel, die grünen Bäume sehe ich ja so auch von meinem Bett aus und Blumen hab ich so viel, daß ich keinen Platz mehr im Zimmer dafür hab. Von diesen muß ich Dir ein anderes Mal wenn es Gottes Wille ist, erzählen. Auch freue ich mich daß ich wieder selber was lesen kann u. niemand mehr plagen brauche. Aber viel kann ich nicht lesen, die Augen halten schon aus, aber der Kopf, dem wills nicht recht eingeh'n der tut immer so viel weh.

Auch Dich, lb. Schw. K. vergesse ich nicht im Gebete. Wir waren ja immer recht gut miteinander u. wollen es auch bleiben. Wenn ich vielleicht auf dieser Welt nimmer zu Dir, lb. Schwester kommen kann, im Geiste sind wir ja doch täglich beisammen. Und dann erst im Himmel, gelt da dürfen wir schon zusammen. Ich bin ja doch auch eine Braut Christi, eine Gekreuzigte. Wenn ich auch nicht ins Kloster mehr komme, mein Bett ist ja auch eine Klosterzelle, wo ich ja auch Opfer bringen kann und der lb. Gott wird mit mir dann auch zufrieden sein. Ich muß ja manchmal viel leiden, aber das macht nichts, der lb. Heiland gibt schon immer Kraft und Stärke zu tragen, bis ich einmal an meinem Ziel angelangt bin, wo kein Leiden mehr ist, im Himmel.

Liebe Schwester! bitte den lb. Heiland, daß er mir weiterhin Geduld und Kraft zum Leiden schickt. Ich spür jetzt im Hals schon wieder ein Geschwür.
Gegenseitig ins Gebet einschließen verbleibe ich

Deine Freundin Theres Neumann

Konnersreuth, d. 21. November 1923

Liebe Schwester!

Gestern abends brachte mir Deine lb. Schw. Anna Deine freudige Nachricht von dem kommenden Feste. Ich konnte mich nicht enthalten, ich mußte vor Freude weinen. Wenn ich denke, meine beste Freundin darf sich am heurigen Jahresschluß dem lb. Heiland auf ewig weihen, so muß ich unwillkürlich weinen. Weißt Du doch, daß mich die gleichen Gedanken beseelten aber der Herr wollte nicht haben, daß ich ins Kloster ging. Ich möchte Dich fast beneiden. Aber nein, ich will doch auch in meinem Bett zufrieden sein; denn so ist es ja der Wille Gottes. Wollte er mich im Kloster haben, so hätte er mich sicherlich nicht krank werden lassen. Was der Herr tut, ist ja immer das beste. Ich wollte es freilich manchmal nicht recht fassen. Aber jetzt freue ich mich über meinen Beruf. Ich meine, wenn ich auch nicht tätig sein kann, so wird Gott der Herr mein Leben als Tätigkeit annehmen. Ich habe ja so viele Gebetsmeinungen für alles möchte ich eintreten. Ich meine der Herr wird alles gnädig annehmen. Ich bin doch auch Theresienkind und da hab ich so viele Meinungen. Dieser Verein ist fast der gleiche wie die Vereinigung der Opferseelen. Hauptsächlich opfern für die

Priester und die Bekehrung der Sünder wozu auch ich gehöre. Ich habe noch ein Aufnahmeformular. Dieses lege ich Dir bei, damit, wenn Du vielleicht diesen Zweck noch nicht genau kennst, daraus ersehen kannst.

Lb. Schwester! Auch ich hab eine Bitte an Dich. Bete auch für mich, besonders sage dem göttlichen Bräutigam an jenem Tage daß er auch Deine armselige kranke Freundin nicht verschmähen möge. Du brauchst nicht um Gesundheit für mich beten denn da weiß der Herr besser was für mich gut ist. Sage ihm nur, daß ich auch seine Braut sein und bleiben will, wenn ich auch, solange ich in dieser Verbannung lebe, immer nur auf dem Kreuze liegen darf; denn da bin ich ja unserem Bräutigam, welcher für uns am Kreuze starb, ein bischen ähnlich. Wenn sich meine Natur auch manchmal sträubt dagegen, im oberen Teil der Seele ist jetzt doch ziemlich Friede. Ich habe nur mehr einen Wunsch, nämlich dem lb. Heiland nur Freude bereiten und ihn nicht mehr beleidigen. Aber grad da fehlts bei mir ziemlich. Also gelt, lb. Freundin, vergiß mich gewiß nicht. Viele Grüße an all Deine lb. Mitschwestern, Eurer lb. würdigen Mutter werde ich auch besonders an ihrem Namensfeste im Gebete gedenken. Zu diesem Tage wünsche ich ihr von Herzen alles Gute. Nochmals recht viele Grüsse und Wünsche von meinen lb. Eltern und Geschwistern besonders von mir verbleibe ich Deine für Dich betende Freundin

Theresia Neumann

Brief der Theres Neumann von Konnersreuth an einen Karmelitenpater, der sie um einen Bericht über die plötzliche Heilung von einer schweren Blinddarmentzündung durch die kleine hl. Theresia gebeten hatte. Der nicht datierte Bericht dürfte um die Wende 1925/26 geschrieben sein.

,,Im November hatte ich einige Tage heftige Leibschmerzen und Fieber, welche sich am 13. Nov. so sehr verschlimmerten, daß meine Lieben den Arzt rufen ließen, der am Abend gleich noch kam. Als er mich untersucht hatte, sagte er, ich habe Blinddarmentzündung und es sei höchste Zeit zum Operieren. Bis morgen früh sei es zu spät. Meine Eltern waren recht erschrocken; besonders die Mutter jammerte hübsch, weil sie glaubte, ich sei so schwach und so halte ich das Schneiden gar nimmer aus. Und jetzt solle ich in fremden Händen sterben, wo meine Lieben 7 Jahre lang soviel mit mir gelitten. Das war für meine Mutter recht hart. Mir war alles recht; denn ich fürchte mit der Gnade Gottes weder das Operieren noch das Sterben; und wo das geschieht, ist für mich auch ganz gleich. In meiner Schwäche sagte ich zum Arzt: ,,Weißt, den Kopf darfst mir auch abschneiden, wenn es der lb. Gott haben will.‘‘ Meine Mutter fügte sich auch und richtete alles her zum Fortfahren, weil wir eine gute Stunde vom Krankenhaus entfernt sind. Der Arzt wollte mich im Auto mitnehmen, aber er fürchtete, ich sei schon zu schwach zum Sitzen. So besorgte gleich mein Vater auf Befehl des Arztes ein Fuhrwerk, auf welchem ich liegen hätte können. Ich sagte noch zum Arzt: ,,Wenn ich es der kleinen Theresia sagen würde, die tät mir schon helfen‘‘, worauf er sagte: ,,Glaubst du, an dir wirkt die hl. Theresia immer Wunder?‘‘ Er selbst telefonierte dann nach Waldsassen den Schwestern, daß sie alles zur Operation vorbereiten sollen. Meine Mutter ließ den Herrn Pfarrer holen in der Absicht, er solle vom Operieren abreden. Er sprach mit dem Arzte, dann meinte er, in solch einem Falle muß man dem Arzt schon gehorchen, was auch ganz recht war. So war schon fast alles bereit zum Fortfahren. Aber die heilige Theresia zeigte, daß sie heuer im Mai die Wahrheit gesprochen. Als sie sagte: ,,Kein Arzt kann dir helfen.‘‘ Als der Arzt fort war, sagte ich zum Herrn Pfarrer: ,,Ich meine, wenn ichs der hl. Theresia sagen würde, die helfet mir schon, ich weiß nicht ob ich dies darf und ob es dem lb. Gott recht ist; nicht meinetwegen, denn mir ist alles recht, sondern der Mutter halber‘‘, worauf er sagte, daß ich dies schon darf. Hierauf legte man mir die Reliquie der Heiligen, die ich immer am Halse trage, auf die schmerzende Stelle und wir riefen die Heilige an. Während dessen bekam ich einen fast unerträglichen Schmerz. Auf einmal war ich im nämlichen Zustand, wie am 17. Mai. Ich sah wieder desselbe Licht, eine rechte Hand und die liebe Stimme damals sagte: ,,Deine gänzliche Hingabe und deine Leidensfreudigkeit freut mich. Damit die Welt erkenne, daß es ein höheres Eingreifen gibt, brauchst du jetzt nicht geschnitten werden, aber gleich – gleich den Herrn loben und ihm danken. Aber leiden darfst du schon noch viel, brauchst dich aber nicht zu fürchten, auch die inneren Leiden nicht, nur so kannst du am Heile der Seelen mitwirken. Aber immer mehr mußt du dem eignen Ich absterben; bleib immer so kindlich und einfältig." Ich sagte bloß ein paar mal: „Ja" Als das Licht wieder weg war, setzte ich mich im Bette auf, nachdem ich überzeugt war, daß ich geheilt sei, kleidete mich an und der Herr Pfarrer ließ die Kirche aufsperren, nachdem ich ihm gesagt hatte, daß die hl. Theresia will, ich soll gleich in die Kirche gehen. Und wir alle gingen mitsammen hinein. Mir war ganz wohl. Auch wurde gleich dem Arzt telefoniert. Dieser wußte nicht mehr recht, was er von der ganzen Sache denken solle. In der Nacht ging dann viel Eiter durch den Darm ab. Am Samstag früh ging ich wie immer zur hl. Messe und Kommunion, nachmittags fuhr unser Herr Pfarrer mit mir zum Arzt, der nur staunte, als er mich untersucht hatte und keine Spur von einer Krankheit mehr fand, ich war vollständig geheilt. Nur die Lippen und der Gaumen waren so vollständig verbrannt vom Fieber, daß sie noch längere Zeit wund blieben. Helfen Sie mir dem lb. Gott und der kleinen Theresia danken für diese große, unverdiente Gnade!"

Brief der Theres Neumann an eine Klosterfrau, eine ehem. Schulkameradin, in Oberschönenfeld über die Heilung am 17. 5. 1925.

Konnersreuth, den 16. Juni 1925

Liebe Freundin!

Will Dir doch auch von der großen, unverdienten Gnade erzählen, die mir am 17. Mai zuteil wurde. Denk nur lb. Frd. ich kann jetzt sitzen und auch gehen. Ich kann gar nicht sagen, wie mir ist. Die ganze Welt kommt mir so neu vor. Ja jeden Tag geh ich mit Frl. Lehrerin in Gottes schöner Natur spazieren; meist bin ich im Pfarrgarten. Zurzeit gehe ich mit Meßner Anna (Schw. Xaveria) von Altötting. Sie ist 3 Wochen zur Erholung da. In die Kirche gehen wir auch jeden Nachmittag. Früh ist's mir zu kalt; und unter die Leute gehe ich nicht gern. Die Sonntag gehe ich in's hl. Amt, da geh ich bloß hinter den Altar. Kommunizieren tu ich immer noch daheim, weil ich ohne Wasser noch nicht schlucken kann, ja die ganze hl. Hostie kann ich auch nicht schlucken, bloß die Hälfte. Weißt lb. Theres, ganz gesund bin ich noch nicht; das weiß ich gewiß, denn die Stimme sagte ja, daß ich noch viel leiden darf. Und dies freut mich, denn ohne Schmerz u. Leiden kann ich mir das Leben nimmer vorstellen. Aber das Hauptleiden, mein Rückenmarkleiden ist ganz verschwunden. Die schlechte Stelle ist Gott sei Dank ganz gut, die Knorbeln sind ganz gerade. Wie sich dies zugetragen, will ich Dir lb. Theres kurz erzählen. Am 17. Mai, dem Tag der Heiligsprechung der lb. hl. Theresia, war ich nachmittag ganz allein unter der Maiandacht in meinem Zimmer. Gerade betete ich den Rosenkranz. Auf einmal wurde es ganz hell und schön licht vor mir. Die Helle kann ich nicht beschreiben. Im ersten Moment erschrack ich so heftig, daß ich 2 arge Schrei tat, daß es sogar meine Lieben unten hörten. Als sie aber rauf kamen, sah und hörte ich meine lb. Eltern schon nicht mehr. Aber den Krampf hatte ich auch nicht. Meine Lieben sahen gleich, daß ich in einem ganz anderen Zustand war. Dann kamen die Arzberger Schwestern, meine Schw. Anna; dann holten sie noch den Herrn Pfarrer. Er sagt, als er zur Türe reinkam, sah er schon in welchem Zustand ich war; ich sah mir nicht recht ähnlich. Ich sah und hörte ja nicht von all dem Äußeren, wer da war. Aber was in mir vorging, weiß ich ganz gut noch, wie wenn es erst gestern war. Als ich dies Licht sah, fing gleich eine recht milde Stimme zu plaudern an, und fragte mich, ob ich gesund werden will. Ich sagte: Mir ist alles recht, leben und sterben, gesundsein und kranksein, was der lb. Gott mit mir tut ist mir recht; er versteht's am besten. Dann sagte die Stimme: Hättest du eine Freude, wenn du dir helfen könntest; worauf ich sagte: ich hab an allem Freude. Hierauf sagte die Stimme: Weil du so ergeben bist, dies freut den lb. Heiland, jetzt darfst auch du eine kleine Freude erleben. Aber leiden darfst noch viel und lang; ich bin dir immer beigestanden, werd dir auch weiter helfen; kein Arzt kann dir nicht helfen. Ja du kannst dich jetzt setzen, probiere es nur, ich hilf dir mit. Und mich nahm was bei der rechten Hand und ich setzte mich auf. Im selben Moment hatte ich aber im Rücken in der schlechten Stelle einen fürchterlichen Schmerz. Hierauf legte ich mich wieder nieder und die Stimme redete gleich wieder weiter. Aber jetzt redete die Stimme bloß was mein Inneres betrifft. Viel und eindringlich redete sie vom Leiden. Dies offenbare ich ja nicht; bloß meinen H. H. Beichtvater sagte ich alles aus Gehorsam. Einen Satz betreff des Leidens fügte sie bei: Ich hab's früher schon geschrieben. An dem Satz erkannte mein H. H. Beichtvater dann, daß die Stimme die hl. Theresia war, denn er fand den Satz in ihren Schriften, am Montag erst. Als die Stimme viel über geistige Dinge gesprochen, sagte sie wieder: Ja du kannst dich jetzt setzen; du kannst auch gehen, mich nahm wieder was bei der Hand und ich setzte mich wieder auf. Hierauf sagte die Stimme noch einiges. Auf einmal verschwand das wunderschöne Licht. Ich weinte jetzt bitterlich. Erst jetzt sah und hörte ich meine Lieben. Den H. Pfarrer erkannte ich gleich, er saß neben meinem Bett. Er sagte: Resl wo bis denn jetzt gewesen? Ich sagte: Ja Herr Pfarrer, ich kann jetzt sitzen und gehen, ich will jetzt naus. Die Meinen taten das Bett weg, ich zog einen Rock an, an einer Hand nahm mich der H. Pfarrer bei der andern die Schw. von Arzberg und ich ging gleich ein gutes Stück im Zimmer; was ich seit 7 Jahren nimmer konnte. Meine lb. Mutter sah wie eine Leiche. Ich legte mich wieder ins Bett. Jetzt sagte der Herr Pfarrer: Resl du hat jetzt viel erlebt, du mußt uns erzählen, worauf ich antwortete: Ihnen einmal allein. Er schaffte die andern aus und ich erzählte ihm alles genau. Er sagte dann, dies war ein Wunder. Am andern Tag kam er wieder und schrieb alles auf. Ja lb. Theres meine Knorbeln im Rücken sind jetzt ganz grad; auch das Bein ist jetzt grad, bloß ein bischen kürzer. Wie's mir was streckte, dies wurde mir gar nicht inne. Aber meine lb. Mutter und die ehrw. Schwester sahen's, wie es sich in der Std. streckt; zuerst war's ja noch ganz in der Höhe. Du wirst Dich schon noch erinnern wie es aussah; und jetzt geh ich darauf. In einigen Tagen kam H. Dr. Seidl der nur so staunte. Er untersuchte mich ganz gründlich und fand, daß mein Rückenmarkleiden ganz geheilt sei. Aber ganz gesund bin ich noch nicht, weißt das andere Leiden, das vom Blut herkommt, ist mir geblieben. Wenn es Gottes hlst. Wille wäre daß ich gesund sei, dann hätte es mir die Stimme schon gesagt. Aber sie sagte bloß ich darf eine kleine Freude erleben, ich kann mir helfen. Nun ich bin schon zufrieden, ohne Leiden möchte ich ja gar nicht leben. Aber m. Lieben haben doch keine so Arbeit mehr mit mir. Denk nur die Krämpfe und die Lähmungen sind Gott sei Dank ganz verschwunden.

Liebe Theres! ach sei so gut und hilf mir danken für die große unverdiente Gnade die mir zuteil wurde. Ich glaub Du kannst Dir meine Freude vorstellen. Du kanntest ja mein Leiden gut. Wirst Dich auch noch ganz gut erinnern, daß ich keine Hoffnung hatte zum Gesundwerden; und jetzt kam ich so unerwartet schnell in die Höhe. Wenigstens haben meine Lieben die Arbeit nicht mehr so mit mir. Ja jetzt in der Heuernte spüle ich immer ab und räume unten auch die Stube auf. Weißt so kleine Arbeiten kann ich schon machen. Dann geh ich spazieren in Gottes schöner Natur. Ach, mir kommt alles so neu vor. Wie gut ist doch der liebe gute Gott mit uns sündigen Menschen! Die vielen Freuden in der Natur! Hatte ich doch schon so viele Freude, wenn Ihr mir Blumen brachtet; und jetzt denk nur kann ich's selber pflücken.

Lb. Th. noch was; bete fleißig für mich, weißt ich hab oft so viel innere Leiden, daß ich in Geduld ausharre. Auch ist die Sehnsucht nach dem Sterben, nach der ewigen Heimat jetzt noch größer, als früher. Gelt du verstehst mich schon. Bete auch manchmal ein Ave für die Jugend, ach mir tut das Herz so weh, wenn man sieht, wie unbesonnen und toll sie sich aufführt. Wie wird es erst dem lb. Heiland weh tun! Mir kommt die Welt jetzt ganz anders vor wie im Kriege. Gelt lb. Frd. Du erfüllst meine armsel. Wünsche. Ich bete schon auch für dich; nach Deiner Meinung. Jeder Stand hat ja seine Beschwerden. Aber mit Gottes Gnade überwindet man alles. So jetzt hab ich Dir aber hübsch erzählt. Ich weiß, daß Du Interesse dafür hat. Ich wollte schon länger schreiben, bin auch schon lange daran, schau nur auf den Datum, wenn ich anfing; immer war was anderes. Weißt jetzt hab ich oft so viel fremden Besuch... (Hier folgen persönliche Bemerkungen über gemeinsame Bekannte. DV) Wollen wir nur zufrieden sein; der lb. Gott macht schon alles recht. Auf Erden ist ja nichts vollkommen und wir erst recht nicht. Oft nehmen wir uns vor alles recht gut zu machen; und geht oft nicht so. Und der Herr muß halt auch mit uns zufrieden sein. Er kennt ja unsern guten Willen, aber auch unsere Armseligkeit und Schwachheit. Unter vielen Grüßen auch an Deine lb. Mitschwestern schließe ich mein

Schreiben und verbleibe in der Liebe des hlgst. Herzen Jesu
Deine armselige Freundin Theres Neumann.

Bitte schreibe mir, wenn Du darfst auch ein paar Zeilen.

Konnersreuth, d. 14. Februar 1927

Liebe Schwester!

Endlich einmal bin ich so weit, ein bischen schriftlich mit dir, gute Seele, zu plaudern. Im Geiste bin ich ja sehr viel bei euch, besonders in meinem armseligen Gebet u. Leiden, habe ich Tutzing nicht vergessen. Wirst schon verzeihen, daß ich jetzt so arg schweigsam bin, da ich wohl guten Willen hätte, aber immer nicht dazu kommen kann; bald bin ich von den Leuten hübsch in Anspruch genommen, dann bin ich wieder zu leidend um zu schreiben, was mir immer hart ankommt wegen den wunden Händen. Maria und Resl werden schon erzählt haben, daß bei mir hübsch Abwechslung ist; aber weißt, lb. Schwester, schlecht geht es mir wohl nicht, obwohl mich das Leiden viel in Anspruch nimmt. Ist halt mein Beruf. Nicht in der Mission im Ausland darf ich wirken und dem guten Heiland Seelen zuführen, nein, dies bleibt mir daheim vorbehalten. Gelt, das ist ja gleich, wo man ist; überall sind wir daheim wie man so sagt, bis wir einmal in unserer wahren Heimat nach der wir so sehnlichst verlangen, angelangt sind. Ach, wird's da einmal schön werden! Denk nur, lb. Schwester, immer beim lb. Heiland sein dürfen, ihn nimmer beleidigen können, sondern nur Freude machen u. mit lauter gleichgesinnten Seelen verkehren! „Ach lb. Heiland, bist du arg gut!" sag ich immer; mehr kann ich oft nicht beten, blos weinen. Ich kann dir gar nicht schreiben, wie mir oft ist; daheim immer und doch so fremd, wirst mich schon verstehen. Weißt, lb. Schwester, vielleicht ist es Gottes hlgst. Wille daß dich der lb. Heiland doch bald einmal zu uns läßt wo wir uns nur über den lb. Heiland unterhalten würden. Weißt, wenn keine Woche vergeht, daß man nicht fremde Schwestern sieht, die oft weit, ja vom Ausland kommen, da denkt man schon viel, vielleicht darf ich meine lb. Jugendfreundin auch mal sehen. Weißt schon, es ist nicht unserntwegen, aber wir verstanden uns doch früher so gut und plauderten gern über unsern

Heiland, was ich jetzt noch viel lieber tue. Ach, gelt, der gute Heiland! Was hat er alles für uns gelitten! So unsagbar viel, wie ich mit der Gnade Gottes jeden Freitag sehen und erleben darf. Ach , der lb. gute Heiland! Wie hat er uns erkauft! Ach, u. mit welcher Ergebung u. Milde u. Hingabe hat er gelitten! Gelt, da wollen auch wir mit Freuden leiden. Weißt, lb. Schwester, mein früheres Leiden sagt unser guter Herr Pfarrer, war nur eine Vorbereitung auf das, was ich jetzt leiden darf. Wenn's auch hart ist, so leidet man ja doch gern u. freudig weil man weiß, wie gut der lb. Heiland ist u. wieviel er jetzt beleidigt wird, um ein bischen Sühne zu leisten. Ach, der lb. gute Heiland! So möchte ich immerfort nur sagen u. weinen. Ach, wenn wir ihm nur recht viel Freude bereiten könnten. Ach, lb. Schwester, fast drängt es mich, dir mein Herz auszuschütten aber ich sags dem lb. Heiland u. er versteht mich schon u. strengt nicht so an, da ich nicht meine Arme dazu brauche. Zurzeit haben meine Lieben u. ich wieder einen schweren Kampf. Vergeßt uns nicht, gelt. Es ist früh 2 Uhr jetzt u. ich schließe u. bitte dich grüßt mir recht herzlich die lb. Würdige Mutter, Frau Oberin, deine lb. Mitschwestern alle.

In der Liebe Jesu grüßt auch dich, lb. Schwester

Deine armselige Mitschwester im Herrn
Theres Neumann.

Anmerkung des Verfassers zu den vorstehenden Briefen der Theres Neumann. Aus einer größeren Zahl von vorliegenden Briefen konnten nur einige ausgewählt werden. Die übrigen bringen in manchen Teilen Wiederholungen, die den Leser ermüden könnten. Die Wiederholungen sind verständlich: Theres Neumann hat in ihrer Freude über die Heilungen verschiedenen mit ihr befreundeten Empfängern berichtet. In anderen Fällen wurde sie um Berichte gebeten, und sie hat in den Jahren bis 1926, bis publizistisches Interesse ihr Zurückhaltung nahelegte, solchem Ansuchen gelegentlich entsprochen. Sie hat nicht gerechnet, zum mindesten bis 1926 nicht, daß ihre Briefe aufbewahrt würden, noch weniger, daß diese einmal veröffentlicht werden könnten. Deshalb spürt man die ungehemmte Ursprünglichkeit aus jedem Satz. Als dann nach der Stigmatisation 1926 das

Weltinteresse erwachte, wurden ihre Briefe spärlich und zurückhaltend.

Im folgenden wird ein von anderer Hand geschriebener Brief wiedergegeben, ein Bericht, den P. J. Kunz S. J. 1927 an den damaligen Dompfarrer Josef Kumpfmüller, nachmals Bischof von Augsburg, geschrieben hat. Er vertieft den Eindruck, den der Leser aus den Briefen der Theres Neumann über ihr Innenleben gewinnen konnte.

Hochw. Hrn. Dr. Jos. Kumpfmüller, Dompfarrer,
Regensbg.

Feldkirch, 20. August 27.

An Erfreulichem kann ich Ihnen berichten etc. Dazu kommen noch die Eindrücke, die Therese Neumann machte, die ich zu den „großen" äußeren Gnaden meines Lebens rechne. Durch die Güte des H. Pfarrers hatte ich Gelegenheit, sie in allen außerordentlichen Zuständen und im Normalzustand zu sprechen und zu hören und war es mir vor allem um ihr Innenleben zu tun – eine goldene Seele! In der Sprache des Exerzitienbuches möchte ich ihr Inneres charakterisieren als heroische Übung des 3. Grades der Demut – den Höhepunkt in den Exerzitien des hl. Ignatius. Damit verbindet sich als apostolisches Element ein brennender Seeleneifer („Wenn alle Menschen dich gern hätten – das wär schön!") samt Gebet um Priesterberufe, die dem Heiland Freude machen – und als Weiteres die Sühne nach Paulus „Ich ersetze ..." sie drückte es so aus: „Ich lege meine Leiden zu den Deinen hinzu, Du kannst sie austeilen an andere, damit alle Leute dich gern haben!" Ihre Stärke ist das hl. Sakrament, dessen Nähe sie, zeitweise wenigstens, fühlt, – mit brennendem Verlangen. – Für mich bleibt das gottbegnadete Kind das lebende Beispiel für die in hohem Grade verwirklichten Exerzitienwahrheiten: Volle Erkenntnis, Liebe und opferfreudige Nachfolge des Heilands! – Und nun empfehle ich mich Euer Hochwürden ins hl. Opfer und bin in Dankbarkeit Ihr ehem. Zögling

J. Kunz, S. J.

25 Jahre später entstand der nachfolgende Artikel über das innere Leben der Theres Neumann. Veranlassung dazu gab das Buch der emigrierten Berlinerin Hilda Graef, „The case of Therese Neumann" (vgl. S. 43). Die Autorin hatte mit großem Fleiß alle gegnerischen Stimmen gesammelt und daraus ohne jeden persönlichen Kontakt zu Konnersreuth ein wissenschaftliche Ansprüche erhebendes Buch aufgebaut. Die falschen Ergebnisse, zu denen es bei seiner Einseitigkeit kommen mußte, riefen die Abwehr derer auf den Plan, die die Vorgänge in Konnersreuth wirklich kannten. So wurden schon zu Lebzeiten der Theres Neumann Aussagen über ihr Innenleben ausgelöst, die sonst nicht mehr auf uns gekommen wären. Denn P. Leo Ort ist bald nach Theres Neumann gestorben.

Das innere Leben von Theres Neumann
Charakter und religiöses Leben

(von P. Leo Ort OFM Cap., Domprediger, Regensburg)

Über das innere Leben der Theres Neumann kann nur jemand urteilen, der ihr Seelenleben und ihre Charakteranlagen kennt. Man muß mit Theres Neumann schon längere Zeit und wirklich gut bekannt sein, ja man muß mit ihr in ein näheres Vertrauensverhältnis getreten sein, bis sie Einblick in ihr Seelenleben gewährt. Sie verbirgt ihr Inneres scheu vor fremden Blicken. Sie gehört nicht zu denen, die ihr inneres Leben und Erleben vor anderen ausbreiten und sich damit interessant machen wollen. Wer Theres Neumann von ihrer seelischen und charakterlichen Seite nicht kennt, der kann und darf darüber nicht schreiben.

Hilda Graef hat es in ihrem Buch „Der Fall Therese Neumann" trotzdem unternommen, dem Innenleben der Therese Neumann zwei Kapitel zu widmen. Sie betont dabei ausdrücklich, daß ihr nur dürftiges Material zur Verfügung steht und daß sie keinerlei persönliche Kenntnis in dieser Richtung besitzt. Obwohl ihr diese absolut notwendigen Quellen verschlossen sind, schreibt und urteilt sie über das Innenleben der Theres Neumann und kommt zu dem Schluß, daß Theres Neumann eine überhebliche, eitle Person ist, ohne Bußgeist und ohne Liebe zum leidenden, gekreuzigten Heiland. Ja sie versteigt sich zur Behauptung,

Resl's Stube im Elternhaus, Hunderttausenden wohlbekannt

Th. N. sei hysterisch und Konnersreuth könne deshalb nicht echt sein.

Kann dieses Vorgehen von Hilda Graef als wissenschaftlich bezeichnet werden? Ist dies in einer so wichtigen und entscheidenden Frage zu verantworten? Gerade der Charakter und das Innenleben der Theres Neumann sind eine Grundlage, auf der die anderen äußeren Phänomene aufgebaut sind. Ihre Wesensart ist mitentscheidend für die Echtheit oder Unechtheit dieser außergewöhnlichen Dinge. Wenn H. Graef von falschen Voraussetzungen ausgeht, muß sie auch zu einem falschen Ergebnis kommen.

Es ist der Sinn der folgenden Ausführungen, das Bild der Theres Neumann zu zeichnen, wie es in Wirklichkeit ist. Der Verfasser dieser Zeilen kennt Theres Neumann seit dem Jahre 1940 und hatte oft und oft Gelegenheit, sie gelegentlich seelsorgerlicher Arbeiten oder sonstiger Besuche zu sprechen und zu beobachten. Des öfteren habe ich dort einen Teil meiner Ferien zugebracht. Ich glaube, ohne unbescheiden zu werden, den Anspruch erheben zu dürfen, die Wesensart, den Charakter und das Innenleben der Theres Neumann zu kennen. Wohl widerstrebt es mir, jetzt schon den Schleier von manchen treu gehüteten Geheimnissen zu lüften, weil es wie eine Art Heiligsprechung aussehen könnte. Aber das Buch von H. Graef zwingt zu einer Richtigstellung, zu einer Ehrenrettung. Theres Neumann sagte mir erst kürzlich, es geht um die Wahrheit, nicht um eine Ehrenrettung. Mögen die folgenden Ausführungen einen kleinen bescheidenen Beitrag dazu liefern.

Sie erheben nicht den Anspruch auf Vollständigkeit, denn es ist noch nicht die Zeit da, schon zu Lebzeiten der Theres Neumann alles der Öffentlichkeit zu übergeben. Zudem ist das innerste Seelenleben, da es sich zwischen Gott und der Seele abspielt, etwas so Zartes und Geheimnisvolles, daß auch die eingehendste Beschreibung immer sehr dürftig und mangelhaft bleiben wird.

Pfarrer *Naber,* wohl der beste Kenner der Wesensart von Theres Neumann, charakterisiert sie mit den Worten:

> „Theres Neumann ist ein großes Kind. Sie ist nüchtern veranlagt, hat nichts Gekünsteltes, nichts Abergläubisches, nichts Betschwesterliches an sich. Sie ist ein einfaches, natürliches Kind, das einfachste Kind der Pfarrei, ein echtes Kind in des Wortes reinster Bedeutung, unschuldig und tief religiös. Dank ihrer Leiden bleibt sie trotz aller außerordentlichen Dinge, die mit ihr geschehen, einfältig und heiter; sie ist ein Kind in ihrer Vorliebe für alles, was klein und unbedeutend ist."

Die *Kindlichkeit* ist ein *Wesenszug von Theres Neumann. Sie ist natürlich wie ein Kind.* Wer mit ihr auch nur flüchtig in Berührung kommt, erhält den Eindruck eines natürlichen normalen Menschenkindes, wie es die anderen auch sind. Sie hat nichts Auffälliges an sich, ist ein Kind ihrer Heimat mit einer rauhen Witterung und ihrer oft bitteren Armut. Man muß schon mit Voreingenommenheit, mit einem bereits fertigen Urteil nach Konnersreuth kommen, um bei Theres Neumann die Diagnose auf Hysterie stellen zu wollen. Solche Einstellung erinnert nur allzustark an die Einstellung der Pharisäer gegenüber dem Heiland. Das Evangelium sagt von ihnen:

> „Sie beobachteten ihn scharf und schickten Späher ab. Diese sollten sich den Anschein rechtschaffener Leute geben, um ihn in einem Wort zu fassen" (Lk 20, 20).

Ihre ganze Liebe galt dem Schmuck des Tabernakels der Pfarrkirche

Es ist der einheitliche Eindruck und das einheitliche Urteil aller, die ich in Konnersreuth je angetroffen habe, seien es Priester oder Ärzte oder Laien: Therese ist so natürlich; es findet sich an ihr keine Spur von Hysterie, kein Zug, sich irgendwie geltend und interessant zu machen. Sie könnte sich nicht natürlicher geben, als sie sich gibt. Theres Neumann ist natürlich im Umgang mit den Menschen heiter und fröhlich und verdirbt keinen Spaß, auch dann nicht, wenn sie ein wenig geneckt wird. Dabei ist sie selbst voll Humor und Schlagfertigkeit. Als Dr. Gerlich ihr einmal beim Schmücken der Kirche zuschaute und sah, wie Therese mit keinem Schmuck zufrieden war, sagte er: „Therese, wenn Sie damit das Brot verdienen müßten, kämen Sie nicht weit." Da gab Therese zur Antwort: „Das Brot, das ich brauche, kann ich mir immer verdienen." (Sie ist ja nahrungslos und bedarf nur der täglichen heiligen Kommunion.)

Theres Neumann ist jeder suggestiven Beeinflussung, sowohl eigener wie fremder, vollkommen unzugänglich. Sie ist weder suggestiv noch suggestibel. Es ist unmöglich, ihr eine Vision zu suggerieren oder eine Vision durch Suggestion zu verlängern; dazu ist Theres Neumann viel zu nüchtern und phantasielos. Die Visionen und außerordentlichen Dinge sind ihrer Macht und Einfluß-Sphäre entrückt. Sie schafft nicht diese Zustände, sondern sie erleidet sie. Versuche, sie durch Hypnose zu beeinflussen, scheitern restlos.

Was die außerordentlichen Dinge in ihrem Leben anlangt, so hat Theres Neumann nie darnach gestrebt. Es ist ihr arg, daß sie durch die außerordentlichen Dinge in den Mittelpunkt des Weltinteresses gerückt worden ist. Sie wäre am liebsten das unbekannte Bauernmädchen der früheren Zeit geblieben. Aber sie findet sich auch in dieser Lage, weil es der Heiland so gefügt hat. Theres Neumann *ist aufrichtig und demütig wie ein Kind.* Wahrhaftigkeit und Wahrheitsliebe sind ein hervorstechender Zug in ihrem Wesen. Es findet sich in ihr keine Spur von Verstellung. Es ist ihr unverständlich, wie man anders reden kann als man denkt, und wie man sich anders geben kann als man ist. „Ich rede immer so, wie es drinnen ist. Ich will immer so sein, wie ich bin, nicht besser, aber auch nicht schlechter. Alles ist geheuchelt, was nicht wahr ist; das mag ich nicht."

Weil Theres Neumann aufrichtig ist und zur Wahrheit steht, darum *gibt sie auch offen ihre Fehler zu.* „Ich bin so gach", sagt sie von sich selbst, d.h. schnell erregt. Therese hat ein lebhaftes Temperament, aber sie läßt sich nicht gehen, sondern reißt sich sofort wieder zusammen.

Aufgrund ihres Temperamentes kommt es vor, daß Therese gegen die Leute auch einmal unfreundlich sein kann. Sie gibt das selber ehrlich zu: „Ja, das kann ich schon, wenn sie aufdringlich sind, denn dann haben sie nichts Wichtiges." Tatsächlich kommen immer wieder Leute nach Konnersreuth, die sehr zudringlich, ja sogar taktlos sein können. Sie glauben, die Einzigen zu sein, die nach Konnersreuth pilgern, und meinen, Therese hätte nichts anderes zu tun als nur für sie da zu sein und ihre Neugierde zu befriedigen. Es mag sein, daß H. Graef den einen oder anderen Fall einer unfreundlichen Äußerung seitens Therese in Erfahrung gebracht hat. Was bedeutet das gegenüber unzähligen anderen Fällen, in denen sich Therese um die Leute annimmt, ihre Sorgen und Nöte anhört, sie tröstet und aufmuntert und ihnen ihr Gebet und Opfer verspricht. Weiß H. Graef davon nichts oder will sie davon nichts wissen? Sie darf versichert sein, daß Therese selber unter ihrem Temperament leidet. In ihrer Ehrlichkeit und Demut rechnet Therese selber damit, daß sie um ihrer ,,Gachheit" willen einmal ins Fegefeuer muß.

Theres Neumann weiß um ihre Fehler, aber sie hält sich deswegen nicht für den schlechtesten Menschen, der auf der Welt ist: ,,Ich bin nicht der schlechteste Sünder, Heiland, das ist nicht wahr. Das ist auch nicht Hochmut. Du weißt, wie armselig ich bin, aber ich kann mich nicht schlechter machen als ich bin." Therese kann jene unehrliche Art, die sich schlechter macht als sie ist - man nennt sie sonst bucklige Demut - nicht leiden, weil darin soviel Unaufrichtigkeit und geheimer Stolz liegt.

Theres Neumann ist *fromm wie ein Kind.* Die wesentliche Seelenhaltung der Therese ist die *restlose, bedingungslose, kindlich-vertrauende Hingabe an den Heiland und seinen göttlichen Willen.* ,,Ich will alles, was der Heiland will. Mir ist alles recht: Gesundsein und Kranksein, Leben und Sterben, wie der Heiland will. Will der Heiland, daß ich arbeite, dann arbeite ich. Will er, daß ich leide, dann leide ich. Schenkt mir der Heiland eine Freude, dann nehme ich auch die an. Ich will keinen anderen Willen haben als den des Heilandes." Darum freut sich die Therese über die Festtage, wenn das Leiden ausfällt; aber auch ebenso über jene Tage, an denen das Leiden einfällt. Sie sucht den Heiland und seine Liebe. Darum sucht sie auch nicht nach freiwilligen, persönlichen oder nach außerordentlichen Leiden und Opfern.

Diese Einstellung ist der *Schlüssel zu ihrem Seelenleben,* zu ihrer Frömmigkeit, zu ihrer ganzen Lebenseinstellung. Wer Theres Neumann von einer anderen Sicht her schaut und verstehen will, kann ihr mit bestem Willen nicht gerecht werden. Diese Frömmigkeit hält jeder Kritik stand. Soll vielleicht solche Hingabe an den Heiland und seinen göttlichen Willen erst der Anfang der Vollkommenheit sein oder ist das nicht schon ein höherer Grad sittlicher Reife? Ist das nicht auch die Gesinnung, die der göttliche Heiland, nach Paulus, zu Beginn seines irdischen Lebens zum Ausdruck gebracht hat: ,,Siehe ich bin gekommen, Deinen göttlichen Willen zu erfüllen" (Hebr 10,9). Ist das nicht auch die Gesinnung der Gottesmutter, als sie zum Engel sprach: ,,Siehe, ich bin eine Magd des Herrn; mir geschehe nach Deinem Worte" (Lk 1,38); die heilige Gleichförmigkeit mit dem

Willen Gottes ist nach der Lehre des Evangeliums, der Kirche und aller Heiligen die Vollkommenheit. Solche Seelenhaltung harmoniert voll und ganz mit den Forderungen Christi, mit der Lehre der Kirche, mit den Grundsätzen der Heiligen und aller Theologen.

Hilda Graef stößt sich an der mangelnden Frömmigkeit der Theres Neumann. Sie findet in jenem Gespräch mit der geheimnisvollen Stimme der kleinen hl. Theresia sogar Eitelkeit, weil sich Theres Neumann wegen ihrer Gleichmütigkeit gegenüber Krankheit und Gesundheit loben „läßt". Man denke sich doch einmal hinein in die Lage der Theres Neumann. Sie liegt bereits über 6 Jahre zu Bett; dabei ist sie 4 Jahre blind und hilflos wie ein Kind auf die Hilfe der Eltern und Geschwister angewiesen. Wer möchte da nicht gesund werden? Dabei war Theres Neumann von Jugend auf an Arbeit gewöhnt und hatte einen Arbeitswillen und Arbeitseifer wie kaum jemand anderer. Müßiggang war und ist ihr etwas Furchtbares. Arbeiten ist ihr als Erbstück von ihren Eltern her zur zweiten Natur geworden. Man kann sich Therese ohne irgendwelche Beschäftigung kaum vorstellen. Und nun stellt diese geheimnisvolle Stimme ihr das Gesundwerden in Aussicht; und dennoch sagt Therese: „Mir ist alles recht, Gesundsein und Kranksein, Leben und Sterben..." Was hätten denn da wir gesagt? Ausnahmslos alle hätten wir mit innerster Freude das Angebot angenommen und gesagt: Ja, dann kann ich doch wieder arbeiten und unter den Menschen sein und brauche die Menschen mit meinem Kranksein nicht mehr plagen. Therese aber sagte: „Mir ist alles recht, Gesundsein und Kranksein. Ich habe an allem Freude, was der Heiland will. Die größte Freude habe ich aber am Heiland selbst."

Auf meine Frage: „Wofür sind Sie denn überhaupt auf der Welt?" hat sie mir zur Antwort gegeben: „Daß ich arbeite, mit dem Heiland rede und das Weh (Leid) aushalte." Ein anderes Mal fragte ich sie: „Worauf kommt es denn eigentlich im religiösen Leben an", da kam die herrliche Erwiderung: „Den Heiland recht gern haben, ein recht großes Vertrauen auf ihn setzen und gern ein Weh aushalten, damit der Heiland davon austeilen kann." Spricht aus diesen Worten nicht eine wahre Heilandsliebe und Leidensliebe zugleich, aber auch eine große apostolische Liebe zu den

Seelen und zugleich das Bewußtsein von dem, was Paulus im Brief an die Kolosser (1,24) schreibt: „Ich leiste für den Leib Christi, die Kirche, an meinem Fleisch, was von den Leiden Christi noch aussteht.“ Therese sagt das gleiche in ihrer schlichten und klaren Art: „Ich tue mein Weniges zum Vielen des Heilandes hinzu.“

H. Graef stößt sich daran, daß Therese keine besonderen Bußwerke übt, kein härenes Bußgewand trägt, sondern sogar in der Kirche einen eigenen „luxuriösen“ Stuhl hat und daheim auf weichem Bette ruht. Sie stellt sich also Theres Neumann sehr opferscheu, zimperlich und wehleidig vor. Dabei ist deren Leben randvoll angefüllt mit Leid und Schmerz; die braucht sie wahrlich nicht mehr zu suchen. Das Leiden ist sogar ihr eigentlicher Beruf. Es geht in ihrem Leben von einem Leid ins andere. Sie leidet ständig Schmerzen aus ihren Wundmalen und aus ihren Dornenwunden am Haupt. Schon die leiseste Berührung schmerzt sie. Man muß es miterlebt haben wie sie manchmal leise wimmert vor Schmerzen und doch immer wieder betet: „Heiland, gern! Heiland, gern!“ In den Freitagsleiden ist es das Charakteristische, daß sie den Heiland nicht bloß schaut, seinen Kreuzweg nicht bloß mitgeht, sondern alles, was der Heiland an Leib und Seele leidet, in jener Unmittelbarkeit, wie sie die damals Miterlebenden hatten, selber an Leib und Seele mitleidet von seiner Todesangst und seinem Blutschwitzen am Ölberg bis zu seiner Kreuzigung und zu seinem Sterben auf Golgatha, bis sie wie tot in ihre Kissen zurücksinkt.

Es ist *unmöglich, für dieses Leiden einen psychogenen Ursprung in hysterischer Einbildung zu suchen.* „Da könnte ich mich ja vom Leiden drücken“, sagte sie erst kürzlich. „Ich bin ja immer froh, wenn ein Tag mit einem Fest kommt. Es freut mich, wenn der Heiland will, daß ich nicht leide. Und wenn ein Tag für das Leiden da ist, sage ich: „Heiland, mir ist alles recht.“ Therese sucht darum nicht das Leid, wie es manche Heilige getan haben. Sie nimmt alles hin, wie es kommt, mit einem tapferen entschiedenen „Ja“. Gerade das ist so natürlich und anziehend an ihrer Einstellung. Darum ist bei ihr die Gefahr der Selbstgefälligkeit und Selbstbespiegelung ausgeschlossen, wie sie bei den selbstgewählten Überwindungen so leicht gegeben ist. Es ge-

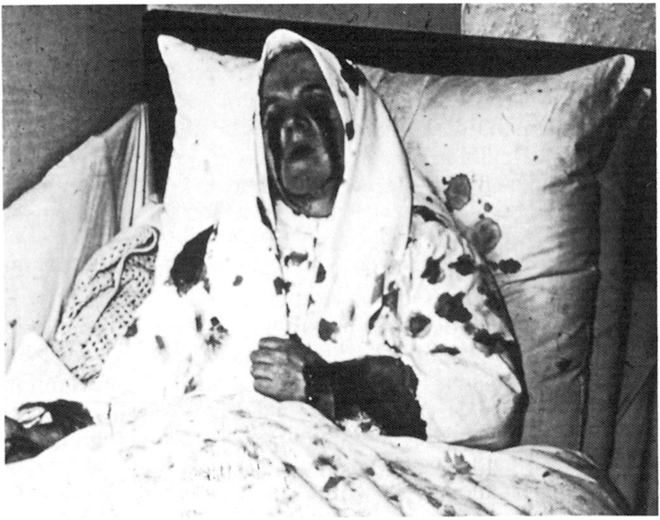

Nach den Freitagsvisionen: wie tot zurückgesunken nach der Vision des Todes Jesu

hört mehr Selbstverleugnung dazu, jene Opfer, die das Leben mit sich bringt und die der Herrgott auferlegt, auf sich zu nehmen, als jene, die man sich selbst sucht. Wäre Therese eitel oder hysterisch, dann würde sie gewiß äußere und auffällige Bußwerke verrichten und auch sonst gerne von ihren mystischen Erlebnissen sprechen, was sie aber bewußt vermeidet.

Therese leidet schon auf Grund ihrer körperlichen Konstitution sehr viel unter Erkältungen, die ihr oft genug Entzündungen der Atmungsorgane, der Mandeln und Nieren gebracht haben. Es ist unverständlich, wie man sich an dem „luxuriösen" Stuhl hinter dem Hochaltar der Pfarrkirche stoßen kann. Warum sollte Theres nicht ein Heizkissen und einen gepolsterten Sitz haben dürfen, um sich zu schonen, nachdem sie so kaum einen Augenblick ohne Schmerzen ist und durch den Blutverlust sehr viel friert! Man hat ihr diesen Stuhl geschenkt, damit sie den Blicken der Neugierigen entzogen ist. Ich erinnere mich, daß sie gelegentlich eines Besuches schon tagelang unter heftigen Zahnschmerzen litt, da der Nerv offenlag. Auf meinen Rat, sie solle doch zu ihrem Bruder oder dessen Frau, die beide den zahnärztlichen Beruf ausüben, gehen, sagte sie: ,,Daran sterbe ich nicht; das muß man aushalten können. Ich habe die Schmerzen dem Heiland geschenkt. Ich würde mich schämen, wenn ich jetzt diese Opfer zurücknehmen würde.'' Ist das auch wehleidig und opferscheu? Wer sich Theres Neumann zimperlich oder wehleidig vorstellt, kennt sie nicht. Therese kennt keine Rücksicht auf sich selbst. Sie arbeitet, bis sie nicht mehr kann, und sie leidet, bis sie ohnmächtig wird. Sie ist rücksichtslos gegen sich selbst mit einer Energie und Zähigkeit, wie man sie selten findet.

Theres Neumann kennt die Schwere des Leidens und nimmt diese gerne auf sich. Sie kennt aber auch die *Schönheit des Leidens,* weil sie es aus Liebe auf sich nimmt und so verklärt. ,,Das Leiden ist schon schwer'', sagte sie einmal zu mir, ,,aber es ist auch schön. Da bin ich von der Welt weg; da bin ich in Jerusalem und gehe mit dem Heiland.'' Dieser Tatbestand macht es überhaupt möglich und erträglich, daß so viele Leute zum Leiden der Therese zugelassen werden können. Darum können diese vielen Besuche für Therese auch keine Versuchung bilden; denn sie ist ja mit ihrem Geiste nicht anwesend. Der Heiland hat sie ,,gepackt'', und dorthin gebracht, wo er sie haben will.

Auf Heilandsliebe ist ihr ganzes *Gebetsleben* aufgebaut. Auch daran kritisiert H. Graef, daß Theres Neumann das Leiden Christi nicht betrachtet, den Kreuzweg nicht geht und den schmerzhaften Rosenkranz nicht betet. Der Grund hierfür liegt einfach darin, weil für Therese bei der Betrachtung des Leidens Christi – im Kreuzweg oder Rosenkranz – die Bilder und Erlebnisse aus den Leidensvisionen wieder lebendig werden und weil Therese dabei ohnmächtig wird. ,,Da wird mir schlecht; das greift mich an.'' Therese will ja bewußt nicht auffallen im Gegensatz zu allen hysterisch veranlagten Personen. Hilda Graef mag beruhigt sein, wenn sie erfährt, daß Therese sich sogar Unandacht beim Gebet zum Vorwurf macht, weil sie in der Betrachtung auch nur eines einzigen religiösen Gedankens schon so tief ergriffen ist, daß sie mit den anderen Leuten nicht mitbeten kann. Sie betet in Wirklichkeit ja viel intensiver als wir alle. Ihr Gebet ist ein tätiges Gebet und nicht ein quietistisches.

Es ist etwas vom Erhebendsten, was man in Konnersreuth erleben kann, wenn man einmal Gelegenheit hat, sie bei ihren Gesprächen über die Begebenheiten der Leidensgeschichte oder bei ihrer Kommunion-Danksagung zu belauschen. Sie unterhält sich in so kindlicher Form und Vertraulichkeit mit dem Heiland, daß man innerlich ergriffen wird. In diesen Augenblicken kann man am tiefsten in ihre Seele schauen und ihr Wesen erfassen, das ganz und gar Kind ist.

Man kann über das Seelenleben der Theres Neumann die Heilandworte schreiben: „Wenn ihr nicht werdet wie die Kinder, werdet ihr nicht ins Himmelreich eingehen" (Mt 18,3), und das andere Wort: „Vater, ich preise Dich, daß Du dies den Klugen und Weisen verborgen, den Kleinen aber geoffenbart hast" (Mt 11, 25). Ob der Heiland diese Worte an Theres Neumann nicht neu illustrieren will? Solange Theres Neumann noch unter uns lebt, läßt sich nichts Abschließendes über ihr Innenleben sagen; das letzte Urteil steht der Kirche zu. Aber soviel kann jetzt schon mit Sicherheit festgestellt werden: Theres Neumann ist vollständig frei von jeder hysterischen Veranlagung. Sie könnte nicht natürlicher sein als sie ist und sich nicht natürlicher geben als sie sich gibt. Sie steht mit beiden Füßen in der Wirklichkeit des Lebens, voll Verständnis und Anteilnahme an den Freuden und Leiden, die zahllose Menschen mündlich oder schriftlich an sie herantragen. Sie gibt sich restlos und bedingungslos an den göttlichen Heiland und seinen heiligen Willen hin, erfüllt von kindlich-liebendem Vertrauen zu ihm. Von Theres Neumann gilt das Anfangswort aus dem Buch der Weisheit, das uns allen Mahnung wird: „Lenkt frohen Sinnes euer Denken zum Herrn und sucht ihn in der Einfalt des Herzens; denn er läßt sich finden von denen, die ihn nicht versuchen, und er offenbart sich denen, die ihm nicht mißtrauen" (Weisheit 1,1).

Dieser – hier gekürzt wiedergegebene Aufsatz ist seinerzeit unveröffentlicht geblieben. Es war mir in einem Durchschlag zur Verfügung gestellt worden. Inzwischen wurde er im Juli 1963 in der Zeitschrift „Ewige Anbetung", Altötting, 56. Jahrgg., Heft 7 veröffentlicht. DV.

Ein Brief der Theres Neumann aus dem Jahr 1960 an die Oberin einer Kinderklinik in München zu deren 50jährigem

Profeß-Jubiläum, der dem Verfasser nachträglich vorgelegt wurde, zeigt einen das ganze Leben hindurch unverändert gebliebenen Charakter einfacher Kindlichkeit und opferwilliger Hilfsbereitschaft.

Konnersreuth, den 16. 3. 1960

Lb. Frau Oberin! Wenn auch schon reichlich spät, aber doch aus ganzem Herzen meinen Glückwunsch zum hohen, seltenen Fest. Werde dem lb. Heiland mit Ihnen recht kindlich danken für alle Gnaden in den 50 Jahren. Ja, der gute Heiland war Ihnen wirklich nahe, besonders in der harten Kriegszeit, was ja leicht zu begreifen ist, wenn man bedenkt, die vielen Schutzengel all der kleinen und großen Kinder. Die stehen halt auch der lb. Hausmutter besonders zur Seite und erbitten die nötige Kraft. Dies spüren Sie doch, lb. Frau Oberin! In diesem Sinne werde ich Sie auch weiterhin in mein Gebet und Leiden und Opfer besonders wieder einschließen, halt Ihr ganzes Haus. Voriges Jahr war ich lange Zeit bei Ihren lb. Mitschwestern im Krankenhaus in Eichstätt, wo meine lb. Schwester Ottilie so schwer litt und heiligmäßig dann starb. Schwester A. pflegte sie wirklich mütterlich und dazu die gute Frau Oberin. Wenn doch mehr junge Mädchen einsehen würden, wie schön so ein Leben ist, wo man sich doch ganz für die Anderen opfert. In diesem Sinne bitte ich viel den lb. Heiland. Und nun wünsche ich nochmals Ihnen und Ihren Lieben alles Gute mit dem Versprechen weiter in Liebe einander zu gedenken.
Mit dankbaren Grüßen

Theres Neumann.

DAS MYSTISCHE LEBEN

Einzel-Erlebnisse, nach Aufzeichnungen und Berichten ausgewählt

Das mystische, charismatische Leben der Theres Neumann war vielgestaltig und in steter Entwicklung. Im ersten Teil dieses Buches wurde im Kapitel „Charismen" eine schematische Übersicht geboten. Die folgenden Wiedergaben von Einzelerlebnissen sind aus Gründen der Vergleichbarkeit in derselben Gliederung angeordnet. Aus manchen Beispielen scheinen zugleich mehrere der angeführten Charismen auf. Die Berichte sind aber im Nachstehenden nicht etwa, um das Schema einzuhalten, zergliedert, sondern so wiedergegeben, wie sie in den Tagebüchern Pfarrer Nabers aufgezeichnet sind oder von anderen Augenzeugen vermittelt wurden. Damit soll vermieden werden, daß das plastische Bild eines Berichtes zerstört oder ein Zusammenhang zerrissen wird.

1 Visionen

Es erscheint angebracht, vor einer Wiedergabe von Visionen einige allgemeine Bemerkungen einzuflechten. Visionen gehören in der Geschichte der Mystik zu den nicht seltenen Erscheinungen. In den Schriften des Alten und des Neuen Testamentes wird davon berichtet, und in der Kirchengeschichte dürfte es kein Jahrhundert geben, aus dem nicht Visionen - auch Schauungen oder Gesichte genannt - eines Mystikers oder einer Mystikerin bekannt sind. Fängt man darüber zu forschen an, so ist man zunächst überrascht, daß Visionen über das gleiche Thema nicht bei allen Mystikern und in allen Fakten übereinstimmen. Allzu leicht ist man dann geneigt, entweder Visionen überhaupt als historisches Beweismaterial zu verwerfen oder dem einen der Seher aus irgendwelchen Gründen, die seinen Vorzug zu rechtfertigen scheinen, Gewicht beizulegen und den anderen abzulehnen. Keine dieser Verhaltensweisen ist richtig. Mit wachsender

Vertiefung lernt man, beim Vergleich von Visionen über dasselbe Thema verschiedene Faktoren zu berücksichtigen, die wohl Vorsicht, aber keinesfalls Nichtbeachtung nahelegen.

Der erste und wichtigste davon ist der: Gott ist nicht gehalten, in den Visionen den historischen Ablauf exakt und restlos wiederzugeben. Er schenkt in den meisten Fällen diese Schauungen nur zur persönlichen Erbauung des Visionärs, wenn er auch damit zugleich eine Belebung und Vertiefung des Glaubens der Umwelt im Sinne haben mag. Er läßt sie wohl auch nicht oder nicht weit über die Fassungskraft des Begnadeten hinausgehen. Man darf also daraus, daß in den Visionen oft auch legendäre Ereignisse geschaut werden, nicht schon sofort auf den nicht göttlichen Ursprung der Visionen schließen.[13]

Zum Zweiten ist an den scholastischen Grundsatz zu denken: Alles, was von Gott her kommt, wird von dem Schauenden oder eine Eingebung Vernehmenden „per modum recipientis" (durch die Wesensart des Empfangenden) aufgenommen und seiner Art und Ausdrucksfähigkeit gemäß wiedergegeben. Es ist auch denkbar, daß Bewußtseinsinhalte, die im Gedächtnis des Aufnehmenden eingespeichert sind, sich in das Aufgenommene mit hineinblenden. Die Wahrnehmungen gehen also gewissermaßen durch ein subjektives Sieb. Wir können uns das vielleicht am besten vorstellen, wenn wir an die oft große Diskrepanz von Zeugenaussagen über ein und denselben Vorgang, z.B. einen Unfall, denken. Wie weit gehen die Darstellungen manchmal auseinander! Nicht nur je nach dem örtlichen Standpunkt, sondern auch je nach Ein- und Ausdrucksfähigkeit, obwohl am echten Wahrheitswillen der Zeugen nicht zu zweifeln ist.

Ein dritter, oft noch mehr ins Gewicht fallender Faktor ist der, daß die Berichterstatter nicht restlos genau sich an das Vernommene halten, sei es aus Leichtfertigkeit, sei es aus Unvermögen, oder daß sie erst später aus dem Gedächtnis Gehörtes und Gesehenes niederschreiben und dabei schon leichte Veränderungen der Fakten in ihren Bericht bringen. Für Dr. Gerlich z.B. war es ein großes Anliegen, daß die von Brentano aufgezeichneten Visionen der Anna Katharina Emmerich in manchen Punkten nicht mit denen der Theres Neumann übereinstimmten. Brentano war ein

Dichter und man spürt an seiner Sprache und seiner Ausdrucksform, daß vieles zur Erbauung des Lesers subjektiv dargestellt und ausgeschmückt ist. Gerlich hat sich mit dem Versuch einer Synthese Emmerich/Neumann noch in der „Schutzhaft" intensiv beschäftigt und stand immer wieder vor der Frage: Ist das nun Vision Emmerich oder - in bester Absicht - zugefügtes Beiwerk Brentanos? Um so mehr hat er uns, seinen damals jüngeren Mitarbeitern, historische Genauigkeit eingeschärft. Von solchen Erfahrungen und Erkenntnissen zur Verantwortung gerufen, habe ich mich bei der Darstellung der nachfolgenden Visionen und auch in der Wiedergabe der sonstigen Berichte der größtmöglichen Originaltreue und Wahrheitsliebe befleißigt, um zum mindesten den dritten der angeführten Faktoren auszuschließen.

Zu unserem Spezialfall Theres Neumann sei noch bemerkt: Theres Neumann, das einfache Bauernmädchen, hatte, als bei ihr die Visionen das erste Mal auftraten, noch nicht viel gelesen. Von den Kreuzwegbildern in der Kirche her hatte sie völlig andere Vorstellungen von Umgebung, Gewandung und Handlung der Personen, als es sich hernach aus ihren Visionsschilderungen ergab.[14] Diese waren, soweit sie kontrolliert werden können, z.B. in der Anlage von Jerusalem, in der Kleidung der damaligen Zeit, in Einrichtungsgegenständen, so treffend, daß dadurch auch die Schilderung des Geschehensablaufes an Wahrscheinlichkeit gewinnt. Dazu kommt, daß Therese die Visionen nicht etwa ein einziges Mal hatte, sondern daß diese, wie schon erwähnt, sich alljährlich, die der Passion beinahe allwöchentlich wiederholten und stets, das ganze Leben hindurch, den gleichen Ablauf zeigten. Diese Tatsachen mögen, nachdem wir oben die Unsicherheitsfaktoren bei Visionen aufzeigten, nun für den Spezialfall eine gewisse Berechtigung der Annahme historischer Treue vieler Visionen unterstreichen.

Geschichtliche und bildliche Visionen

Die Leidensvisionen

Die eindrucksvollste und, weil hierzu jahrzehntelang Besucher aus nah und fern kamen, auch weltbekannte Vision war die Vision des Leidens Christi, das sogenannte Freitagsleiden. Im Gegensatz zu den anderen Visionen, die sich nur im Kreislauf des Kirchenjahres in strenger liturgischer Bindung wiederholten, hat Theres Neumann diese Schauungen, in denen die Passion und deren Vorabend in etwa 35 bis 50 Teilvisionen je nach Beginn und Ende sich vor ihren Augen zutrugen, im Laufe des Lebens gegen 700mal gehabt. Sie pflegten sich jeden Donnerstag/Freitag zu wiederholen, fielen aber in den kirchlich-freudvollen Festzeiten (von Weihnachten bis Septuagesima und von Ostern bis zum Freitag nach der Fronleichnamsoktav) und in der übrigen Kirchenjahreszeit an *den* Freitagen aus, auf die ein Festtag fiel (und an Freitagen, die in Festoktaven fielen), z.B. Marien- und Apostelfeste, Josefi, oder auch das Fest des Konnersreuther Kirchenpatrons Laurentius (10. August) oder des Diözesanpatrons St. Wolfgang.

Die liturgische Bindung war so streng, daß in den letzten beiden Fällen die Leiden nur ausfielen, wenn Theres am Laurentiusfeste in Konnersreuth und am St. Wolfgangsfeste in der Diözese weilte. Da sie hierfür keine Erfahrung hatte, wurde sie zweimal im Leben auswärts vom Leiden „überrascht", weil sie mit Freiheit für den nächsten Freitag gerechnet und deshalb auswärtige Besuche angesetzt hatte. Der eine Fall ereignete sich in Schloß Zeil, der andere in Eichstätt.

Die Freitagsvisionen unterschieden sich von allen anderen Visionen auch dadurch, daß sie sich am Körper der Visionärin ausprägten. Von der Ölbergschauung an begann das Blut aus den inneren Augenwinkeln über die Wangen zu fließen, es fingen die Stigmen zu bluten an, das Blut der Geißelungswunden drang am Karfreitag durch Hemd und Bettjacke, die Dornenkrönungswunden durchbluteten in neun großen und mehreren kleineren Stellen das weiße Kopftuch. Bei der Kreuztragung schwoll in der Fastenzeit die Schulter an, und es zeigte sich dann ein großer Fleck auf der Jacke. Wer zu diesen Visionen kam, sah ein vollendetes und erschütterndes Marterbild, das aber stets edel und ergreifend, in keiner Weise unästhetisch wirkte. Man konnte sehen, wie sich die Hände zum Kopf hin bewegten und die Dornen auszuziehen versuchten, wie sich nach der Schauung der Annagelung ans Kreuz die Finger der vorgestreckten Hände leb-

Karfreitag 1950.

Der Andrang ist so groß, daß das Neumann-Haus noch nicht zu sehen ist. Amerikanische Soldaten beherrschen das Bild

Karfreitag 1957

Karfreitag 1959: Auch bei stundenlangem Regen halten die Besucher aus

haft zuckend vor Schmerz bewegten, wie sie mit der Zunge über die dürstenden Lippen fuhr. Die Erscheinungen des Blutens waren nicht jeden Freitag gleich, sie pflegten sich an den Freitagen der Fastenzeit bis zum Höhepunkt hin, dem Karfreitag, zu steigern. An den Tagen Gründonnerstag und Karfreitag gingen die Schauungen auch über die sonst übliche Ausdehnung hinaus. Während sie gewöhnlich mit der Schauung des Ganges zum Ölberg kurz vor Mitternacht einzusetzen pflegten und mit dem Tode Jesu am Freitag gegen Mittag 1 Uhr aufhörten, begannen sie am Gründonnerstag schon mit der Vision der Vorbereitung des Abendmahles und endeten am Karfreitag erst mit der Schauung der Grablegung. Die Todesstunde Mittag 1 Uhr stimmt mit der Todesstunde Jesu in Jerusalem überein. Dort ist die Uhr um diese Zeit bereits zwei Stunden weiter, sie steht auf 3 Uhr; es war also zur Zeit des römischen Reiches, in dem die Stunden von morgens 6 Uhr an gezählt wurden, die neunte Stunde. Die letzten Visionen über den Tod Jesu hinaus hatte sie jeweils auch schon am Freitag vor dem Palmsonntag, dem sog. Schmerzhaften Freitag (liturgisch: Gedächtnis der sieben Schmerzen Mariens), die Fußwaschung und Einsetzung des Heiligsten Altarsakramentes sah sie nicht nur am Gründonnerstag abends, sondern jeweils auch am Morgen des Fronleichnamsfestes.

Mit zunehmendem Alter fielen die Freitagsleiden auch im Advent und außerhalb der angegebenen Festzeiten und Festtage dann manchmal aus, oder waren verkürzt, wenn Theres Neumann durch eine Krankheit oder ein Sühneleiden zu sehr erschöpft war; in den letzten Lebensjahren hatte sie die Leidensvisionen außerhalb der Fastenzeit nur noch an den Herz-Jesu-Freitagen.

Ein einziges Mal hatte das Freitagsleiden ganz besonderen, von der üblichen Form abweichenden Charakter, am Karfreitag 1951 (ich war an diesem Tag wie auch an manch anderem Freitag selbst in Konnersreuth. DV). An diesem Tag sah wohl Theres die ganze Passion wie sonst, brauchte aber selbst nicht mitzuleiden. Infolgedessen bluteten auch weder Augen noch Wundmale, noch sonstige Stellen an ihrem Körper. Den Tausenden von ernsthaften und neugierigen Besuchern wurde eröffnet, daß sie heute Therese Neumann nicht sehen könnten. Schon verkündete tags darauf die Sensationspresse, die Begnadigung der Therese Neumann habe offensichtlich aufgehört, und Gegner triumphierten.

Auszug aus einem Brief an eine Lehrerin in Westdeutschland: ,,Regensburg, Am Ölberg 6/II, 27. III. 1951. Sehr geehrte Frl. Lehrerin! ... Ich war den ganzen Charfreitag gespannt, was dieser Tag in Kr. bringen würde... Am 23. März 1928 erlebte Kr. sein erstes Fiasko, ... und nun, 23 Jahre später, wieder an einem 23. März, und diesmal an einem Charfreitag erfolgte der Zusammenbruch in vollster Öffentlichkeit. Schon 1928 hatte die Mutter das ,Blutungswunder' hervorgerufen, nun ist sie nicht mehr und kann nicht mehr beihelfen; die Tochter wird am 9. April 53 Jahre alt; woher nun das benötigte Blut nehmen? ... nun ist Kr. ,erledigt' es ist tot. Zur rechten Zeit ist noch das Buch von Hilda Graef, Oxford: The case of Therese Neumann. Mercier Press, Cork, Irland 1950 erschienen, an dem ich ja mitgearbeitet habe. Können Sie englisch? Wenn ja, dann werde ich Ihnen, wenn ich die bestellten weiteren 5 Exemplare erhalten habe, eines zum Lesen schicken. Es grüßt Sie herzlich M. Waldmann."

Ich enthalte mit jeden Urteiles über diesen für sich selbst sprechenden Brief, dessen Unterstellungen bald darauf und noch 11 Jahre lang von den Tatsachen widerlegt wurden. Lediglich als Aktenstück soll er festgehalten sein, weil der Absender, ein Theologieprofessor, für viele Menschen meinungbildend gewirkt hat und für andere Werke gegen Konnersreuth Quelle war. Die Adressatin fragte Pfarrer V. in M. um seine Meinung, der in Konnersreuth um Auskunft bat und laut Begleitbrief eine ,,wortgetreue" Abschrift vorlegte.

Prof. Waldmann, der auch unter dem Pseudonym Michael Silvanus, abgekürzt M. S., gegen Konnersreuth schrieb, nimmt mit dem Hinweis auf den 23. 3. 1928 Bezug auf eine Kommission, die an diesem Tage in Konnersreuth war, aber den Beginn der Passion und das aktive Bluten versäumte.

Was war geschehen? Pfarrer Naber verkündete es der wartenden Menge und beruhigte damit alle, die aus religiösem Antrieb hergekommen waren (die Aufklärung war ihm im erhobenen Ruhezustand gegeben worden): Es seien heuer 25 Jahre seit der Stigmatisation der Theres Neumann, und deshalb brauche sie heute nicht zu leiden. Es könne infolgedessen heute auch niemand Therese sehen. Die Besucher seien gebeten, in die Kirche zu gehen und zu beten und diese Enttäuschung dem Heiland aufzuopfern, dann hätten sie mehr davon, als wenn sie zu Theres Neumann gekommen wären. Man konnte erfreulicherweise feststellen, daß der Unmut einiger weniger nicht um sich griff, sondern vom Verständnis der Mehrheit unterdrückt wurde. Nach dem Ausklang der Osterfestzeit, am Herz-Jesu-Fest 1951, stellten sich dann die Freitagsvisionen und -leiden wie je zuvor wieder ein.

Im Ergänzungsband „Visionen der Therese Neumann, Band I, ist eine Darstellung der 50 Visionen gegeben, wie sie am Gründonnerstag und Karfreitag aufzutreten pflegten. Ich folge dort im wesentlichen den Aufzeichnungen von Pfarrer Naber, von Gerlich, Kardinal Kaspar, ergänzt durch eigene Aufzeichnungen und Schilderungen der Theres Neumann. Als Quelle von nicht zu übertreffender Bedeutung standen hierzu auch Wachsplatten zur Verfügung, die Ferdinand Neumann von den Gesprächen zwischen Theres Neumann (im Zustand der Eingenommenheit) und Pfarrer Naber zwischen und nach den Visionen aufgenommen hat. Sie ermöglichten in einzigartiger Weise Kontrolle und Ergänzung des sonstigen Materials.

Hier folgt nun, um dem Leser den Kern dieser eindruckstärksten Visionen fühlen zu lassen, die Kreuzigungs- und die Auferstehungsvision.

Die Kreuzigungsvisionen

Visionen 1–43 Abendmahl, Gefangennahme, Gericht, Kreuzweg

44. Vision. Der Zug ist am Ort der Kreuzigung auf dem nicht sehr hohen Kalvarienberg angekommen. Er macht halt. Der Heiland wird in ein altes, teilweise verfallenes Grab geführt.

45. Vision. Die drei Balken des Kreuzes werden zusammengefügt. Die mit Zapfen versehenen Enden der beiden behauenen Seitenbalken werden in entsprechende Stemmlöcher des langen unbehauenen Holzes getrieben und mit Holzkeilen und Holzstiften fixiert.

46. Vision. Der Heiland wird zur Probe auf das Kreuz gelegt. Man markiert Lage des Kopfes, der Hände, der Fersen und der Leibesmitte. Dann wird er wieder in das Grab zurückgeführt. Resl sieht ihn dort sitzen, noch bekleidet, aber zitternd vor Kälte. „Läßt sich wohl denken", sagte sie mir einmal im normalen Zustand dazu, „es war ja noch früh in der Jahreszeit und außerdem hatte er sicher schon hohes Fieber von den vielen Verwundungen."

Nach dieser Vision, bei der es gegen 11 Uhr vormittags zu sein pflegte, trat wieder eine länger Pause von etwa einer Stunde ein.

Gegen 12 Uhr schnellt Theres aus der kraftlosen Liegestellung wieder zu gestraffter sitzender Haltung empor und streckt die beiden Hände vor. Es beginnt die große Schauung der Kreuzigung, die bis gegen 3/4 1 Uhr dauert.

Der Heiland wird herangebracht, und man reißt ihm die durch getrocknetes Blut am ganzen Körper angeklebten Kleider vom Leibe. Alle Wunden werden dadurch wieder aufgerissen. Nackt steht der Heiland da und schaut, ob der Schändung aufs tiefste betrübt, Mitleid erbittend um sich. Da nimmt eine mutige Frau ihr Schultertuch ab und reicht es ihm. Mit dankbarem Blick nimmt er es und bindet es sich um. Die Schergen werfen dann den Heiland aufs Kreuz und binden ihn um die Hüften fest an. Dann binden sie den rechten Arm in die Nähe des Handgelenkes an den Kreuzbalken und treiben den Nagel durch die rechte Hand in das vorgebohrte Loch. Bei der linken Hand sehen sie, daß das Loch zu weit außen sitzt. Sie binden einen Strick um das Handgelenk und ziehen, bis die Hand hinpaßt. Sie reißen dabei den Arm aus dem Schultergelenk. Dann wird auch dieser Arm festgebunden und der Nagel durch die Hand getrieben. Theres hört die einzelnen Hammerschläge. Sie zieht ruckartig, wenn der Nagel in die Hand dringt, unter der Decke die Knie hoch. Aus den Wunden und den Stigmen fließt frisches Blut. Die einwärts gekrümmten Finger bewegen sich von da an dauernd zuckend.

Die Annagelung der Füße sah Theres folgendermaßen: Zunächst werden auch die Knie niedergebunden. Dann halten die Henker den rechten Fuß auf dem Podest fest und treiben einen Nagel von der Länge der Handnägel durch denselben. Dieser Nagel wird wieder herausgezogen und beiseite geworfen (er wird später von den Anhängern Jesu aufgelesen und gleich den anderen Nägeln als teures Andenken mitgenommen). Er sollte nur vorbohren, damit der Fuß bei der weiteren Annagelung nicht abrutscht. Dann wird der rechte Fuß über den linken gehoben, ein langer Nagel durch den bereits durchbohrten rechten Fuß gesteckt und mit einem kräftigen Schlag und einigen weiteren Schlägen auch durch den linken Fuß in das vorgebohrte Loch im Holz getrieben.

Die Schergen bringen das Schild an, erheben das Kreuz mit Hilfe einiger Hölzer und lassen es in das in den Stein gehauene Loch fallen. Man spürt aus dem Zusammenzucken und dem Gesichtsausdruck der Resl, welch furchtbarer

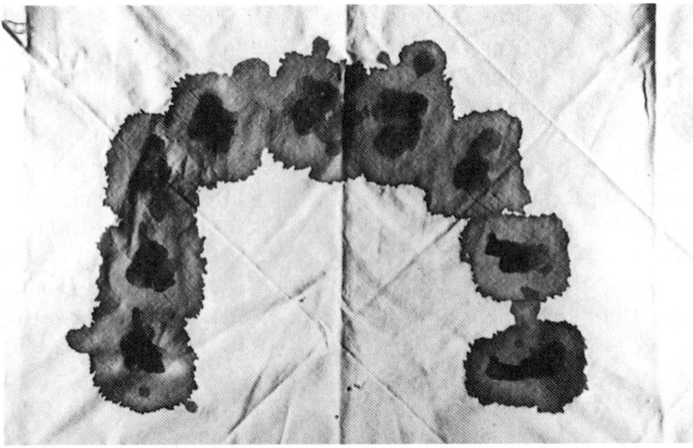

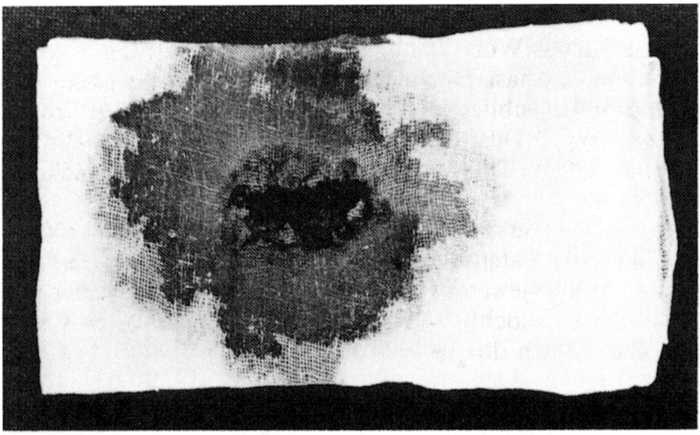

Abdruck eines Kopftuches (Dornenkrone) und einer Herzkompresse

Schmerz den Leib des Herrn beim Aufstoß durchfahren haben mag. Theres sieht den Heiland für einige Zeit in Ohnmacht sinken; sein Haupt fällt nach vorn herab. Das Kreuz ist nicht tief genug in den Boden gedrungen; es hat nicht genügend Halt. Die Schergen heben es nochmals heraus, meißeln das Loch tiefer und wühlen Steinbrocken heraus. Dann setzen sie das Kreuz etwas behutsamer als das erste Mal wieder ein.

Von da an geht Theresens Blick empor. Sie hört das Spotten und die Worte Jesu, mit denen er für Spötter und Henker um Verzeihung bittet. Sie wendet den Kopf zu den Schächern, die inzwischen auch gekreuzigt wurden, mit freundlichem Blick zum rechten und empört zum linken. Blutbäche sind inzwischen aus den äußeren und inneren Handstigmen geflossen, vereinigen sich in der Gegend der Handgelenke und trocknen dort ein. Wieder hört sie vom Heiland Worte, die er nach unten spricht. Maria und Johannes sind unterdessen herangekommen und stehen unter dem Kreuz. Ein paarmal blickt Theres zärtlich und mitleidsvoll von Jesus zu Maria und zurück. Auf die Worte Jesu hin geht Johannes zur Mutter und stützt sie. Therese sieht auch Maria Magdalena: „Das Moidl ist ganz nah am Kreuz gwen und voll Blut worn."

Finsternis tritt ein. Sie legt sich auch auf die Seele des im Todeskampf ringenden Heilands und entringt ihm die von Resl gehörten Worte: Eloi, Eloi, lama sabaktani - Mein Gott, warum hast Du mich verlassen! Der schwerste, der elendeste Augenblick in seinem Leben ist gekommen. In der Natur herrscht Düsternis, ein fahles unbestimmtes Licht. Es ist „gruselig". Theres hört die Vögel erschreckte Schreie ausstoßen.

Sie sagt - laut Tonaufnahme - „Dem Heiland war's so, wie wenn der Vater von ihm nix mehr wissen wollt, und mir ist's so gwen (gewesen), wie wenn der Heiland von mir nix mehr wissen möcht." Die Fieberglut läßt ihn noch sagen Aes-che - Mich dürstet.

Als dieses Wort das erstemal fiel, wollte es Professor Wutz nicht glauben. Er hatte ein anderes erwartet - sachena - und sprach es Resl vor. Aber sie ging nicht davon ab, Aesche gehört zu haben. Darauf schlug Wutz in Spezialwerken nach und fand, daß es das Wort Aes-che für „Ich dürste" gibt. Laut seinen Feststellungen ist es ein neuhebräisches Wort. Das Neuhebräische scheint zwischen Hebräisch und Aramäisch zu stehen. Das widerlegt wie manch andere Beispiele jeden Suggestionserklärungsversuch.

Man reicht den Schwamm mit Essig. Der Heiland saugt daran, gewinnt nochmals Kraft und ruft: Salem kulechi - Es ist vollbracht! Und nach einer Weile: Abba, bejadach afkedh ruchi - Vater, in Deine Hände befehle ich meinen Geist. Resl sieht noch, wie Felsen zerspringen. Der Heiland neigt sein Haupt und gibt den Geist auf. Im selben Augenblick sinkt auch Resl wie tot in die Kissen zurück. Wie bei einer Leiche fällt der Unterkiefer etwas herab, der Mund öffnet sich ein wenig, das Gesicht wird aschfahl, die Nase wird spitz; man meint, eine Tote zu sehen.

So verliefen im allgemeinen die Freitagsvisionen. Sie waren nicht jedesmal ganz genauso von Vision zu Vision abgeteilt, wie sie hier aufgezeichnet sind. Aber dem Inhalte nach waren sie stets gleich, d.h. Theres sah nie etwas anders, als sie es an einem anderen Freitag gesehen hatte, wenn sich auch der Umfang des Geschauten im Laufe des Lebens, teils sich entwickelnd, teils sich verkürzend, veränderte.

Am Samstag war Theres zumeist wieder in voller Frische. Nur am Karsamstag schlief sie, fast den ganzen Tag kaum ansprechbar, und nur mit Mühe dazu zu bewegen, daß sie sich waschen ließ, den Tag durch bis zum Ostermorgen, an welchem sie gegen 5 Uhr plötzlich hochgerissen wird, um die höchste Freude der Ostervisionen zu erfahren.

Die Auferstehung

Beginn der Visionen: Ostersonntag 5 Uhr morgens. Die seit Karfreitag mehr oder minder Schlafende wird plötzlich hochgerissen. Sie findet sich visionär vor das Heilige Grab in Jerusalem versetzt. Davor stehen die römischen Wachtsoldaten, ziemlich ermüdet. Ein strahlender Morgen bricht an; eben will die Sonne aufgehen. Theres erschrickt, schaut nach oben und – strahlt. Was ist geschehen: Während die Erde erzittert, kommt der Heiland mit verklärtem Leibe aus der Felswand heraus; der Stein vor dem Grabe fällt, von einem „lichten Mann" (Engel) berührt, zur Seite hin um; ein zweiter lichter Mann schwebt in das Grab hinein, während der andere sich auf den Stein setzt. Die Wächter stürzen „täumelnd" auf ihr Angesicht, nur einer kann sich an seinem „Spieß" fangen und wieder aufrichten; es ist der, der dem Heiland die Seite durchbohrt hat.

Theres Neumann sieht den Heiland durch die Luft hinüberschweben zur Stelle der Kreuzigung. Dorthin ist seine Mutter am frühen Morgen, einer inneren Weisung folgend, gegangen (lt. Pfarrer Naber eine Äußerung im erhobenen Ruhezustand). Im Zustand der Eingenommenheit sagt Theres – sie hat das nicht gesehen, das ist nur ihre Meinung – laut Aufzeichnung: „Wird wohl mit den anderen Frauen

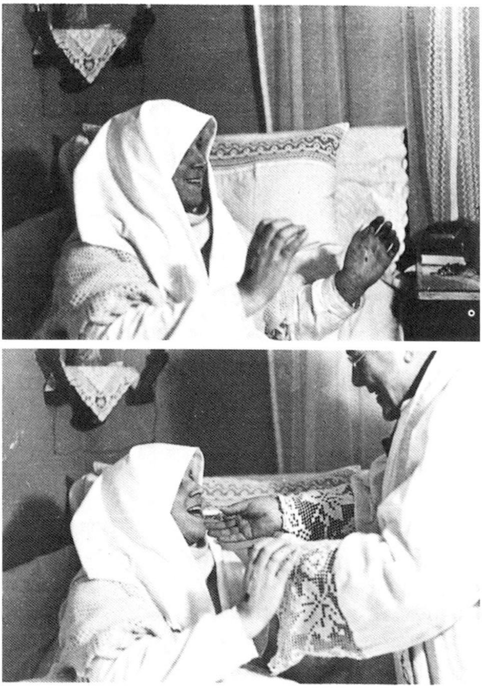

Mystische Kommunion (Ostermorgen): Therese sieht an Stelle des Priesters mit dem Corpus Christi den Heiland selbst auf sich zukommen

hingegangen sein und dann gesagt haben ‚Geh, laßt mich ein bissel allein' ". Theres ist dem schwebenden Heiland visionär gefolgt („es war ja nicht weit", sagt sie) und sieht die Begegnung mit der Mutter, die mitten in ihrer tiefen Betrübnis plötzlich den verklärten Heiland erblickt. Er sagt einige Worte zu seiner staunenden Mutter und ist dann entschwunden.

Die Schilderung der auf die Frage von Pfarrer Naber wiedergegebenen Einzelheiten ist ergreifend. Er sagt: Resl, erzähl uns doch alles der Reihe nach. Sind nicht zuerst die lichten Männer gekommen und haben den Stein weggewälzt, und ist dann der Heiland herausgekommen? Therese: Das läßt sich nicht der Reihe nach sagen. Erdbeben, der Heiland durch die Felswand oben heraus, die lichten Männer dagewesen, der Stein weg –, das war alles eins. Naber:

Ja ist denn der Heiland nicht aus dem Grabeingang herausgekommen? Therese: Da hätte er sich ja „vürebe-ign mein“ (vorbeugen müssen), das hat er doch nimmer nötig gehabt, er ist oben durch die Felswand ganz aufgerichtet herausgekommen. Naber: Dann hättest Du ja hinaufschauen müssen. Therese: Das habe ich auch getan. Und wie der Heiland gestrahlt hat! Wie aus lebendigem Licht, und doch hat man gekannt, daß er aus Fleisch ist und seine „We-i“ (Wehe = Wundmale) haben besonders geleuchtet. Jedes hat eine eigene „Helln“ (Helligkeit) gehabt. Und sein Gewand war auch wie aus Licht, aber nicht gerade herunterfallend, sondern wie in der Mitte abgebunden. Naber: Hast Du denn die Herzwunde auch leuchten sehen, wenn er ein Gewand angehabt hat? Therese: Ja was glaubst Du denn: das Gewand war doch nicht „aus so am bazzatn Stoff, wie unsa Vadda a Montur zamnaht“ (aus so einem patzigen Stoff, wie unser Vater - er war Schneider - einen Anzug zusammennäht), sondern licht und nicht von dieser Welt, und da hat die Herzwunde hell durchgeleuchtet. Ach, war das schön! Der lichte Mann, der hat den Stein „anglangt (berührt), und da ist der davon wie ein Papier. War das alles mächtig!“

Der Kreis der Ostervisionen schließt ab mit der großen Vision vom Christi-Himmelfahrtsfest, bei welcher sie unter den am Ölberg Zusammengekommenen neben Maria, den Aposteln und anderen auch die Frau des Pilatus erkennt.

Der Raum dieses Buches reicht, wie schon im Vorwort erwähnt, nicht aus, die weiteren Ostervisionen (Magdalena, Petrus und Johannes, Emmaus, Abendmahlssaal, Thomas u.a.), dann die großen Weihnachts-, Dreikönigs- und Pfingstvisionen und die über 100 sonstigen sich über das Kirchenjahr erstreckenden Visionen wiederzugeben. Sie müssen einem besonderen Buche vorbehalten bleiben.[15]

Die wichtigsten Visionen in Konnersreuth waren jedoch die Leidensvisionen, weil sie sich auch während des Jahres häufig wiederholten, am ausgedehntesten waren, Theres Neumann körperlich miteinbezogen und deswegen auch in diesem Buche, wenn auch kürzer dargestellt, nicht fehlen dürfen. Denn gerade sie haben das besondere, in der Öffentlichkeit auffallende Merkmal für Konnersreuth geprägt. Im

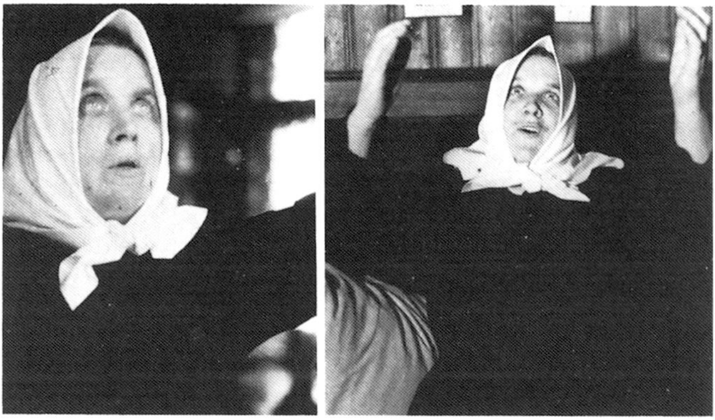

Vision Christi Himmelfahrt: Sie schaut dem entschwebenden Heiland nach und ruft dann „Mit, mit"

unmittelbaren Anschluß daran glaubte der Verfasser noch die Auferstehungsvision anfügen zu sollen, um die Darstellung nicht mit der Traurigkeit des Todes Jesu abzubrechen. Denn erst seine Auferstehung besiegelt unseren christlichen Glauben. Wie gewaltig, sieghaft und Zuversicht weckend hören sich die Worte über diese Schauung an: Der Auferstandene kommt leuchtend und mit noch überhöht leuchtenden Wunden hochaufgerichtet mitten durch die Felswand heraus. Der schwere Grabverschlußstein wird durch die Berührung eines Engels weggeschleudert „wie ein Papier"!

Auch außerhalb der Visionen hat Theres Neumann gelegentlich im erhobenen Ruhezustand Mitteilungen über Begebenheiten aus dem Leben Jesu gemacht, die dann das aus den Visionen Erfragte ergänzten oder berichtigten. Manchmal hörte man auch ganz unbekannte und auch nicht geschaute Einzelheiten, die von Pfarrer Naber aufgezeichnet sind. Bei Mitteilungen in diesem Zustande wurden die Personen und Orte genau mit ihren Namen bezeichnet, im völligen Gegensatz zu den kindlichen Wiedergaben im Zustand der Eingenommenheit, wie wir sie schon kennengelernt haben.

Visionäre Teilnahme an Gottesdiensten

Tagebuch Pfarrer Naber: „14. Dez. 1930. Heute hat Theres das im Sonntagsevangelium Erzählte geschaut. Vergangene Woche bin ich in dringender Angelegenheit in Berlin gewesen. Äußerst ungern bin ich gefahren. Im ekstat. Zustand hatte mir Theres gesagt, ich würde befriedigt zurückkehren, was auch in ganz auffälligem Maß eingetroffen ist. Zwei Mal hat Theres meiner Messe in Berlin in entrücktem Zustand beigewohnt. Davon erzählte sie mir gleich nach meiner Rückkehr. Sie sprach, obwohl sie die Kirche, in der ich celebriert habe (St. Ansgar) nie gesehen, auch nicht im Bild u. nie davon gelesen u. gehört hatte, doch ganz zutreffend davon, über ihre Größe und Einrichtung, besonders die des Altars. Sie erzählte, ich hätte einmal den Tabernakel nicht aufgebracht u. der Ministrant mir erst Anweisung geben müssen. Das zweite Mal habe mir ein Herr Pfarrer ministriert. Tatsächlich hatte man mir beim ersten Celebrieren ein Säckchen an den Altar mitgegeben, in dem ich beim Öffnen auf einen Schlüssel stieß. Mit ihm öffnete ich zwecks Kommunionausteilung die Tabernakeltür. Da ich aber hinter der äußeren Holztüre noch eine Metalltüre vorfand, zog ich den Schlüssel von der geöffneten Holztüre, um damit die Metalltüre zu öffnen. Nachdem ich mich einige Zeit vergeblich bemüht hatte, kam der Ministrant und sagte, daß für die innere Tür ein eigener Schlüssel im Säckchen sei. Bei der 2. hl. Messe, der Theres beiwohnte, hat mir, da kein Ministrant da war, tatsächlich der Pfr. von St. Ansgar ministriert.“ (vgl. S. 206). „19. April 1931. An diesem Tag, einem Sonntag, hat Theres, wie sie mir brieflich mitgeteilt, in Eichstätt visionell dem von mir hier um 9 Uhr abgehaltenen Pfarrgottesdienst mit Amt u. Predigt beigewohnt, dabei alles gesehen und mitgefühlt u. auch die Predigt gehört u. nacher davon erzählt. Von der Kommunion an wurde sie mehrmals photographiert.“

Schauung des persönlichen Gerichtes

Tagebuch Pfarrer Naber: „20. Jan. 1931. Heute, bald nach Mittag, starb Ms. F. Theres hatte, weil sie vorher zu leiden gehabt u. deßhalb nicht früher hatte kommen können, erst gegen 12 Uhr kommuniciert, dann das Allerheiligste zu dem sterbenden F., der nochmal kommunicieren wollte, begleitet und der Kommunion im Sterbezimmer beigewohnt. Von da aus gingen wir, da der Tod noch nicht so nahe schien, zum Pfarrhof zurück. Bald wurde ich aber wieder zu F. gerufen, der um 1 Uhr herum starb. Als ich wieder heimkam und in der Küche wohl den Mantel der Theres, sie selber aber nicht sah, suchte ich und fand sie schließlich im Speisezimmer auf einem Stuhl sitzend, dem durch das Fenster sichtbaren Sterbehaus zugewandt und in Ekstase (im erhob. Ruhezustand). Sie sprach von dem Verstorbenen, daß er in's Fegfeuer verwiesen worden sei... In dem bald wieder eintretenden gewöhnlichen Zustand erzählte sie dann alsogleich, ohne daß ich ein Wort von dem erfolgten Ableben F. gesprochen, daß sie diesen vor dem Heiland gesehen, bei ihm den Schutzengel, zwei junge Männer, einen älteren Mann und eine ältere Frau u. etwa drei Kinder, die ganze Begleitung in verklärtem Zustand. (Offenbar sind es Vater und Mutter des Verstorbenen, seine zwei gefall. Söhne u. seine klein gestorbenen Kinder.) Da die Seele des Verstorbenen noch nicht ganz rein ist, muß sie, als der Heiland mit den anderen in den Himmel zurückkehrt, zurückbleiben u. schaut äußerst wehmütig nach."

2 *Stellvertretende und Sühneleiden*

Erzbischof Teodorowicz schreibt über die Möglichkeit und Wirkkraft solcher Leiden (S. 367): „Die religiöse Idee von Opferleiden ist tief in den Herzen der Menschen eingegraben. Die Religionen der Welt stempeln diese Auffassung zu einem religiösen Vorgang, der sich manchmal so grausam gestaltet, daß sogar Menschenblut auf den Altären der Götter dargebracht wird, um die beleidigte Gottheit zu versöhnen.

Es fehlt nicht an Versuchen, diese trotz ihrer Abirrungen und Unvollkommenheiten großartige Vorstellung, wie überhaupt jede religiöse Vorstellung, in den Staub herabzuziehen und mit unreiner, verpesteter Luft zu besudeln.

Diese tief im Herzen der Menschheit eingegrabene Anschauung von Opferleiden wandert von Jahrhundert zu Jahrhundert, von Volk zu Volk, von einer Zeitscheide zur anderen, und trotz ihrer Vielgestaltigkeit läßt sie sich in nur wenige Worte einschließen: Das Bewußtsein von Schuld und das Verlangen nach Sühne.

Erst auf dem Kalvarienberge hat die Auffassung vom stellvertretenden Leiden ihren vollkommenen Ausdruck gefunden. Nur das reinste Blut konnte das unreine loskaufen, und das Kreuz Christi wird zum Wahrzeichen der Erlösung, die Menschheit wird durch das grausige, aber vollkommene Leiden des Gottmenschen wieder frei. Das Sühneleiden auserwählter Menschen bewegt sich seit der Kreuzigung Christi auf richtigen, heilbringenden Bahnen; es ist, wie der Apostel so schön sagt, die Ergänzung dessen, was noch im Leiden Christi fehlt, nämlich die freudige Mitleidenschaft der Menschheit, die sich durch ihre Mitarbeit freiwillig die Früchte des Kreuzes aneignen soll.

Die alte Vorstellung von der Sühne wird jetzt geläutert und verklärt: nicht mit Schaudern, sondern mit opferfreudiger Liebe opfert der Mensch seine eigenen Leiden im Anschlusse an das vorbildliche Leiden und martervolle Erlösungswerk des Gottmenschen.

Aber das Problem, welches uns hier speziell beschäftigt, ist das Sühneleiden eines Menschen für andere. Kann solch ein Leiden überhaupt Platz finden neben dem Leiden auf Golgatha, und wenn ja, welchen Charakter und welche Bedeutung haben diese Leiden angesichts dessen, daß Christus allein der Erlöser ist und er allein die Sünden der Menschheit sühnen kann?

In diesem Sühnewerke Christi für andere kann jedoch der Mensch auch mitwirken. – Aber wie? – Gewiß nicht im Wesen des Opfers selbst – das steht sicher – denn dies bleibt Christus allein vorbehalten. Es gibt jedoch noch eine mittelbare Art des Opfers für andere: das von der Theologie sogenante: ex congruo – (aus Convenienz). ‚Wenn der Mensch', sagt der hl. Thomas, ‚den Willen Gottes im Zustande der Gnade und der Freundschaft mit Gott erfüllt, dann ist es auch recht (und das auf Grund des Freundschaftsgesetzes) – secundum amicitiae proportionem –, daß Gott den auf die Erlösung des Nächsten gerichteten Willen des Menschen erfüllt!' "

Gerlich bringt in seinem Werk nach einigen Berichten über Sühneleiden der Therese Neumann folgende ihm gegebene Erklärung (Bd. I S. 300): „Es drängte mich einmal, mit ihr im erhobenen Ruhezustand über diese Sühneleiden als etwas mir völlig Neuem und gedanklich nicht recht Faßbarem zu sprechen. Ich erklärte ihr offen, daß ich den Vorgang nicht verstände. Da antwortete sie mir etwa folgendermaßen: ‚Sieh mal! Der Heiland ist gerecht. Deswegen muß er strafen. Er ist aber auch gütig und will helfen. Die Sünde, die geschehen ist, muß er bestrafen. Wenn aber ein anderer das Leiden übernimmt, so geschieht der Gerechtigkeit Genüge, und der Heiland erhält Freiheit für seine Güte.' In diesem Gespräch fragte ich sie weiter, wie sie innerlich zum Leiden stehe. Ich glaubte nämlich beobachtet zu haben, daß sie das Leiden fürchtet und es mit großer Willensanstrengung und nur aus Gehorsamsbereitschaft gegenüber der göttlichen Fügung, die ihr dieses Kreuz auferlegt hat, zu tragen versucht. Sie antwortete mir auf meine Frage: ‚Sieh mal! Das Leiden kann niemand gern haben. Auch ich hab es nicht gern. Kein Mensch hat den Schmerz gern, und ich bin auch ein Mensch. Ich hab den Willen des Heilandes gern. Und wenn er ein Leiden schickt, so nehme ich es an, weil er es will. Aber das Leiden hab ich nicht gern.' "

In den Tagebüchern Pfarrer Nabers finden sich viele Aufzeichnungen von Sühneleiden, aus denen die folgenden herausgegriffen sind. Andere sind im Zusammenhang mit später wiedergegebenen Berichten erkennbar. Freitag, 23. März 1928. Aufzeichnung Pfarrer Naber. Genannt sind zuerst die Namen von fünf Besuchern, zwei Bischöfen, zwei Theologieprofessoren und ein Professor der Medizin. „Freitagsleiden wie sonst. Nach der Kreuzigung starke Erstickungsanfälle. Gegen Abend schaut Theres die Auferweckung des Lazarus, wie sie das Tagesevangelium erzählt. Schließlich leidet sie noch rasende Schmerzen an der rechten Schulter für jemand, der an diesem Tage dagewesen war und, wie sie sagte, die Schulterwunde nicht anerkennen wollte."

Tagebuch Pfarrer Naber. „10. August 1928. . . Diese Woche litt Theres schwer an einer durch einen Insektenstich verursachten Blutvergiftung für einen Priester, der vor kurzer Zeit sie gebeten, ihm aus der Leidenschaft der Trunksucht herauszuhelfen. Trotz eindringlicher Mahnung von seiten der Theres und ernstlichen Vorsatzes seinerseits war er wieder gefallen und dann so in Verzweiflung gekommen, daß er Gift genommen. Das Leiden der Theres sollte ihm das Leben retten und die Gnade endgültiger Bekehrung erflehen."

Tagebuch Pfarrer Naber. „24. August 1928. Besuch des Herrn Kardinals Faulhaber. Theres leidet immer noch schwer an jener Blutvergiftung. Das Gift hat sich in 2 Geschwüren zusammengesetzt, davon eines in den Gedärmen, das andere außen an der linken Seite."

Tagebuch Pfarrer Naber. „20. September 1928. Heute erscheint bei Theres jener Geistliche, für den sie letzthin eine Blutvergiftung durchgemacht. Sein Bericht über das Vorgefallene stimmt überein mit dem, was Theres im ekstatischen Zustand seinerzeit erzählt hat."

Tagebuch Pfarrer Naber. „15., 16., 17. Februar 1931. Theres hat an diesen Tagen hauptsächlich bei Nacht wieder schwer gelitten zur Sühne der Fastnachtssünden, Kopf-, Augen-, Füßeweh und Durst und Teufelsplagereien. In diesen Tagen, hieß es im erhobenen Ruhezustand, habe sich auch der Spottkartenschreiber bekehrt."

Tagebuch Pfarrer Naber. „9. Mai 1931. In letzter Zeit hatte ich infolge Verkältung bedrohlichen u. bewegungshinderlichen Rheumatismus. Mit einem Eifer und einem Geschick, wie sie die beste Krankenschwester kaum haben kann, suchte Theres durch natürlich Mittel das Übel zu bekämpfen, während der Nacht ging sie zur Kirche, um sich dem Heiland zur Übernahme des Leidens anzubieten u. ihm zu versprechen, sie wolle den Juni hindurch ganz besonders gut zu den sie Besuchenden sein. Am Morgen vermochte Theres nicht aufzustehen, sie konnte erst um 9 Uhr herum zur hl. Kommunion kommen, sie hatte den Rheumatismus gerade dort u. mit den Behinderungen, wie ich ihn gehabt, nur doppelt schmerzhaft. (Sie empfinde, hat es im erhob. Ruhezustand einmal geheißen, die Schmerzen doppelt stark.) Ich aber konnte mich wieder anstandslos bewegen und fühlte kaum mehr eine Spur von Schmerz."

3 Erkennen von Reliquien, Weihen und Segnungen (Hierognosie)

Freitag, den 22. März 1929. An diesem Tag und auch schon am vorhergehenden Donnerstag war Kardinal Erzbischof Dr. Karl Kaspar, Prag, in Konnersreuth. Er hat das ganze

Erlebnis der Leidensvisionen aufgezeichnet und berichtet darin folgendes (Eindrücke über Konnersreuth, Seite 66):

„34. Vision. – Resl neigt sich plötzlich nach vorne, dann nach rückwärts und ringt furchtbar die Hände. Ein schmerzlicher Anblick! Sie bläht die Nase auf – dann sinkt sie wieder in die Kissen zurück. – Der Zug ist auf Kalvaria angekommen.

Viele der Anwesenden beginnen schon zu weinen. Therese selbst stöhnt und jammert. Jemand reicht dem Pfarrer eine Reliquie; sie stammt angeblich vom heiligen Kreuze. Er hält sie an ihre Hand. Sie reagiert nicht: die Reliquie ist nicht echt. Nun halte ich mein Pektorale (mit eingelegtem Kreuzpartikel) an ihre Hand. Augenblicklich verspürt sie einen furchtbaren Schmerz, klagt und hebt die Hand empor, so daß ich bedauerte, sie dieser Probe unterzogen zu haben. Wieder klagt sie: „Heiland, gern! . . . Heiland, gern!“

Ergänzung Mayr: „P. Richstätter S. J. nahm daran Anstoß, daß sie bei der Berührung mit einem Kreuzpartikel schmerzerfüllt zusammenzuckte. Aber alles, was dem Heiland Schmerz bereitet hatte, bewirkte auch bei ihr im Zustand der Eingenommenheit zunächst Schmerz. Gab man ihr den Partikel vollends in die Hand, so küßte sie ihn.“

Ein weiteres Beispiel: Professor Wutz erzählte, ein Priester sei mit verschiedenen Reliquien nach Konnersreuth gekommen und diese seien im Zustand der Eingenommenheit bezeichnet worden: Zum Teil echt, zum Teil nur an echten berührt, und auch unechte seien dabei gewesen. Als der Priester heimkam und davon erzählte, beschloß man, einen anderen Geistlichen mit denselben Reliquien hinzuschicken, um zu prüfen, ob die Bestimmung wieder ebenso lauten würde. Als dieser nun bei einem Freitagsleiden vor der Türe bei den Wartenden stand und vorhatte, nach dem Eintritt darum zu bitten, die Reliquien vorlegen zu dürfen, wurde zu Pfarrer Naber im erhobenen Ruhezustand gesagt: „Da steht jetzt jemand draußen, der möchte etwas vorlegen, was schon gesagt worden ist. Sag ihm, der Heiland läßt mit sich nicht experimentieren.“ Pfarrer Naber schaute vor die Tür, sah einen Priester und fragte ihn, ob er Reliquien bei sich habe. Auf die Bejahung hin nahm er ihn beiseite und richtete ihm den Auftrag aus. Dies beeindruckte den Priester und den Erstbesucher weit mehr, als wenn nochmals das gleiche gesagt worden wäre.

Ferdinand Neumann (Bruder) berichtet folgendes Erlebnis: „Zeit ca. 1932. Freitagsleiden. Je acht Personen dürfen für eine Zeitlang zu den Passions-Visionen ins Zimmer der Resl. Nach dem Hereinkommen einer neuen Gruppe fällt Resl plötzlich mitten in der Vision zurück und sagt: ‚Da ist etwas von der Mutter.' Man schaute sich verwundert und etwas ungläubig an, aber sie gab nicht nach. Da trat ein Franziskanerpater - aus Rom, wie sich herausstellte - auf Pfarrer Naber zu und sagte: ‚Sie hat schon recht, ich habe etwas dabei, da wollte ich darum bitten, es vorlegen zu dürfen. Aber nun sehe ich ja die Bestätigung schon von vornherein.' Er nahm etwas aus seiner Kutte und wollte es Pfarrer Naber in die Hand geben. Dieser sagte, er möge es nur selber zur Resl hinbringen. Noch bevor ihr der Pater die Reliquie an die Hand gebracht hatte, griff Resl heftig vom Bett her heraus, nahm die Reliquie fest in beide Hände und wollte sie - im Zustand der Eingenommenheit - nicht mehr zurückgeben. Sie sagte dann, es sei ein Stück von einem Schleier der Muttergottes, und gab anschließend auch einen Bericht über den Weg, auf dem die Reliquie in die Hand des derzeitigen Besitzers gekommen sei.

Das war gegen ihre sonstige Gewohnheit; sie verhielt sich im allgemeinen passiv und äußerte sich erst dann über eine Reliquie, wenn man diese an ihre Finger gebracht hatte.

Der Pater sagte, man habe es in Rom trotz eines alten Dokumentes, das er bei sich hatte, für unwahrscheinlich gehalten, daß diese Reliquie echt sein könne. Er war außerordentlich erfreut und schenkte, als Resl wieder im gewöhnlichen Zustand war, ihr ein Teilstück dieses Schleiers. Resl hat dann ein paar Stücklein davon, die sie in St. Walburg in Eichstätt hatte fassen lassen, an besonders nahestehende Personen verschenkt."

Zwischen der 2. und 3. Auflage dieses Buches ist mir der nachstehend wiedergegebene Bericht von P. Maximilian M. Maron, Claretiner in Würzburg, zugegangen. Er ist deswegen besonders interessant, weil er zugleich für zwei Phänomene weitere Tatsachen beisteuert: zur Hierognosie der Theres Neumann und zum Verbleib der unaufgelösten Brotgestalt von Kommunion zu Kommunion im Körper auch in einem anderen Fall. Der Verfasser

„Es handelt sich um ein Erlebnis, das ich bei der Resl hatte und zwar mit der Reliquie unseres hl. Ordensstifter St. Antonius Maria Claret.

Der hl. Antonius Maria Claret berichtet in seiner Autobiographie: ‚Am 26. August 1861 beim Gebet in der Rosenkranzkirche in der Granja gegen abends sieben Uhr, gewährte mir der Herr die große Gnade, die heiligen Gestalten unaufgelöst, und somit das allerhl. Altarsakrament ständig in meinem Inneren beherbergen zu dürfen.‘ Bei Therese verblieben ebenfalls die Gestalten durch die Magensäfte unaufgelöst von einer Kommunion zur anderen. In Ihrem Buche lesen wir von Fällen, bei denen diese Tatsache sichtbar kund wurde. Der Heilige und Therese waren also auf ähnliche Weise begnadet. Das veranlaßt mich hier des Erlebnisses zu gedenken, das ich am 15. August 1949 bei Theres Neumann mit der Reliquie des hl. Antonius Maria Claret hatte. Kurz bevor Therese in Ekstase geriet, um die Schauungen über den Tod und die Himmelfahrt der allerseligsten Gottesmutter zu erleben, hatte ich ihr eine Reliquie meines Ordensvaters, des hl. Antonius Maria Claret, geschenkt. Dankbar hatte sie dieselbe angenommen. Als die erste Schauung begann, trat Herr Pfarrer Naber ein und mit ihm einige Gäste, die wegen des Festes anwesend waren. Ich erinnere mich da an P. Kunz S. J., Dr. Mittendorfer, Herrn Ferdinand Neumann und etliche andere. Während der Zustände, die Pfarrer Naber ‚kindliche Eingenommenheit‘ zu nennen pflegte, hat er der Begnadeten auch die Reliquien zur Berührung gegeben. Die Reliquie, welche sie im natürlichen Zustande nicht bezeichnen konnte, benannte sie bestimmt: ‚Dös is von einem Mann, dem sie den Kopf abgeschlagen haben für den Heiland.‘ Die Berührung des Reliquiars unseres hl. Ordensvaters, des hl. Antonius Maria Claret, löste in Therese eine ganz außergewöhnlich freudige Begeisterung aus. Mit dem Finger über das Glas streichend, ruft sie voll Bewunderung: ‚O, oh der hat auch den Heiland immer bei sich gehabt!‘ und dann die Reliquienkapsel zwischen beiden Händen haltend und mit dem Ausdruck außergewöhnlichen freudigen Entzückens ruft sie aus: ‚Und die ist mein, und die ist mein, und die ist mein!‘ Ich bin bereit, eidlich zu erhärten, was ich als erlebt aufgezeichnet habe. Sogar Thereses Worte habe ich in den Wiederholungen getreu wiedergegeben. Mögen diese Zeilen der Resl, die ich gut gekannt habe, noch im Himmel eine Freude sein, und möge sie fürbittweise durch Wunder uns bald kund werden lassen, daß sie beim Heiland ist, den sie auf Erden so sehr geliebt hat.

P. Max M. Maron C.M.F.“

4 Herzenskunde (Kardiognosie)

Über dieses Gebiet intuitiven Erkennens des Seelenzustandes der Besucher bringen vornehmlich Kaplan Fahsel und Erzbischof Teodorowicz neben Erläuterungen eine ganze Reihe von Beispielen. Es sei nur weniges herausgegriffen.

Kaplan Fahsel schreibt (S. 53/54): „Neben der Unterscheidungsgabe geweihter Dinge und Personen besitzt sie ferner die Gabe der Unterscheidung der Geister, oder, wie es heißt, die Gabe der Herzenserkenntnis. Auch diese Gabe offenbart sich in außergewöhnlich starker Weise in ihrem Zustand der Eingenommenheit. Sie erkennt, ob der ihr Gegenwärtige im Stande der Gnade ist, ob er aufrichtig ist, und in welcher Beziehung sein Herz zum Heiland steht. Besonders feinfühlig ist sie für die beiden Sünden des Stolzes und der Lieblosigkeit. Diese Feinfühligkeit besitzt sie auch in ihrem natürlichen Leben. . .

Es kommt sogar vor, daß sie im natürlichen Zustand eine Schwäche des Körpers erleidet, wenn Menschen in ihrer Nähe sind, die sich in der seelischen Verfassung eines absoluten Stolzes oder eines nicht verzeihenden Hasses befinden. Sie versucht dann, die Distanz von diesen Personen zu vergrößern. Über solch auffallendes Benehmen einmal befragt, gab sie zur Antwort: ‚An die kann der Heiland net heran.‘ Mit der Zeit hat man deutlich erkannt, daß sie auf die Sünde des Stolzes und der Lieblosigkeit körperlich am stärksten reagiert. In der Regel wird sie dann ohnmächtig und bekommt ein fiebriges Gesicht. Hier zeigt sich die Übereinstimmung mit der christlichen Ethik, die diese beiden geistigen Sünden als die schwersten bezeichnet.“

Über einen Mann aus Lichterfelde, der in Konnersreuth konvertiert hatte und dann von Kaplan Fahsel, von Theres Neumann auf ihn aufmerksam gemacht, besucht wurde, berichtet Fahsel (S. 98): „Als er das erstemal das Beicht- und

Altarssakrament empfangen hatte, wurde er zu Resl gerufen, die sich gerade im Zustand der erhobenen Ruhe befand. Als er sich zu ihr hinbeugte, wurden ihm zu seinem größten Erstaunen zwei Sünden aus seinem früheren Leben gesagt. Er hatte gar nicht mehr an dieselben gedacht und nun hörte er sie ganz konkret geschildert. Als ihm im Augenblick der an sich unrichtige Gedanke kam, nicht vollständig gebeichtet zu haben, hieß es aus dem Munde der Therese: ‚Nun schau dich nicht um. Es ist dir alles vergeben. Aber du sollst wissen, daß man alles weiß.' "

Erzbischof Teodorowicz schreibt zum Charisma der Kardiognosie der Theres Neumann (S. 403ff.): „Therese hat fürwahr einen ganz auserlesenen, eigenartigen Empfindungssinn. Die durchdringenden Strahlen ihrer Seelenkunde erleuchten die geheimsten Seelenwege, die Wege der Gnade oder die Wege der Sünde, und diese Wege können von keinem irdischen Organ erspäht noch entdeckt werden. Alles, wie die Geschichte des vergangenen Lebens, die Enthüllung der Seelenbedrängnisse, dienen nur als äußerer, doch kostbarster Beleg zu dem, was den Mittelpunkt der Gabe der heiligen Weisheit ausmacht. Das Hellsehen Theresens enthüllt einerseits die Hindernisse, die dem inneren Seelenleben in Gestalt niedriger seelischer Anlagen entgegentreten, und die Sünde, durch die das Gnadenleben erlischt, anderseits durchstrahlt es die geheimen Wege des Gnadenlebens selbst. Diese Gabe wird durch die äußeren Zeugnisse in ihrer Wahrheit bestätigt."

Teodorowicz zitiert dann Beispiele aus Fahsel und fährt fort (S. 404): „Ich selbst wohnte folgendem Auftritte bei: Nur wenige Personen sind in Theresens Zimmer; Therese befindet sich im Zustande ekstatischer Visionen – es ist nämlich Freitag gegen 9 Uhr früh; plötzlich beginn Therese laut zu jammern. Auf die Frage des Pfarrers, was ihr sei, antwortete sie mit kläglicher Stimme: ‚Hier ist ein Abtrünniger gewesen, er hat den Heiland verraten.' Sollte das wahr sein, dachte ich mir, wer kann das erweisen? Und mein Begleiter, Bischof Lisowski, flüsterte mir mit scherzhaftem Lächeln ins Ohr: ‚Hier ist es nicht geheuer, man kann sehr leicht etwas abbekommen.' Im selben Augenblick tritt ein Geistlicher auf uns zu. Er bestätigt die Aussage Theresens, eben habe ein abgefallener Priester, mit dem er zusammen nach Konnersreuth gekommen sei, das Zimmer verlassen. Sogar der Unglaube, selbst wenn er die Maske des Glaubens annimmt, wird von Therese erkannt.“

5 *Erscheinen an anderen Orten (Bilokation)*

Als Theres Neumann nach Ostern 1929 in Eichstätt war, bat P. Ingbert Naab, damals Vikar des dortigen Kapuzinerklosters, sie um ihr Gebet für Exerzitien, zu denen er gerade in die Pfalz reise. Dort sah er in der Kirche dreiviertel Stunden lang, während er eine Ansprache hielt, die Resl in ihrem schwarzen Kleid und weißen Kopftuch hinten stehen. Resl war aber von Eichstätt nicht fortgegangen. Sie sagte dort nur zu ihrer Schwester Ottilie: „Heute fängt doch der P. Ingbert mit seinen Exerzitien an. Da wollen wir fest für ihn beten.“ P. Ingbert Naab war alles andere eher als ein leichtgläubiger Phantast. So darf man dieses Ereignis, das er den Freunden im Konnersreuther Kreise erzählte, für durchaus glaubwürdigt halten (vgl. auch die folgende Aufzeichnung).

8. Mai 1931 (Aufzeichnung Pfarrer Naber): „Ein mir gänzlich Unbekannter erzählte mir gestern, er sei Samstags infolge unerträglich scheinender moralischer und wirtschaftlicher Not darangewesen, sich selbst das Leben zu nehmen. Da plötzlich sei Theres Neumann vor ihm gewesen u. habe ihn gewarnt u. dadurch vor dem Selbstmord bewahrt. Theres erzählte im gewöhnl. Zustand, sie habe Samstags viel zu leiden gehabt, es sei ihr so verzweiflungsvoll zu Mute gewesen. Im erhobenen Ruhezustand hieß es, ihr Schutzengel habe ihre Gestalt annehmen u. jenen Mann warnen dürfen, weil er etliche Male für das, was der Heiland hier an ihr wirkt, entschieden eingetreten war.

Bei dieser Gelegenheit hieß es auch, daß es ebenfalls der Theres Schutzengel gewesen sei, den P. Ingbert O. Cap. in der Pfalz drüben bei einem seiner Vorträge in Gestalt der Theres gegenwärtig sah.“

6 *Schweben (Elevation)*

Über einen Fall dieses Phänomens, der vom Verfasser zunächst zuverlässig festzustellen war, ist bereits S. 53 berichtet; den zweiten dort erwähnten Fall (in St. Walburg, Eichstätt) hat, da die Äbtissin M. Benedikta von Spiegel bereits verstorben ist, Frau M. Walburga OSB, St. Mildreds Abbey, Kent, damals in Eichstätt, als Augenzeugin 1972 bestätigt (vgl. S. 54).

7 *Mystische Beziehungen zum Altarsakrament*

„Die Stigmatisation[16] wäre einseitig und unvollkommen in ihren Erscheinungen, wenn sich die ekstatischen Visionen nur auf die Vergangenheit bezögen, wenn die fünf stigmatischen Wundmale nur das Sinnbild des Leidens Christi wären. Erst dadurch, daß das äußerliche, innige Verhältnis zur hl. Kommunion sich hinzugesellt, erhält das Geheimnis des Erlösungswerkes in der Stigmatisation seinen vollen Ausdruck; Vergangenheit und Gegenwart fließen unzertrennlich ineinander: das allerheiligste Blut Christi, in den Wundmalen sinnbildlich dargestellt, findet sein Markzeichen in dem mystischen Leibe Christi, in der hl. Eucharistie. Das ‚Heute' des Leidens Christi wird ergänzt durch das ‚Heute' des eucharistischen Opfers, in welchem sein Opfertod immerfort erneuert und verwirklicht wird. Die Empfindsamkeit der Stigmatisierten für die hl. Eucharistie ist zwar nicht so offensichtlich und wirkt zwar nicht so stark auf die Einbildung, wie das Erleben des Leidens Christi, sie kommt jedoch in ihren außergewöhnlichen Erscheinungen nicht minder wuchtig und mächtig zum Durchbruch als die stigmatischen Kundtuungen, die erst wegen der innigen Anschmiegung der Seele an die hl. Eucharistie ihren vollsten Ausdruck und ihre vollste Bedeutung gewinnen. Denn das auf Golgatha vergossene Blut und das Mystische Blut im allerheiligsten Sakramente des Altares sind ein unzertrennlich einziges Liebeswerk, und zwar das vollkommenste."

Folgende außergewöhnliche Merkmale sind bei Theres Neumann, die sich damit auch in dieser Hinsicht in den Kreis der „Stigmatisiertenfamilie" einreiht, aufgetreten: Empfinden der Nähe der Eucharistie schon im gewöhnlichen Zustand.

Mystische Kommunionen mit Einverleibung der Spezies (konsekrierten Hostie) ohne Schlucken.

Kommunionen ohne Priester und Fernkommunionen.

Verbleiben der unaufgelösten Brotsgestalt in ihrem Körper bis kurz vor Empfang der nächsten hl. Kommunion.

Die sich anschließenden Beispiele stammen ohne Ausnahme von Augenzeugen oder aus den Tagebüchern von Pfarrer Naber. Sie bekräftigen in eindrucksvoller Weise die Betrachtungen, die als aufklärende Einleitung zu diesen Phänomenen aus dem Buche des Erzbischofs Teodorowicz entnommen sind.

Fühlen der Nähe der Eucharistie im gewöhnlichen Zustand

Pfarrer Naber erzählt: „Wenn wir miteinander in fremde Gegenden fuhren, konnte Resl bei jeder Kirche sagen, ob dies eine katholische sei, d. h. ob der eucharistische Heiland in der Kirche sei oder nicht. Am Anfang haben wir, und namentlich Professor Wutz, durch Aussteigen die Angaben nachgeprüft. Es hat sich nie ein Irrtum herausgestellt." – Der Verfasser dieses Buches hat folgendes erlebt: Ich fuhr mit Resl und meiner Frau zur Kappl (berühmte Dreifaltigkeits-Wallfahrtskirche nahe bei Konnersreuth). Wir wollten nachsehen, ob die Renovation des Hochaltares schon beendet sei. Es mag um die Zeit der Währungsreform gewesen sein, weil der Pfarrer von Münchenreuth, zu dessen Pfarrei die Kappl gehört, für die Handwerker Essen beibringen mußte, damit sie bei ihm arbeiteten. Als wir hineinkamen, sah ich kein Ewiges Licht und neigte deshalb nur das Haupt zum Gruß. Resl dagegen machte eine tiefe Kniebeuge und sagte alsbald: „Da ist fein das Allerheiligste herinnen." Ich sagte: „Resl, da ist ja kein Ewiges Licht da." Sie antwortete: „Aber der Heiland ist herinnen." Da machte ich auch, im Vertrauen auf ihre Worte, eine Kniebeuge. Nach einiger Zeit kam der Pfarrer von Münchenreuth und erzählte uns, nachdem der Tabernakel fertig sei, habe er heute früh das Allerheiligste wieder eingesetzt, allerdings hätte Öl für das Ewige Licht gefehlt, das er gerade mitbringe.

Den folgenden Fall hatte mir Pfarrer Naber vor Jahren erzählt. Da ich ihn jedoch nicht selbst erlebt habe und Pfarrer Naber sich heute wohl noch an die Tatsache selbst, aber nicht mehr an Einzelheiten erinnert, habe ich Therese Neu-

Die symbolstarke, von Therese gern besuchte Dreifaltigkeitswallfahrtskirche Kappel auf dem Glasberg bei Waldsassen (4 km von Konnersreuth)

manns Bruder Ferdinand, der Augenzeuge war, um einen Bericht gebeten.

,,Das Jahr kann ich auch nicht mehr genau angeben. Es dürfte etwa 1932 gewesen sein. Aber genau weiß ich, daß es ein Sonntag war. Ich bin bei meiner Schwester Marie in der Küche des Pfarrhofes gesessen, da kam die Resl mit Herrn Pfarrer herein; ich glaube, es war nach der Nachmittagsandacht. Resl wurde sofort sehr erregt und sagte: ‚Da ist ja der Heiland herinnen.' Pfarrer Naber lachte und sagte: ‚Resl, da täuscht Du Dich aber gewiß. Der Heiland ist bestimmt nicht im Pfarrhof.' Sie sagte: ‚Doch, ich spür es doch; er ist ganz in der Nähe hier.' Und sie ging dabei auf einen Stoß Briefe zu, die noch ungeöffnet dalagen. Sie hat eigentlich gar nicht lange herumgesucht, sondern ein blaues Geschäftskuvert herausgezogen und es Pfarrer Naber gegeben. Man machte es auf, und da lag in einem Stück weißen Papiers eine Hostie. Keine Zeile Text dazu, keine Absenderangabe. Nur die Anschrift: An Fräulein Theres Neumann, Konnersreuth. Poststempel Waldsassen.

Der Fall hat sich aber doch bald aufgeklärt. Denn nach ein paar Tagen kam ein Waldsassener Porzellanmaler, aus

Liebhaberei auch Gärtner, der manchmal im Pfarrgarten arbeitete. Er war ein großer Skrupulant, ein geborener Egerländer, der, ursprünglich protestantisch, schon mehrmals her und hin konvertiert hatte. Auf antippende Bemerkungen von ihm hin faßte man in Konnersreuth gegen ihn den Verdacht der Hostiensendung und nahm ihn ins Verhör. Er gestand, er habe nach der Kommunion die heilige Hostie aus dem Mund genommen und sie in Zweifeln, ob dies mehr als Brot sei, nach Konnersreuth geschickt. Er war außerordentlich betroffen, als er hörte, was sich zugetragen hatte. Das eigentliche Motiv, warum er einen solch sakrilegischen und in seiner Durchführung törichten Weg zur Behebung seiner Glaubenszweifel wählte, ist trotz mehrmaliger Aussprache mit ihm nie ganz klar geworden. Er ist inzwischen gestorben. - Der Vorfall ist auch in Waldsassen bekannt, denn der Täter hat ihn selbst erzählt. Er habe, so wurde mir ergänzend berichtet, seiner Aussage nach die konsekrierte Hostie nach dem Kommunionempfang in einem der engen Durchgänge zwischen den Seitennischen der Waldsassener Stiftskirche aus dem Mund in ein Tüchlein genommen. Er habe die Tat, namentlich in seinem späteren Leben, tief bereut und durch gute Werke und Stiftungen zu sühnen versucht.

Mystische Kommunionen

Wenn Theres Neumann vor der hl. Kommunion in visionäre Ekstase gekommen war und an Stelle des Priesters mit der Hostie den Heiland selbst in einer dem Ablauf des Kirchenjahres entsprechenden Gestalt (als Kind, Auferstandener usw.) auf sich zukommen sah, ging die hl. Hostie sofort beim Auflegen auf die Zunge ohne Schluckbewegung in sie ein. Diese Tatsache wird von Pfarrer Naber und vielen Priestern und auch Laien, die dabei anwesend sein durften, berichtet und bestätigt. Pfarrer Naber führt den Fall in seinen Tagebüchern mehrmals auf, Kaplan Fahsel berichtet in seinem Buch davon als eigenes Erlebnis, ebenso Erzbischof Kaspar, Prag. Gerlich schildert in seiner genauen Beobachtungsart den Vorgang wie folgt (Bd. I, S. 166/67): „Die Kommunion vollzog sich in folgender Weise: Als der Pfarrer mit dem Ziborium um die Ecke des Altars kam, geriet

Therese Neumann beim Anblick der Hostie in Ekstase und zeigte höchstes Verlangen, dem Heiland entgegenzugehen, woran sie ihr Stuhl durch seine vorn schließenden Armlehnen hinderte. Ihr Gesicht strahlt, ihre Augen leuchten, die Hände sind etwas ausgestreckt, die Füße sind in Bewegung. Der ganze Körper ist etwas gehoben, als ob sie aufstehen möchte. Der Pfarrer gab mir Anweisung, direkt vor ihr so niederzuknien, daß ich ihr genau in den Mund sehen könnte. Das geschah. Bei der Annäherung der Hostie öffnete sie weit den Mund und streckte etwas die Zunge heraus. Die Hände hielt sie vor die Brust. Der Pfarrer legte vorn auf ihre Zunge eine ganze Hostie und trat sofort von ihr zurück. Sie nahm die Zunge, auf der die Hostie sichtbar lag, ein wenig zurück, aber nur so weit, daß die Spitze noch die Unterlippe berührte und nur die Zähne des Unterkiefers verdeckte, so daß ich weiter die hintere Zungenpartie und den Gaumen sehen konnte. Plötzlich war die Hostie verschwunden. Der Mund blieb einige Zeit weit geöffnet, sie schloß ihn von dem ersten Öffnen an nicht, ebenso machte sie keine Schluckbewegungen von der ersten Öffnung des Mundes an. Die Hostie war in der Mundhöhle und am Gaumen, die ständig offen vor mir lagen, nicht zu sehen. Nach einiger Zeit innerster Konzentration begann sie lange ekstatisch zu sprechen. Schluckbewegungen waren auch in der ganzen Folgezeit nicht zu beobachten. Wasser wurde nicht verabreicht. Ich bemerke, daß der Pfarrer, nachdem er die Erklärung der Therese Neumann im ekstatischen Zustande vernommen hatte, ich solle Zeuge ihres Kommunizierens sein, um das neue Geschehen zu sehen, mich noch am Freitag abend von diesem unterrichtet hatte. Ich war mir also bei dem Geschehen am Samstag vormittag wohl bewußt, daß und worauf ich genau zu achten hatte. Der Platz in der Kirche selbst ist hell."

Professor Wutz erzählte mir, er habe die Gewohnheit, die hl. Hostie auf der Zunge der Kommunizierenden etwas anzudrücken, damit sie sicher kleben bleibe und nicht herausfalle. Da sei es ihm bei der mystischen Kommunion der Therese schon vorgekommen, daß die Hostie unter seinen Fingern verschwunden und der Finger feucht geworden sei.

Schließlich durfte ich auch selbst Zeuge dieses Vorganges

sein. Pfarrer Naber bedeutete mir sogar, da ich kniete, aufzustehen und genau zu beobachten. Das tat ich. So kann auch ich bezeugen, daß die hl. Hostie, die ich zuvor auf die Zunge hatte legen sehen, ohne Schluckbewegung aus dem offengebliebenen Mund sofort nach der Zurückziehung der Hand des Priesters verschwunden war. Nur bei der Berührung mit der Hostie hatte der Unterkiefer eine geringe Reflexbewegung gemacht, die aber so unmittelbar während der Auflegung unmöglich eine Schluckbewegung sein konnte (und sich auch nicht auf die unter dem Kinn befindlichen Muskelpartien übertrug); denn man braucht ja erfahrungsgemäß einige Zeit zur Anfeuchtung der Hostie, ehe man sie schlucken kann.

Kommunionen ohne Priester und Fernkommunionen

Zur Zeit der Erstkommunion der Theres Neumann war der Erlaß des heiligen Papstes Pius X., der die tägliche heilige Kommunion zuließ und nahelegte, weithin noch nicht durchgeführt. Insbesondere die Kinder durften nur bei der regelmäßigen vierteljährlichen Schulkommunion kommunizieren. Man empfahl jedoch den Kindern im Religionsunterricht und den Erwachsenen von der Kanzel aus die geistige Kommunion. Theres pflegte diese Übung mit großer Inbrunst. Sie ging, sobald sie Zeit fand, in die Kirche, kniete sich an die Kommunionbank und bat den Heiland im Tabernakel eindringlich, geistigerweise in ihr Herz zu kommen. Dabei geschah es einige Male, daß die geistige Kommunion zu einer sakramentalen wurde. Therese erklärte hiezu, aber erst bei der auf bischöfliche Anordnung vorgenommenen kirchlichen Vernehmung 1953, unter Eid: „Bei solchen Besuchen kam es, als ich an der Kommunionbank kniete, zwei- bis dreimal, vielleicht sogar öfter, vor, daß die heilige Hostie aus dem Tabernakel auf mich zuschwebte . . . und ich die heilige Gestalt unter Schlucken genoß." Therese hatte also schon in ihrer Kindheit ihrer eigenen eidlichen Aussage gemäß nicht nur bei der Erstkommunion, sondern auch in der Folgezeit mystische Erlebnisse. Sie hat darüber jahrzehntelang geschwiegen und hätte wohl auch nie davon gesprochen, wenn nicht eine geistliche Kommission sie über ihr Innenleben vernommen hätte.

Osterzeit 1929. Theres ist in Eichstätt. Am 29./30. April schweres geistiges Leiden, das ihr auch körperlich so sehr zusetzt, daß man um ihr Leben fürchtet. Man hatte in der Hauskapelle ihres Gesundheitszustandes wegen eine konsekrierte Hostie aufbewahrt. Plötzlich kommt Therese in Ekstase und macht die Gesten wie bei einem Kommunionempfang. Dann tritt der erhobene Ruhezustand ein. Es kommen nach einiger Zeit die Worte: ,,Die Resl hat den Heiland empfangen.'' Als daraufhin Professor Wutz den Tabernakel öffnete, war keine Hostie mehr vorhanden. (Mitteilung Prof. Wutz, bestätigt durch Bruder Ferdinand Neumann.)

Kaplan Fahsel berichtet folgenden Fall (S. 90/91): ,,Erst kürzlich war ich unmittelbarer Zeuge desselben Phänomens: Am Freitag, dem 26. Juni 1931 kam Therese um 1/2 11 Uhr ins Pfarrhaus. Sie sah auffallend elend aus und fühlte sich sichtlich schwach. Wir erfuhren, daß sie kurz zuvor für einen Sterbenden gelitten hatte. Sie bat den Pfarrer, ihr die hl. Kommunion zu spenden, die sie am Tage zuvor zuletzt empfangen hatte. Ich ging mit hinüber in die Sakristei. Therese hatte den Sakristeischlüssel an sich genommen, vermochte aber vor Schwäche nicht mehr die Tür aufzuschließen. Wir schlossen dann hinter uns ab, und Therese begab sich, sichtlich wankend, zu ihrem Stuhl hinter dem Altar. Der Pfarrer fragte mich liebenswürdigerweise, ob ich ihr wieder das hl. Sakrament reichen wolle. Ich bejahte, und wir gingen beide gleich darauf vor den Altar. Während der Pfarrer an den Stufen das übliche ,Confiteor' betete, entnahm ich das Ciborium dem Tabernakel. Nach den beiden ersten Gebeten ging ich links um den Altar zum Stuhl der Therese, während der Pfarrer zu gleicher Zeit rechts herumging. Als ich ungefähr einen Meter vor ihr stand und die hl. Hostie erhob, um die letzten Gebete zu sprechen, gewahrte ich zu meinem Erstaunen, daß sie sich mir nicht zuwandte, sondern ruhig im Stuhl saß mit der Richtung auf die Hinterwand des Tabernakels. Ihre Arme lagen kreuzweise auf der Brust. Mund und Augen waren geschlossen. Es war dieselbe Stellung, die sie jedesmal nach Empfang der Kommunion in erhobenem Zustand der Ruhe einzunehmen pflegt. Als ich erstaunt zum Pfarrer hinblickte, sah ich gerade noch, wie dieser stutzte und dann zu mir hin mit beiden Armen eine abwehrende Bewegung machte. Ich verstand nicht gleich, daß ich umkehren sollte, sondern kam auf den Gedanken: Vielleicht ist sie nicht in Ekstase gekommen, und ich müßte ihr nun ein winziges Stück von der hl. Hostie abbrechen. Denn im natürlichen Zustande konnte sie damals nicht die ganze hl. Hostie schlucken. In diesem Augenblick kam Bewegung in ihre Gestalt. Sie drehte sich mit geschlossenen Augen zu mir hin, hob etwas den Kopf und öffnete den Mund. Da sah ich auf ihrer Zunge hell und weiß eine Hostie liegen. Nun begriff ich, sie hatte bereits das Sakrament empfangen. Ich ließ die hl. Hostie, die ich in meinen Fingern hielt, in den Kelch zurückfallen und kehrte zum Altar zurück. Der Pfarrer ging mit mir.''

Pfarrer Naber hat mir diesen Vorfall 1963 mit denselben Tatsachen, wenn auch mit anderen Worten erzählt und damit bestätigt.

30. Januar 1931 (Tagebuch Pfarrer Naber): ,,Theres hat die vergangene Nacht hindurch bis 1/2 6 Uhr früh Briefe gelesen. Dazwischenhinein hatte sie der Heiland durch den erhobenen Ruhezustand gestärkt. Mittags 11 Uhr herum kam sie in den Pfarrhof, um mich zu bitten, ihr die hl. Kommunion zu reichen. Ich hatte noch 2 geistliche Herren zu verabschieden. Deshalb ging Theres vor mir zur Kirche. Als ich hinkam, fand ich sie im erhobenen Ruhezustand. Ich fragte, ob etwa der H. Benefiziat inzwischen die hl. Kommunion gereicht habe, und erhielt zur Antwort: Nein, sondern, da Theres mit einer solchen Sehnsucht nach dem Heiland verlangte, daß sie dem Ohnmächtigwerden nahestand (die Herzwunde habe sich geöffnet, hieß es, u. das Blut fließe bis zum Knie hinab), so sei der Heiland wunderbarer Weise zu ihr gekommen: eine hl. Hostie sei vom Tabernakel her durch den Altar (Theres saß auf ihrem Stuhl hinter dem Altar) ihr zugeschwebt, in die Nähe gekommen verschwunden u. das verklärte Jesuskind in der Größe des Alters von annähernd 40 Tagen vor ihr erschienen u. in sie eingegangen. Dies alles erzählte Theres nachher im gewöhnlichen Zustande genau so u. bemerkte noch, daß die hl. Hostie am Rande von einem lichten Schein umgeben gewesen sei.''

Der Bruder Ferdinand berichtet noch folgenden Fall: ,,In der Zeit, da ich als Gymnasiast bei Professor Wutz wohnte, ministrierte ich ihm bei der hl. Messe in der Hauskapelle und versah auch die Dienste des Sakristans. So richtete ich eines Tages wie gewöhnlich neben der großen Hostie für den Priester drei kleine für meine Schwester Ottilie, für meinen Bruder Hans und für mich her. Während der hl. Messe, die etwas verspätet begonnen hatte, mußte Hans vor der Kommunion zur Schule weg. Als der Professor die hl. Kommunion austeilte, waren nur noch zwei kleine Hostien vorhanden. Er und ich suchten, in der Meinung, die dritte müsse herabgefallen sein, aber es war vergeblich. Nach der hl. Messe sprachen wir darüber. Ich beteuerte, drei Hostien hergerichtet zu haben und der Professor sagte, er habe bei der Wandlung auch auf die kleinen Hostien geschaut und bestimmt drei gesehen. Wir suchten also nochmals gründlich, aber ergebnislos, und waren deshalb recht beunruhigt. Nach einiger Zeit rief Resl aus Konnersreuth an, es seien heute der Herr Pfarrer und der Herr Benefiziat am Morgen nicht dagewesen; sie aber habe große Sehnsucht nach dem Heiland gehabt und habe deshalb der hl. Messe in Eichstätt beiwohnen dürfen. Dabei sei auch in sie unmittelbar nach dem ‚Domine non sum dignus' eine heilige Hostie eingegangen. Zu unserer Versicherung, daß sie visionär anwesend gewesen war, hat sie uns den Altarschmuck genau geschildert. Wir waren auf's höchste überrascht, aber auch wieder unserer Sorgen enthoben."

Fälle von Kommunion-Empfang ohne Priester bei anderen Stigmatisierten berichten u.a. Görres[17] von der hl. Katharina von Siena, und B. Ludwig[18] von der hl. Gemma Galgani.

Verbleiben der unaufgelösten Brotgestalt im Körper
Drei Fälle als Nachweis. Ausnahme im Advent

Theres Neumann hatte das lebendige Empfinden, daß das eucharistische Brot unaufgelöst in ihr gegenwärtig sei und sie dadurch körperlich am Leben erhalte. Sobald sich die Brotsgestalt in ihr auflöste, empfand sie Schmerz und fühlte sich immer schwächer werden, wobei sich die Sehnsucht nach rascher Wiedervereinigung mit dem Heiland in gleichem Maße steigerte, bis sie sogar in Klagen ausbrach: „Heiland, warum hast Du mich verlassen? Komm doch wieder, komm." Aus den Beispielen über Kommunion ohne

Priester war zu erkennen, bis zu welchem Grade sich das Verlangen entwickeln konnte. Ob das Bewußtsein der sakramentalen Gegenwart und ihrer Beendigung der Wirklichkeit entsprach? Wir sind nicht ohne Bestätigungen geblieben.

26. Juli 1930. Darstellung von Benefiziat Liborius Härtl. Von Pfarrer Naber bestätigt (vgl. auch den nächsten Bericht). Am Freitag, dem 25. Juli, war im erhobenen Ruhezustand zu Benefiziat Härtl, dem damals zweiten Priester von Konnersreuth, folgendes gesagt worden: ,,Morgen wird's einen kleinen Schrecken geben, es braucht aber nichts verbrannt zu werden.'' Auf die Frage, ob Pfarrer Naber oder er dabei sein würden, kommt die Antwort: ,,Ihr werdet geholt werden.'' Am Samstag Nachmittag wurde der Theres übel, und sie brach Blut und Schleim. Ermattet begab sie sich zu Bett. Als sie bald darauf wieder brechen mußte, fühlte sie zu ihrem großen Schrecken, daß die hl. Hostie, die sie in der Frühe empfangen hatte, heraufkam. Sie bemühte sich aufs heftigste, sie wieder zu schlucken. Es gelang ihr nicht. Sie mußte die hl. Hostie in ihr Taschentuch erbrechen. Sofort schickte sie ihre Schwester Zenzl zum Pfarrer. Dieser ließ auch den Benefiziaten holen. Beide sahen die unversehrte, nur an einer Stelle etwas vom Blut gerötete Hostie. Theres lag, am ganzen Körper zitternd und das Taschentuch vor sich hinhaltend, im Bett. Weinend klagte sie, daß der Heiland sie verlassen habe, warum das wohl geschehen sei. Daß das Taschentuch ganz frisch war, war ihr ein kleiner Trost. Pfarrer und Benefiziat berieten miteinander. Nachdem der Schrecken vorausgesagt und angefügt worden sei, es brauche nichts verbrannt zu werden, müsse man wohl probieren, ob die Theres die Hostie nicht wieder schlucken könne. Da kam sie in Vision, schaute hinauf und hinunter, wie wenn sie den Heiland in menschlicher Größe vor sich sähe, und öffnete den Mund, als ob sie kommunizieren möchte. Der Pfarrer hob das Taschentuch empor, gegen den Mund hin. Plötzlich war die Hostie ohne Schluckbewegung verschwunden. Im anschließenden erhobenen Ruhezustand sagte sie: ,,Der Heiland ist jetzt wieder in der Resl. Das war ein Sühneleiden für ein krankes Mädchen. Dieses hatte öfter nach der Kommunion die Hostie aus dem Mund genommen und in ihr Taschentuch gelegt, sie nachher Offizieren gezeigt und mit ihnen darüber gespottet.'' Als sie wie-

der zum Normalzustand erwachte, war sie voller Freude, daß sie den Heiland wieder in sich fühle, und forderte alle auf, dem Heiland zu danken für seine Güte.

1. Juni 1932. Aufzeichnung Pfarrer Naber: ,,Schon seit einiger Zeit hat Theres für einen sterbenskranken holländischen Priester gelitten. Erst nach Beginn des Leidens wurde er ihr telegraphisch empfohlen. Besonders gestern hatte sie schwer an Magen und Brust zu leiden und war ihr auch seelisch recht hart. Vorgestern früh schon hatte es nach der hl. Kommunion im erhob. Ruhezustand geheißen, ich solle am nächsten Tag abends ja zu Hause sein, die Theres werde ganz bestürzt kommen mit bitterer Klage. Nicht lange nach Beginn der Maiandacht kam nun gestern abends ein Ministrant zu meinem Stuhl, ich möchte zu Theres Neumann kommen. Ich fand sie in größter Angst in der Sakristei, wo sie mir gleich erzählte: ,Ach, Herr Pfarrer, was mir Schreckliches passiert ist! Eben vorhin, da ich mich anschickte, zur Maiandacht zu gehen, wurde mir sehr unwohl u. ich mußte Galle brechen. Zuletzt kam auch die hl. Hostie aus dem Magen, ich konnte sie nicht zurückhalten u. hielt deshalb die linke Hand vor den Mund. Die Galle sickerte durch die Finger, die hl. Hostie aber blieb an den Fingern kleben. (Resl hatte tatsächlich eine ganze, feuchte Hostie an den Fingern.) Ich jammerte: Ach Heiland, ach Heiland, was fange ich denn an mit Dir? Da sagte etwas ganz deutlich: Der ist es doch gar nicht; ist ja bloß Brot; siehst es doch, wirf es weg! Erst mußte ich des Schreckens wegen etwas sitzen, dann hab ich geläutet u. weil niemand kam, bin ich in den Hof gegangen u. hab dort meinen Bruder August getroffen. Der wurde ganz bleich, als ich ihm erzählte, was vorgefallen, u.begleitete mich bis fast zum Pfarrhof. Dort aber ist auf mein Läuten hin nicht geöffnet worden u. so bin ich hieher zur Sakristei gegangen. Ach, was hab ich denn dem Heiland angetan, daß er aus mir fort ist! Ich bin verloren. Wenn der Bischof erfährt, wie ich den Heiland da herumtrage, schließt er mich aus der Kirche aus.' Da es in der Sakristei nicht zum Bleiben war u. ich nach dem Vorgang vom 26. Juli 1930 damit rechnete, der Heiland selber werde wieder eingreifen, sagte ich Theres, sie möchte mit in den Pfarrhof kommen. Den Blick auf die hl. Hostie in der hohlen linken Hand gerichtet, ging

sie nun an meiner Seite dem Pfarrhof zu. Da, vor der ersten Stufe, rief sie: ‚Herr Pfarrer, der Heiland ist fort, er ist wieder in mir.‘ Tatsächlich war die hl. Hostie verschwunden von ihrer Hand. Theres ging dann mit mir in den Pfarrhof, wusch die Hand und verlangte, daß das Wasser, in dem sie die Hand gewaschen, in's Sakrarium geschüttet werde. Auf ihr Bitten hin - sie hatte noch immer große Angst ob allfallsiger Verunehrung der hl. Hostie - ging ich dann nochmal vor den Pfarrhof, nachzusehen, ob nichts von der hl. Hostie zu Boden gefallen sei.

Diese ehrfurchtsvolle Angst um den sakramentalen Heiland hatte Theres für den eingangs erwähnten Priester zu leiden zur Sühne der schlampigen Behandlung des Allerheiligsten durch denselben."

Karsamstag, 4. April 1942. Bericht Hochschulprofessor Dr. Franz X. Mayr: „Am Karsamstag machten Pfarrer Naber, Dompfarrer Kraus aus Eichstätt und ich abends etwa um 8 Uhr Besuch bei Therese. Wir fanden sie im Bett sitzend und über Brechreiz klagend. Von Zeit zu Zeit stellte sich Würgen ein und sie erbrach ein wenig schaumigen Schleim, sowie nach ihrer Angabe auch etwas Galle auf ein Tüchlein, das sie in der Hand hielt. Während wir mit ihr plauderten und sie beobachteten, kam sie plötzlich in Schauung. Sie sah Joseph von Arimathäa gefangen in einem Turmverlies und seine Befreiung durch einen Engel. Als die Vision und der auf diese folgende Zustand der kindlichen Eingenommenheit bereits vorüber war, stellte sich wieder der Brechreiz ein, der während der Ekstase ausgesetzt hatte. Plötzlich, als das Würgen besonders heftig war, stieß sie einen Ruf des Schreckens aus und hielt die Hände mit dem Tüchlein vor den Mund, der halb geöffnet war. So gut es eben ging, ohne den Mund zu schließen, lallte sie dabei in klagendem Ton die Worte: ‚Der Heiland, der Heiland.‘ Dann streckte sie die Zunge etwas vor, um uns zu zeigen, was geschehen war. Auf der Zunge lag ein rein weißer Körper von der Form und Größe einer kleinen Hostie, doch gequollen und schmiegsam. Es konnte kein Zweifel sein: Es war dies die hl. Hostie, die Therese am Gründonnerstag morgens bei der hl. Kommunion empfangen hatte. Sie war also drei Tage und zwei Nächte lang unversehrt geblieben und war jetzt infolge des Brechreizes nach oben in den Mund gestiegen. Therese war nun völlig ratlos, wie sie diesem für sie so schmerzlichen Zustand abhelfen könne. Merkwürdigerweise unternahm sie nicht den geringsten Versuch zu schlucken, dagegen machte sie Bewegungen, als ob sie mit den Fingern nach der hl. Hostie greifen wolle, so daß Pfarrer Naber zur Vorsicht ihre Hände ergriff und festhielt. Dann mahnte er sie zur Ruhe und forderte sie auf, den Heiland zu bitten, daß er wieder in sie eingehen möge. Therese kam sofort dieser Aufforderung nach und begann mit rührender Gebärde nach Art der Kinder mit aufgehobenen Händen zu bitten. Plötzlich wurde sie ruhig, der Mund schloß sich, freilich nur für kurze Zeit, die Hände legten sich kreuzweise auf die Brust und das Gesicht nahm einen selig-friedlichen Ausdruck an, wie es immer beim erhobenen Ruhezustand der Fall ist. Als sie den Mund wieder öffnete, konnte man deutlich sehen, daß die hl. Hostie verschwunden war. Von einer Schluckbewegung hatten wir nicht das geringste bemerken können. Die hl. Hostie war also wieder auf dieselbe Weise wie immer bei der ekstatischen Kommunion in den Körper zurückgekehrt. Der erhobene Ruhezustand dauerte einige Zeit. Während desselben wurde dem Herrn Pfarrer mitgeteilt, daß nun ein so heftiger Brechreiz nicht mehr erfolgen werde, was auch tatsächlich der Fall war. Bei dem Würgen scheint es sich um ein Sühneleiden gehandelt zu haben.

Die auf der Zunge liegende hl. Hostie konnten wir ganz genau beobachten. Während des Vorganges war Bruder Ferdinand ins Zimmer gekommen und auch er konnte die gleiche Beobachtung machen wie wir.

(Dieser Bericht wurde von mir noch während der Osterferien 1942 angefertigt, Herrn Pfarrer Naber vorgelesen und von diesem als inhaltlich völlig zutreffend begutachtet.)“

Frühere Auflösung der Brotgestalt in der Adventszeit

Tagebuch Pfarrer Naber: „25. Dez. 1930. Zumal gegen Ende des Advents hatte Theres seelisch viel zu leiden. Es war ihr, als liebe sie der Heiland nicht mehr, als sei sie verloren, während doch ihr Herz von Liebe zu ihm glühte u. sie ihn selbst in der Hölle lieben wollte, nur ein klein wenig möchte er sich ihr immer wieder zeigen. Die sakramentale Gegenwart des Heilands endete wohl an den meisten Tagen vor der gewohnten Zeit und ließ öde und tote Leere in ihrem Herzen zurück; sie sah schließlich den Heiland vor der hl. Kommunion nicht mehr und kam nachher nicht mehr in den erhobenen Ruhezustand, spürte zuletzt auch den Segen des Priesters nimmer."

Den ersten der eben beschriebenen drei Fälle hatte 1930 Benefiziat Härtl auch Kaplan Fahsel geschildert, und dieser hat ihn in seinem 1931 erschienenen Buch (S. 98) veröffentlicht. Wir wollen einmal an diesem Falle aufzeigen, wie leicht sich Gegner von Konnersreuth die Erklärung solcher Phänomene machten. Der katholische Chefarzt Dr. Deutsch, Lippstadt, schreibt in seiner im Eigenverlag 1938 herausgegebenen Broschüre „Ärztliche Kritik an Konnersreuth! Wunder oder Hysterie?" S. 86 nach vorangegangenem beißendem Spott („Das Theater wird durch Orakel angekündigt" etc.) „. . . Wie läßt sich das Beobachtete natürlich erklären? Sehr einfach: Therese Neumann besorgt die Sakristei (als ob es in Konnersreuth keinen Mesner gäbe! DV) und ist leicht in der Lage, sich unkonsekrierte Hostien zu verschaffen. Sie legt sich ins Bett, befeuchtet eine Hostie ein wenig, bringt etwas Blut von dem Zahnfleisch daran, legt sie auf das Taschentuch, und dann beginnt das Theater mit Gejammer, worauf die Angehörigen herbeieilen usw. Daß diese Theateraufführungen mit der heiligen Kommunion von Gott gewollte und gewirkte Dinge seien, scheint ausgeschlossen. . ."

Wenn ein Arzt in einer wissenschaftlichen Antwort auf solche Weise versucht, ohne jegliche Autopsie (persönliche Inaugenscheinnahme; Dr. Deutsch war nie in Konnersreuth) Erklärungen zu finden und zu erfinden und Dutzenden von ernsthaften Leuten, die an Ort und Stelle wirken oder forschen, zutraut, sie würden auf solch plumpe Betrügereien hereinfallen, ja sie womöglich unterstützen oder decken, so gibt er kund, die Urteilsfähigkeit und Zuverlässigkeit anderer für nichts zu erachten, verwirkt aber gleichzeitig mit dieser überheblichen Fehleinschätzung der Grundlagen aller menschlichen Beziehungen und aller historischen Forschung das Recht, von den anderen in den Schlußfolgerungen ernst genommen zu werden. Und allen weiteren Autoren, die auf solchen Quellen fußen, muß das gleiche Schicksal widerfahren.

Pfarrer Naber hat bezüglich Dr. Deutsch folgende Aussage eines Besuchers schriftlich festgehalten (20. Mai 1950): „Ich traf, als ich aus dem Konzentrationslager zurückkam, eine Vinzentinerin, die im Dreifaltigkeitskrankenhaus in Lippstadt mit Dr. Deutsch zusammengearbeitet hat. Sie sagte mir: ‚Kurz vor seinem Tode hat Dr. Deutsch erklärt: Das einzige, wovon ich fürchte, vor Gott verantworten zu müssen, das ist mein Kampf gegen Konnersreuth. Wenn ich es noch einmal zu tun hätte, würde ich nicht gegen Konnersreuth schreiben.'" Im weiteren folgt eine Aussage des Besuchers über ein Familienmitglied des Dr. Deutsch.

(handschriftliche Unterschrift des Besuchers)

Der um seiner Überzeugung willen 1934 im Konzentrationslager Dachau grausam ermordete, durch Konnersreuth zum katholischen Glauben konvertierte Dr. Gerlich wird 1938, da er sich nicht mehr wehren kann, von dem katholischen Arzt Dr. Deutsch in der gleichen Schrift ebenso unsachlich angegriffen wie der Erzbischof Teodorowicz. Dr. med. Peter Radlo hat mit seinem Buch „Trug oder Wahrheit" Methode und Inhalt des Werkes von Dr. Deutsch gebührend zurückgewiesen. Zu unserem speziellen Fall vom 26. Juli 1930 schreibt er (S. 294): „Weiter spottet Dr. Deutsch über den bei Fahsel beschriebenen Vorgang mit der erbrochenen Hostie – wie gewöhnlich aber weiht er den Leser nur in einen gewissen Teil des Geschehens ein –; den Kern desselben möchte er doch lieber verheimlichen. Aber eben das, was er verschwiegen hat, gibt uns den Schlüssel zur Erkenntnis des eigentlichen Sinnes der Geschichte und zwingt uns, die Lösung derselben anderswo zu suchen.

Und was hat der Kritiker eigentlich verschwiegen? Eben, daß es sich um ein Sühneleiden handelt für eine Person, die der Therese Neumann gar nicht bekannt war. . ."

Sühneleiden waren auch die beiden späteren, hier berichteten Fälle erbrochener Kommunionen, aber sie waren unter die mystischen Beziehungen zum Altarsakrament einzureihen, weil sie das Unaufgelöstsein der Brotsgestalt nach vielen Stunden, z. T. wie im dritten Fall nach Tagen, erwiesen.

8 Mystische Beziehungen zum Schutzengel

Der Schutzengel-Glaube ist in unserer Zeit für viele, namentlich für die Christen außerhalb der katholischen Welt, zu einem frommen Märchen geworden. Auch glaubenstreue Katholiken suchen der Erörterung dieses Glaubensthemas auszuweichen, obwohl sie in jedem Credo das Vorhandensein der unsichtbaren Welt und Gott als deren Schöpfer bekennen. Die Technisierung unseres Zeitalters, die materialistische oder mindestens rationalistische Überlagerung des gläubigen Weltbildes führen weg vom Gedanken an die Schutzgeister, zu denen der innerlichere Mensch stärkeren Kontakt hatte als der heutige. Die Unzahl der Engel- und Engleinfiguren in der Barockzeit hat vielleicht eine gewisse Übersättigung eingeleitet, die Verkitschung und Versüßlichung der Schutzengeldarstellungen im 19. und in den ersten Jahrzehnten des 20. Jahrhunderts haben als Reaktion eine Abwendung von solchen Bildern und Vorstellungen entstehen lassen.

In Konnersreuth werden wir nun plötzlich wieder zum Engelbild, und zwar zu einem kraftvollen, flügellosen Engelbild hingeführt, zu strahlenden Lichtgestalten, die mitten unter uns invisibiliter (unsichtbar) leben und wirken. Der Michaelsgedanke der Unantastbarkeit göttlicher Macht, der Gabrielsgedanke kraftvoller Ankündigung des göttlichen Wortes wird ergänzt durch den Raphaelsgedanken liebevoller Begleitung durch Leben und Tod.

Über die besonderen Beziehungen zwischen Theres Neumann und ihrem eigenen Schutzengel wurde schon im ersten Teil dieses Buches andeutend berichtet (vgl. S. 55); es war auch bei den Bilokationen davon die Rede. Die nun folgenden Aufzeichnungen aus dem Tagebuch Pfarrer Nabers werden das Gesagte dokumentarisch unterbauen und das Bild ergänzen und runden.

„24. Mai 1931 (Pfingstsonntag). Theres war während des Hauptgottesdienstes hinten im Schiff der Kirche unter den Leuten. Dies bekam ihr nicht gut und sie fühlte sich nach der ersten Vision sehr übel; das Herz wollte nicht mehr funktionieren. Wir waren alle gegangen, sie auf dem Kanapee liegend zurücklassend. Gleich darauf läutet es von ihrem Zimmer aus nach unten. Der Vater geht hinauf und findet Theres im Bette liegen wie bei Nacht, ausgezogen und dagegen protestierend, daß man sie zu Bett gebracht habe. Vor dem Kanapee auf der gegenüberliegenden Seite des Zimmers liegt ihr Obergewand mit dem Schurz darüber und dem Unterrock darunter und der Uhrschnur mit der Uhr um den Hals, alles noch in der Lage und vollständig geschlossen, wie es Theres an ihrem Leibe getragen hatte. Theres erzählte hernach, es sei ihr erst vorgekommen, als ob sie Jemand vorn an beiden Schultern berühre und daraufhin das Gewand hinabfalle; hierauf habe sie nochmal eine gleiche Berührung verspürt und dann sich ausgezogen im Bett liegen gefühlt, was nicht nach ihrem Wunsch gewesen sei. Im erhobenen Ruhezustand wurde gesagt, das alles habe der hl. Schutzengel gemacht, damit Theres keinen Schaden nehme.

Schon bisher ist es manchmal vorgekommen, daß Theres in schwerem Leidenszustande aus dem Bette fiel und hilflos liegen bleiben mußte, schließlich aber dann doch wieder, ohne daß Jemand dazu gekommen war oder sie sich selbst hätte aufhelfen können, wieder im Bette lag. Als Theres 1927 einige Zeit im Pfarrhof war, drängte sie der Teufel bei Nacht einmal zum Fortgehen. Sie kam einen Teil der Stiege hinab, blieb aber dort aus Schwäche liegen. Niemand kam dazu, sie selber konnte sich auch nicht erheben, fand sich aber doch plötzlich wieder in ihrem Bette. In solchen Fällen, hieß es in der Ekstase, greife der hl. Schutzengel ein.

Dieser hat auch schon des Öfteren – ihm wurde es in der Ekstase zugeschrieben – zu ihr gesprochen, aber nur für sie hörbar, und zwar immer von der rechten Seite her, sowohl während des gewöhnlichen Zustandes als auch während des Zustandes der Eingenommenheit. Es waren Weisungen für sie oder für andere. Im eingenom. Zustand versteht Theres hochdeutsch nicht und gibt deßhalb die Worte des Engels nur mechanisch wieder wie fremdsprachige Worte; sie greift nach der Richtung, aus der die Worte kommen u. beklagt sich in der kindl. Art des eingenom. Zustandes, daß er sich nicht packen lasse, daß er so ‚olbern' (sonderbar) rede, er könnte doch auch so reden, daß man ihn verstehe (sie weiß in diesem Zustande nicht, daß es der hl. Schutzengel ist). (Übrigens hat sie im Zustand der Eingenommenheit das Gefühl, daß rechts neben Jedem ein ‚lichter Mann' sei; ich, der Pfarrer, sagte sie einmal, habe – offenbar weil Priester – einen mächtigeren als sie zur Seite.) Anfänglich, bis ich in der Ekstase aufgeklärt wurde, meinte ich, es sei die kl. hl. Theresia, die zu ihr spreche. Deren Bild hing früher rechts neben ihrem Bette. So schaute Theres die Heilung der blutflüssigen Frau u. die Auferweckung des Töchterleins des Jairus. So weit war H. Benefiz. Härtl und mir das Geschaute aus dem Evangelium auch bekannt. Dann schaute Theres aber gleich auch noch die Heilung zweier Blinder und eine Teufelsaustreibung. Während Theres hernach im Zustand der Eingenom. dalag, sprachen wir darüber, ob das wohl auch in der hl. Schrift stehe. Keiner wußte Bescheid. Auf einmal fängt Theres zu reden an: ‚Da hat einer gesagt: er lese nach bei Matthäus 9.‘ Ich ließ nun die hl. Schrift aus dem Pfarrhof holen und schlug Matth. 9 auf. Und sie, da stand's.

Ein ander Mal, Herbst 1929. Ich war bei den Exercitien in Cham gewesen. Als ich heimkam, erzählte mir H. Benef. Härtl in Gegenwart der Resl, die im eingenom. Zustand (es war Freitag) sich befand, etwas lasse ihm heute gar keine Ruhe. Er habe vormittag der Resl, die die Leidensekstase hatte, einmal die Fliegen, die sie belästigten, abgewehrt und dabei eine kreuzförmige Bewegung gemacht. Dabei habe die Resl gerufen: ‚Etwas vom Heiland‘, wie sie gerne sagt, wenn man ihr während des eingen. Zustandes den priesterlichen Segen gibt. Darüber sei erbetroffen, denn er habe damals gar nicht die Absicht gehabt, der Resl den Segen zu geben. Da, auf einmal fängt Resl zu reden an: ‚Hat Jemand gesagt: Sein Zweifel wird behoben sein, wenn er weiß, daß der an der Türe stehende Kooperator den Segen gab.‘ An der Türe war tatsächlich ein Kaplan von Marktredwitz gestanden.

An einem Charfreitag war ich bei Resl gewesen u. dann nach unten gegangen. Kaum im unteren Zimmer angekommen, wird die dortige Glocke von Resl's Zimmer her geläutet. Da sonst Niemand zu sehen ist, geh ich nochmal in Resl's Zimmer und werde dort mit den Worten empfangen: ‚Hat grad Einer gsagt: Er soll seinen Mantel anziehen, daß er sich nicht verkältet.‘ Ich hatte tatsächlich auf meinen Mantel auf dem Kanapee ganz vergessen. (Im Zustand der Eingenommenheit – Karfreitag! – sah Resl nichts, konnte also von sich aus den zurückgelassenen Mantel nicht wahrnehmen. DV)

Einmal erzählte Resl, sie habe ein Schriftstück, das sie gerade notwendig brauchte, verlegt gehabt. Sie habe schon in der Kirche gebetet gehabt, daß es zum Vorschein kommen möchte, und eben beim Ofen in ihrem Zimmer zu diesem Zweck gebetet. Da auf einmal hörte sie reden, sie meinte, es sei die Schwester Crescenz, aber sie sah nichts von der. Die

Stimme sprach: ‚Geh in das Dachkämmerchen neben dem Zimmer u. heb einen Teil der Briefe weg, dann findest du das Gesuchte.‘ Theres tat, wie geheißen, das Schriftstück lag da.

Im Pfarrhof wurde Honig geschleudert. Die Haushälterin, Thereses Schwester Marie, wollte eine Blechbüchse mit ungefähr 35 Pfund Honig vom Boden auf den Ofenherd heben, vermochte es aber nicht, da sie kurz zuvor wegen drohender Blutvergiftung sich einen Finger hatte zerschneiden lassen müssen. Da bückt sich Theres, nimmt die Blechbüchse von der *Seite* u. hebt sie ohne Anstrengung auf den Herd. Hernach erzählt sie, es habe Jemand zu ihr gesagt: ‚Probier nur, es schadet dir nichts.‘ Theres ist es bei ihrer Schwäche natürlicherweise völlig unmöglich, 35 Pfund u. noch dazu in solcher Weise zu heben.“

9 Mystische Beziehungen zu den Verstorbenen

In manchen Abschnitten dieses Buches ist von der mystischen Verbundenheit der Theres Neumann mit den abgeschiedenen Seelen, sei es im Zustand der Verherrlichung (Allerheiligen) oder der Reinigung, schon gesprochen worden: bei der Darstellung des Erlebnisses ihrer Erstkommunion (vgl. S. 54), bei den Sühneleiden und in manchen anderen Einflechtungen.

Erzbischof Teodorowicz schreibt (S. 384): „Das Sühneleiden Theresens für die Armen Seelen der Abgestorbenen ist nichts Neues in der Mystik. Sie haben in der Geschichte der Mystik ihren vorbehaltenen Platz. Die hl. Katharina von Siena litt für ihren Vater, Katharina von Ricci litt 40 Tage lang schrecklich für die Bekehrung und Nachsühne des berühmten Medicäers. So litten Margareta Maria Alacoque, die selige Katherine de Racconigi und die hl. Stigmaterikerin Veronika Juliani. . . Doktor Imbert Gourbeyre (La stigmatisation) gibt an, daß besonders Stigmatisierte den Charakter des Sühneleidens tragen.“

Zur Dokumentierung werden wiederum einige Aufzeichnungen Pfarrer Nabers vorgelegt.

„1. Nov. 1928. Früh 6 Uhr darf Theres in den Himmel schauen. Im ersten Bild sieht sie den Heiland, umgeben von Maria, Joseph, den Aposteln, den 24 Ältesten, den 7 Erzengeln u. ihrem großen Gefolge an anderen Engeln. Im 2. Bild sieht sie den Heiland unter den jungfräulichen Seelen, im dritten unter den übrigen Heiligen. Gar manche erkennt sie, die sie in den Visionen geschaut oder selber auf Erden noch gekannt hat. Alle erscheinen als reine, lichte Gestalten, außer dem Heiland sieht sie zwei mit verklärtem Leib, Maria u. Elias. Sie ist so entzückt von dem Geschauten, daß sie sehnlichst nach dem Tod verlangt u. den ganzen Tag wie außer sich ist."

„2.Nov. 1928. Heute liegt Theres den ganzen Tag da in ruhigem Schmerz, sich ganz verlassen fühlend, selbst eine arme Seele. 2 Mal, morgens und abends, darf sie Besuch im Fegfeuer machen. Mit unbeschreiblicher Trauer schaut sie die Seelen dort als Lichtgestalten, die noch nicht ganz rein sind. Sie sieht auch hier wieder manche Bekannte, einige gehen sie um Hilfe an.

Die gewöhnlichen Freitagsleidensekstasen sind heute ausgefallen."

„9. Nov. 1928. Die Freitagsleidensekstasen wie gewöhnlich u. Leiden zur Befreiung einer Seele aus dem Fegfeuer, die nach ihrer Erlösung zu Theres spricht u. dann vor ihren Augen zum Himmel fährt.

In dieser Zeit leidet Theres auch viel für Wien, wo zur Zeit eine große Volksmission abgehalten wird."

„23. Nov. 1928. Die gewöhnlichen Freitagsleidensekstasen. Heute darf Theres den letzten katholischen Pfarrer von Arzberg vor der endgültigen Einführung des Protestantismus aus dem Fegfeuer erlösen. Wegen Unmäßigkeit im Trinken und Nachlässigkeit bei der Feier der hl. Messe habe er, sagte sie, solange im Fegfeuer leiden müssen, seiner Kindlichkeit wegen dürfe sie ihn jetzt erlösen."

„30. Dez. 1930. Um 9 Uhr früh wird Theres von einem ungeheuerlichen Leiden, körperl. Schmerz u. seelischer Angst überfallen u. muß schließlich der erhob. Ruhezustand ein Erliegen verhindern. Um dieselbe Zeit war ihre Tante und Patin Forster, wie nachher mitgeteilt wurde, in Waldsassen gestorben."

„4. Juni 1931 (Fronleichnam). Theres schaut die Fußwaschung u. Einsetzung des hlst. Altarssakramentes. Sie hebt hervor, wie der Heiland zu Judas bei der Fußwaschung so liebevoll gesprochen.

In der Nacht nach dem Fronleichnamsfeste erschien Theres im gewöhnlichen, wachen Zustande ihre nicht lange noch verstorbene Patin Forster. ‚Der Heiland habe ihr die Gnade gewährt, kommen zu dürfen, da sie ganz verlassen sei. Wenigstens sie, die Theres, solle ihr Versprechen halten u. ihr zu helfen suchen.'

Theres fiel es auf, daß die Erschienene nicht mehr dreinschaute wie hier auf Erden, sondern recht ruhig, sanft u. mild. Sie erschien ihr in noch trüber Lichtgestalt.

Für Fronleichnam war Theres ungemein eifrig in Schmückung insbesondere der Kirche zu Ehren des sakrament. Heilands."

Prälat Prof. F.X. Mayr, Eichstätt, ergänzt hiezu: „Wenn Theres Neumann die Leiden einer armen Seele abkürzen durfte, übernahm sie vor allem auch die überaus starke schmerzliche Sehnsucht dieser Seele nach Gott. Sie saß dabei aufrecht im Bette, streckte die Hände nach oben und rief in einem Tone, der jeden Zuhörer erschütterte, ohne Unterlaß: ‚Heiland, zu dir, zu dir; gern, ja gern (will ich leiden), zu dir, zu dir, ins Licht, ins Licht.' So konnte sie stundenlang, ja halbe Tage lang rufen, bis sie ganz heiser wurde. Schließlich verstummte sie, es erschien ihr die nunmehr erlöste Seele, bedankte sich bei ihr und schwebte nach oben. Resl war dann sehr traurig, daß sie ihr nicht in den Himmel folgen konnte. (Ich habe dies einmal miterlebt. F.M.)"

Zum Abschluß sei nochmals Erzbischof Teodorowicz das Wort gegeben (S. 389): „Das Geheimnis des Dogmas von der Gemeinschaft der Heiligen scheint hier seinen Schleier lüften zu wollten. Es nähert sich uns in einer sinnlich erfaßbaren Art, es läßt uns seinen lebendigen Pulsschlag fühlen. Überall können wir eine harmonische Verbindung der Freiheit des menschlichen Willens und der göttlichen Wirkung bewundern; wir erleben die Umwandlung des Leidens, die Vergeistigung des Kreuzes durch die Liebe, die Liebe der Seelen und die Liebe Christi."

Teil III

URTEILE ÜBER THERES NEUMANN IN ZEITLICHER FOLGE

Die folgenden Urteile über Theres Neumann stammen durchwegs von Männern, die sie jahrelang kannten und in engem Konnex mit ihr standen. Bei der Auswahl wurde bewußt darauf verzichtet, Urteile wiederzugeben, die nur aus der Beschäftigung mit der Literatur entstanden sind. Auch diejenigen Besucher, die nur ein- oder zweimal in Konnersreuth waren und nicht die verschiedenen Zustände der Therese eingehend beobachten konnten, können kein gültiges Urteil abgeben. Wenn auch die mystischen Erscheinungen häufig waren, so waren sie doch nicht alltäglich und gewiß nicht herbeizusuggerieren. Von vornherein auszuscheiden waren auch Äußerungen solcher Personen, die sich bei ihrem Besuch nicht genügend beehrt und beachtet glaubten und aus einer ersichtlichen Vergrämung heraus Stellung zu Konnersreuth bezogen. Es ist mir kein negatives Urteil zu Gesicht gekommen von irgendwelchen Personen, die Theres Neumann jahrelang und gut kannten.

Als Erster (auch zeitlich: 1928) möge der Diözesanbischof Erzbischof Michael Buchberger zu Wort kommen.

Eines der Urteile stammt von Pfarrer Naber. Es wurde 1938 durch Angriff herausgefordert, sonst hätte sich dieser im Schreiben so zurückhaltende Mann sicher nie geäußert, besonders nicht zu Lebzeiten der Theres. Neben diesem Urteil stehen die von sehr nüchternen Männern wie dem damaligen Chefredakteur der Münchner Neuesten Nachrichten Dr. Fritz Gerlich oder von scharf beobachtenden, für mystische Fragen geschulten Bischöfen wie Erzbischof Teodorowicz von Lemberg.

Erzbischof Buchberger hat seine Meinung über Konnersreuth schon im Jahr 1928 in drei Fassungen niedergelegt, zwei in lateinischer und eine in deutscher Sprache, die alle im bischöflichen Zentralarchiv in Regensburg verwahrt sind (BZAR, Faszikel 149). Sie dienten ihm damals als Grundlage für einen Artikel im „Lexikon für Theologie und Kirche (in der ersten Auflage). In den folgenden Jahren, in denen gar manche aus seiner näheren und weiteren Umgebung zur Zeitströmung schielten, ließ er sich in seinem Urteil zur Zurückhaltung drängen. Aber im Grunde hat er seine Meinung beibehalten, was seine Predigt bei einem überraschenden Besuch in Konnersreuth 1953 bezeugt. Er sagte (gekürzt): In den letzten 25 Jahren sind viele in ihrer Not hiehergekommen. Viele haben ihren Glauben wiedergefunden, viele sind in ihrem Glauben bestärkt worden. Viele haben Erhörung gefunden und viele sind getröstet wieder weggegangen. ... Beurteilung der Konnersreuther Vorgänge durch Erzbischof Michael Buchberger, datiert 12. Oktober 1928.

„Therese Neumann war während ihrer ganzen Jugendzeit brav und fromm. Außergewöhnliches oder Anomales wurde an ihr nie beobachtet. Auch jetzt zeigt sich an ihr keine Überspanntheit und nichts geistig oder seelisch Ungesundes. Sie ist ein schlichtes natürliches Kind vom Lande, bescheiden und anspruchslos, kernig fromm, mit einer innigen Liebe zum Heiland und einer besonderen Verehrung der kleinen hl. Theresia. Das Wort, das sie immer im Munde führt, ist: ‚Der Heiland ist gut' und den vielen Besuchern predigt sie stets von neuem die Liebe und Güte des Heilandes. Seine Eminenz, Herr Kardinal Faulhaber, hat daher mit Recht auf sie das Wort des hl. Paulus angewandt: ‚Nicht ich lebe, sondern Christus lebt in mir.' Über die Persönlichkeit und den Charakter der Therese Neumann läßt sich nur Gutes sagen.

Über die auffallenden Heilungen von Krankheiten gehen die Urteile auseinander. Daß diese Heilungen auf ganz natürliche Weise erfolgten, etwa durch Autosuggestion, oder daß sie eine rein hysterische Grundlage hatten, ist kaum zu glauben. Therese Neumann hat nach dem Urteil des behandelnden Arztes ihr schweres jahrelanges Leiden mit bewundernswerter Geduld und Ergebung getragen und sich gerade in dieser Zeit als tief fromme und tapfere Dulderin erwiesen. Der Arzt hat keine Beobachtungen auf Hysterie gemacht. Derselbe Arzt, der sie während der ganzen Krankheit behandelte und ihre körperliche und seelische Verfassung am besten kennt, hält irgendwelchen Betrug und irgendwelche Unwahrheiten in ihrem Verhalten für ganz ausgeschlossen.

Er hält die Stigmata für echt und glaubt, daß die außerordentlichen Erscheinungen rein natürlich nicht erklärt werden können.

Das Passionsleiden, das regelmäßig an Freitagen außerhalb der Osterzeit auftritt, gibt sich auch nach außen kund in dem Schmerz, der sich in ihren Gesichtszügen und in ihrer ganzen körperlichen Haltung offenbart, vor allem aber auch in den blutigen Tränen, im Bluten der Stigmata und des Hauptes. Es ist zweifellos festgestellt, unter anderem auch durch die Beobachtung Sr. Eminenz des Herrn Kardinal Faulhaber, daß diese Blutungen nicht künstlich hervorgebracht werden. Das Passionsleiden wird öfters unterbrochen durch Ruhepausen, in denen sie, wie sie sich ausdrückt, vom Heiland gestärkt wird und keinerlei Schmerz empfindet. In diesen Pausen, die sie selbst als gehobenen Ruhezustand bezeichnet, zeigt sie oftmals ganz außerordentliche Kenntnisse von Dingen, die sie natürlicherweise nicht kennen und wissen kann. Doch läßt sich schwer sagen, wo die Grenze zwischen natürlichem und außergewöhnlichem Wissen zu ziehen ist. Ebenso läßt sich nach dem Urteil - auch katholischer - Ärzte nicht mit absoluter Sicherheit feststellen, ob die Stigmata und die Blutungen außernatürlich und wunderbar genannt werden müssen. Am unerklärlichsten scheint auch den nicht wundergläubigen Ärzten und Psychiatern die Nahrungslosigkeit. Dabei hat der bayerische Episkopat auf der Freisinger Konferenz dieses Jahres den Wunsch ausgesprochen, daß sich Theresia Neumann in einer Anstalt unter ständiger Aufsicht von Ärzten und Schwestern auf diese Nahrungslosigkeit untersuchen läßt, etwa zwei Monate lang. Der unterzeichnete Diözesanbischof hat diesen Wunsch durch das Pfarramt Konnersreuth der Theresia Neumann und ihren Eltern zur Kenntnis gebracht. Herr Pfarrer berichtet, daß Theresia Neumann zur Untersuchung bereit wäre, daß aber der Vater derselben widerstrebt. Ich habe daraufhin den Herrn Pfarrer zu mir kommen lassen und ihm eröffnet, es scheine mir mit einer besonderen Begnadigung schwer vereinbar, daß der Vater einen Wunsch des gesamten bayerischen Episkopates zurückweise und ich müßte mich der Sache gegenüber noch mehr zurückhalten als bisher, insbesondere könnte ich das Haus Neumann so lange nicht betreten, als der Wunsch der Bischöfe nicht erfüllt sei. Ich habe auch an Herrn Pfarrer ein Schreiben gerichtet, das ich in Abschrift beilege [im lat. Manuskript steht nicht: und ich müßte mich der Sache gegenüber ... bis zum Schluß des Textes].

Mein Gesamturteil über den Fall ist folgendes: Die Persönlichkeit, der Charakter und die Frömmigkeit der Therese Neumann lassen einen Betrug als ausgeschlossen erscheinen. Auch Hysterie und andere krankhafte Veranlagungen dürften kaum vorhanden sein, jedenfalls aber wären damit die außerordentlichen Erscheinungen nicht zu erklären. Der Ortspfarrer, der ein durchaus gewissenhafter und verständiger Priester ist, glaubt felsenfest, daß es sich im Falle Theresia Neumann um einen außerordentlichen und wunderbaren Gnadenerweis Gottes handelt. Der behandelnde Arzt hält dafür, daß der Fall weder mit Betrug, noch mit Hysterie, noch mit Autosuggestion zu erklären sei. Pater Gemelli, Rektor der Katholischen Universität Mailand, äußerte sich dahin, daß die Stigmen nicht künstlich und nicht durch bloße Suggestion entstanden seien und daß eine hysterische Veranlagung nicht beobachtet werden könne. Mehrere Bischöfe, die beim Passionsleiden anwesend waren und auch mit Therese Neumann sprachen, waren sehr ergriffen und nahmen die besten Eindrücke mit. Das war auch bei dem Unterzeichneten der Fall. Gleichwohl kann das Urteil noch nicht abgeschlossen sein, ist vielmehr auch jetzt noch große Vorsicht und Zurückhaltung notwendig.“

Staatsarchivrat Dr. Fritz Michael Gerlich
urteilt 1929 (Band I, S. 172 und Band II, S. 405/6):

Je eingehender ich nun Therese Neumann studiert habe, um so mehr zwingen mich meine Wahrnehmungen und Erlebnisse zu dem Geständnis, daß für mich wenigstens die bisher bekannten Erklärungsversuche nicht ausreichen. Aber nicht dies allein ist es, was auf mich einen so starken Eindruck gemacht hat. Den stärksten Eindruck machte auf mich dieser Mensch in seiner absoluten Einstellung auf die christliche Religion. Ich habe eine vollkommenere Erfüllung der christlichen Forderungen bisher jedenfalls noch nicht erlebt.

Meine Untersuchung der Glaubwürdigkeit der Therese Neumann ist also zu folgendem Ergebnis gelangt: Ein ernsthafter Grund, sie für eine Hysterikerin und damit für eine bewußte oder unbewußte Lügnerin zu halten, besteht nicht. Vielmehr haben wir ihr von vornherein die Glaubwürdigkeit des seelisch und geistig gesunden Menschen zuzubilligen. Für die Beurteilung des Grades ihrer Glaubwürdigkeit ist ferner die Tatsache bedeutsam, daß sie in außerordentlichem Maße religiös eingestellt ist, sich Gott für alles, was sie tut, verantwortlich fühlt, nichts so sehr ersehnt, als sein Wohlgefallen zu erringen, und weiß, daß Gott die Unwahrheit als eine schwere Sünde ansieht. Die seelischen Antriebe, die sich aus einem so starken religiösen Leben wie dem der Therese Neumann ergeben, steigern also ihre Wahrheitsliebe und damit ihre Glaubwürdigkeit weit über das normale Maß hinaus.

Diese beiden Antriebe zur Wahrhaftigkeit, nämlich geistige und seelische Gesundheit und starkes religiöses Innenleben, begegnen uns auch bei der Familie Neumann, und zwar bei beiden Eltern, und ihrem Seelenführer, dem Pfarrer Josef Naber. Irren kann natürlich jeder Mensch. Auch Therese Neumann wird in ihrem gewöhnlichen Zustand dem Irrtum gelegentlich unterliegen. Das gleiche gilt von den anderen genannten Personen. Ihnen aber eine bewußte Täuschung ihrer Mitmenschen zu unterstellen, besteht keine Berechtigung. Für den Gedanken, durch eine pia fraus – d.h. einen frommen Betrug – Gott zu dienen, ist ihre religiöse Auffassung ebenfalls viel zu hoch entwickelt. Sie glauben nicht, daß Gott, der für sie die Wahrheit ist, ein Wohlgefallen daran hat, wenn man ihm nach der Art des Dienstes für einen Häuptling einer primitiven Völkerschaft durch Betrug seiner Anhänger und Nichtanhänger „dient".

Aus allen diesen Gründen sehe ich mich im Gewissen gezwungen, zu erklären, daß für mich gemäß jener Methode der Geschichtsforschung, die ich im Universitätsunterricht und in späteren wissenschaftlichen Arbeiten gelernt habe, die Angaben, die ich in der Lebensbeschreibung der Therese Neumann vereinigt habe, historisch und kritisch zureichend beglaubigte Tatsachen sind. Daraus ergibt sich für mich die Überzeugung, daß der Gesamtfall Therese Neumann nicht natürlich erklärbar ist.

Kardinal Erzbischof Dr. Karl Kašpar, Prag (1930)
(a.a.O. S. 108)

Ich muß aufrichtig bekennen, daß ich an Therese Neumann nicht das geringste Zeichen von Hysterie, Suggestion oder Autosuggestion, Hypnose oder Betrug oder auch teuflischer Verführung beobachtet habe. Das Mädchen macht, wie jedermann zugeben muß, der Gelegenheit hatte, sie zu sehen und in ihrem normalen Zustande mit ihr zu sprechen, den Eindruck eines geistig vollkommen gesunden Menschen. Sie ist offen und fromm, auch leidet sie selbst am meisten darunter, daß Fremde sie stören und sie sich nicht in der Einsamkeit unschuldigen Herzens mit ihrem Geliebten beschäftigen kann.

Ist nun Therese Neumann eine Heilige?

„Niemand ist vor seinem Tode glücklich zu preisen." Nach meinem persönlichen Urteil ist Therese Neumann ein begnadetes Mädchen. Wie jeder es soll, strebt sie darnach, eine Heilige zu werden. Sie geht nicht nur wöchentlich zur hl. Beichte und stärkt sich täglich in der Kommunion mit dem heiligsten Leibe unseres Herrn, sie hütet sich nicht nur vor dem leisesten Schein einer Sünde, sondern sie lebt in steter Vereinigung mit dem göttlichen Heiland. Dabei trägt sie das ihr gesandte Kreuz geduldig, ja freudig, und nichts wünscht sie sich als das, was Er will.

Wird sie so bleiben bis zum letzten Atemzuge? Wir wollen es hoffen. Solange aber die Seele sich nicht vom Leibe trennt, wird die hl. Kirche über Resls Person wie auch über die Geschehnisse von Konnersreuth überhaupt kein Wort sprechen. Ihrem unfehlbaren Urteil unterwerfe ich mich schon jetzt voll und ganz.

Der liebe Gott hat Therese Neumann in dieser glaubensgleichgültigen und ungläubigen Zeit nur deshalb in so außerordentlicher Weise begnadet, damit er einerseits ihr, anderseits durch sie der ganzen Welt den Weg weise zu der Liebe zum gekreuzigten Heiland und zum Haß gegen die Sünde.

Erzbischof Teodorowicz über Therese Neumann (1936)
(a.a.O. S. 65ff.)

Ich kann nicht umhin, am Eingang meiner Untersuchung von dem Gesamteindruck zu sprechen, den Therese Neumann auf den fremden Besucher macht. Sie zeigt sich als Person von starkem Willen und voller Lebhaftigkeit; sie ist der Gegensatz zu einer ruhigen, untätigen und unempfindlichen Natur. Ich begreife sehr gut, daß sie von dem Berufe einer Missionsschwester träumte. Die Betätigung in der weiten, breiten Welt und der Tatendrang sind für eine solche kräftige Natur Herzens- und Lebensbedürfnis. Sie zeichnet sich durch einen klaren geistigen Blick aus, sie besitzt einen hellen Verstand; weder wortkarg noch gesprächig, ... erfaßt sie jede, auch die schwierigste geistige Frage und prägt sie dann in einen kurzen, kernigen, bestimmten Satz...

Natürlichkeit, Wahrheitsliebe, vor allem aber Einfachheit, das sind die drei Hauptmerkmale, die ich an Therese bemerkt habe. Doch die Einfachheit der Seele besteht nicht, wie die anderen Tugenden, in besonderen Handlungen, die sich nur bei entsprechender Gelegenheit kundgeben; Einfachheit ist die Stimmung ihrer Seele, ihr geistiger Hauch, der von der Person ausströmt und sich einem jeden mitteilt, der mit ihr spricht oder sie beobachtet. Die Einfachheit hat ihren Sitz in den Augen, in jeder Bewegung, und sie beherrscht das Äußere, wie sie im Innern der Seele, in ihren tiefsten Gedanken und Gefühlen thront. Andere Tugenden, wie die Demut und Geduld, können auch gekünstelt sein, aber jede gekünstelte Nachahmung der Einfachheit verrät sich sofort. Man kann auch von Natur aus die glückliche Gabe der Einfachheit besitzen, aber diese Tugend ist die Unterlage des geistigen und übernatürlichen Lebens nach dem Grundsatze des Evangeliums: „Wenn ihr nicht werdet wie die Kinder, könnt ihr nicht in das Himmelreich eingehen."

Durch die Einfachheit ihrer Seele tritt Therese zu Gott in ein Verhältnis, wie es auf keine andere Weise, nicht einmal durch die schwersten Abtötungen inniger gestaltet werden könnte.

Einfach in ihrem Benehmen, ist sie nicht nur frei von jeder Künstelei, sondern auch von jeder Verlegenheit, eben aus dem Grunde, weil sie einfach unbekümmert um sich selbst ist. Sie ist einfach, kurz, schlicht und kernig in ihren Worten, ungemein einfach in der Behandlung eines jeden Gesprächsstoffes. . . .

Das eben hat auf mich bei der Begegnung mit Therese Neumann den größten Eindruck gemacht, daß der heikle

Ton der Eigenliebe, der sich überall einschleicht, der überall in das Ohr des aufmerksamen Beobachters eindringt, sich hier gar nicht vernehmen ließ, wiewohl ich versuchte, diese Stimmung zu wecken. Therese kannte recht gut den Grund unseres Kommens – ich war mit Bischof Lisowski angekommen –; sie wußte, daß das, was sie über sich erzählen würde, für uns von der größten Tragweite wäre. Und doch schwieg sie diesbezüglich, sie ließ sich nicht einmal andeutungsweise zum Sprechen über sich selbst verleiten; und gefragt, beschränkte sie sich in einfachen kurzen Antworten auf das Allernotwendigste. . . .

Wie ein Arzt bei der Untersuchung, so klopfte und suchte ich, wo eine kranke, empfindliche Stelle ausfindig zu machen wäre. Doch eine solche Stelle war nicht zu finden. Die Liebe hat ihre ganze Seele, ihre tiefsten Empfindungen und ihre stärksten Gefühle auf einen Punkt zusammengedrängt: auf den Heiland. Sie spricht von Ihm so freudedurchglüht, ja von allem, was die geringste Fühlung mit ihm hat, und mit einem Erguß von Liebesgefühlen, wovon jedes ihrer Worte durchtränkt ist, denn sie denkt immerfort an Ihn; und sie denkt an Ihn, weil sie ihre Freude an allem hat, insofern es Ihn berührt; und in Ihm sieht sie ihr ausschließliches Glück.

Nach dieser Vorbereitung und Untersuchung habe ich mich entschlossen, auf die Frage Konnersreuth näher einzugehen. Bisher hatte ich diesem Fall einen gewissen Vorbehalt, ich muß hinzufügen, ein gewisses Mißtrauen entgegengebracht. . . .

Von welchem Standpunkte aus man ihr Leben einer eingehenden Prüfung unterzieht, welche Grundzüge ihres Wesens man auch erwägt, immer und immer stößt man auf den Grundton ihrer Seele, auf die Seele eines Gotteskindes. Sie ist und bleibt in allem ein Kind, in ihrer Einfalt und Demut, in ihrem ganzen Benehmen, in ihrem Gebete, in ihrem Verhältnis zum Heiland, und in ihrer mystischen Vereinigung mit ihm. Dieser Eigenart ist auch die Gnade angepaßt; und ich finde z. B. gerade in der Erscheinung, die manche ärgert, daß sie nämlich in ihren Ekstasen in gewisser Hinsicht kindliche Auffassungskraft zeigt, den Beweis dafür, daß der Heilige Geist auch ein sichtbares Siegel auf diese Kindschaft Gottes setzt.

Dieser Geist der Kindheit Gottes, wie er sich bei Therese Neumann überall, sogar in den geringsten Äußerungen ihres inneren und äußeren Lebens kundgibt, scheint mir das Hauptmerkmal einer gesunden Mystik.

Gutachten des Hochschulprofessors für Chemie, Biologie und Geologie Prälat Dr. Franz X. Mayr, Eichstätt, vom 18. 10. 1937 an Bischof Michael Buchberger, Regensburg

Therese Neumann kenne ich schon seit fast 11 Jahren (geschrieben 1937. DV). In dieser Zeit hatte ich sehr oft Gelegenheit, sie in den verschiedensten Lagen zu beobachten. Das erstemal kam ich nach Konnersreuth mit meinem Kollegen Prof. Frz. X. Wutz am 2. Dezember 1926 und blieb dort bis zum 5. Dezember. Seitdem habe ich sie jedes Jahr meist zu mehreren Malen getroffen, entweder in Konnersreuth oder in Eichstätt. Im Jahre 1928 war ich nach Ostern etwa 8 Tage und in den großen Ferien etwa 14 Tage lang in Konnersreuth. Im laufenden Jahre 1937 verbrachte ich dort zur Erholung volle drei Wochen meiner Sommerferien, nämlich die Zeit vom 29. August bis 20. September.

Da ich Naturwissenschaftler bin, machte es Theres Neumann von Anfang an Vergnügen, mit mir über ihre Vögel und Blumen zu plaudern und von mir manche Auskunft in naturwissenschaftlichen Fragen zu erholen. Oftmals habe ich ihr bei der Besorgung der Vögel und der Blumen in ihrem Stübchen und in ihrem Garten zusehen und auch helfen können, wobei die Gespräche nicht bloß bei der Natur blieben, sondern auf alle möglichen Gebiete abschweiften. Immer hat mir Theres Neumann volles Vertrauen entgegengebracht und ich weiß, daß sie sich mir gegenüber stets ganz so gegeben hat, wie sie wirklich ist. Auch die Angehörigen der Theres Neumann kamen mir offen und freundlich entgegen, und außerdem gab mir Herr Pfarrer Naber reichlich Gelegenheit, all die außergewöhnlichen Phänomene von Konnersreuth möglichst aus nächster Nähe kennen zu lernen.

Das Urteil über Theres Neumann, das ich auf Grund langer und sorgfältiger Beobachtung gewonnen habe, kann ich kurz in folgender Weise zusammenfassen:

Theres Neumann besitzt einen ungemein klaren Verstand und urteilt auch über ihre eigene Person und die eigene Begnadigung mit erstaunlicher Sachlichkeit und Nüchternheit. Ihr Wille ist kraftvoll, ja männlich und nur darauf gerichtet, den Willen des Heilandes aus Liebe zu ihm in allem zu erfüllen und ihm die Menschen näher zu bringen. Diese Grundrichtung ihrer Seele kommt auch in unbeabsichtigten Äußerungen immer wieder deutlich zum Ausdruck. Immer noch empfindet sie aufrichtigen Schmerz darüber, daß die Sehnsucht ihrer Jugend nicht in Erfüllung gehen konnte: als Krankenschwester in den Missionen ungekannt von aller Welt für den Heiland arbeiten zu dürfen. Ihre so überaus schaffensfreudige Natur empfindet es als das schwerste Kreuz, infolge der Wundmale und der vielen Sühneleiden zu äußerer Untätigkeit verurteilt zu sein, und in ihrer Liebe zu Einsamkeit und Verborgenheit trägt sie sehr schwer daran, daß ihr Leben durch ihre besondere Begnadigung so stark in die Öffentlichkeit gerückt wurde. Nur der Gedanke, daß es der Heiland so haben will, gibt ihr die Kraft, dies alles ergeben zu tragen.

Wer mit Theres Neumann längere Zeit verkehren kann, ist immer wieder aufs neue überrascht von der großen Einfachheit und Geradheit ihres Wesens und von ihrer unübertrefflichen Wahrheitsliebe. Jede Art von Unwahrhaftigkeit und Verstellung ist ihr ein Greuel und mehrmals hatte ich Gelegenheit, die Überzeugung zu gewinnen, daß sie es nicht über sich bringen würde, auch nur eine kleine Lüge auszusprechen.

Aus diesen Gründen ist *bewußter* Betrug von ihrer Seite vollkommen ausgeschlossen und auch von seiten ihrer Umgebung würde sie niemals derartiges dulden.

Aber auch *unbewußter* Betrug kommt nicht in Frage. Theres Neumann ist psychisch so gesund wie nur irgend jemand und vollkommen frei von jeder Spur von Hysterie. Überdies ist sie, wie ich des öfteren erkennen konnte, jeder Suggestion, sowohl eigener wie fremder vollkommen unzugänglich.

Zur Untersuchung von 1927. Sowohl von Dr. Seidl und Dr. Ewald, wie auch von der zuständigen bischöflichen Behörde ist anerkannt worden, daß die vier vereidigten Schwestern, welche die Beobachtung durchzuführen hatten, einwandfrei und mit aller Gewissenhaftigkeit ihre Aufgabe erfüllt haben. Das Bischöfliche Ordinariat Regensburg kam nach Prüfung der Methoden und Ergebnisse der Untersuchung laut Erlaß vom 4. Oktober 1927 sogar zu der Überzeugung, daß die ursprünglich angestrebte „Beobachtung in einem Spital oder in einer Klinik auch keine besseren Erfolge hätte bringen können". Trotz der persönlichen Ansicht von Ewald, Deutsch usw. können auf Grund der ärztlichen Berichte über die Beobachtung folgende Punkte als gesichert gelten:

1. In der Zeit vom 14.–28. Juli 1927 hat Theres Neumann weder feste noch flüssige Nahrung natürlicher Art zu sich genommen.
2. Theres Neumann hat in der ganzen Zeit in 2 Ausscheidungen nur 525 ccm Urin abgegeben. Feste Ausscheidungen fehlten ganz.
3. Das Körpergewicht war am Ende der Untersuchung trotz der erheblichen Schwankungen nach den Freitagen auf der gleichen Höhe wie zu Beginn.
4. Weder während noch auch am Ende der Untersuchungszeit traten bei Theres Neumann besondere Erschöpfungszustände auf.

Punkt 1 bis 3 sind auch in dem schon erwähnten Erlaß des Bischöflichen Ordinariats Regensburg vom 4. Oktober 1927 ausdrücklich anerkannt, sowie in dem Artikel über Theres Neumann im Lexikon für Theologie und Kirche Band 7, S. 513 und 514.

Die Anerkennung der Punkte 2 und 4 ist in beiden Fällen von selbst durch das hohe Lob gegeben, das den vier vereidigten Schwestern für ihre gewissenhafte Beobachtung gespendet wird; denn die dort angeführten Behauptungen stützen sich letzten Endes auf die Beobachtungsberichte dieser Schwestern.

Bei der Beurteilung der angeführten Punkte muß man sich stets vor Augen halten, daß eine Spanne von 11 Tagen von den Sachverständigen als der längste Zeitraum bezeichnet wurde, den ein Mensch ohne Speise und Trank noch lebend überdauern kann. Gefordert ist aber dabei naturgemäß vollkommene Ruhe, Vermeidung von allen Anstrengungen, Blutverlusten usw. Die mögliche Lebensdauer müßte sonst als viel kürzer angenommen werden. Jedenfalls aber müßte ein Mensch unter natürlichen Bedingungen nach 15 Tagen voller Abstinenz, wenn er überhaupt noch lebt, zum Skelett abgemagert und zur Mumie vertrocknet dem Tode nahe sein.

Im einzelnen möchte ich auf Grund der oben angeführten 4 Punkte noch auf folgende Tatsachen besonders hinweisen, die von Dr. Deutsch anscheinend übersehen werden.

1. Die Menge des von Theres Neumann ausgeschiedenen Urins betrug in der ganzen Zeit nur etwas über 1/2 Liter, während ein normaler Mensch allein schon täglich 1-1 1/2 Liter Urin von sich gibt. Da bei einem lebenden Menschen ständig Eiweiß unter Bildung von Harnstoff, Harnsäure und ähnlichen Substanzen abgebaut wird, hätten bei derartig geringer Urinabgabe normalerweise sehr bald die schwersten und gefährlichsten Erscheinungen der Urämie auftreten müssen, die bekanntlich mit allen möglichen Beschwerden wie Kopfweh, Schwindel usw. beginnen und in der Regel rasch zum Tode führen. Bei Theres Neumann war aber nicht einmal eine Andeutung einer ähnlichen Störung zu bemerken.

2. Wenn Medien aller Art auf Grund eigener oder fremder Suggestion längere Zeit in einem Trance-Zustand verweilt haben, sind sie nach dessen Beendigung vollkommen erschöpft. Würden die Ekstasen der Theres Neumann nur mit natürlicher Kraft irgendwelcher Art hervorgebracht sein, so hätte sich auch bei ihr nach den Freitagsekstasen während der Untersuchungszeit ein Zustand größter Erschöpfung einstellen müssen, und zwar besonders am zweiten Untersuchungsfreitag, dem bereits 8 Tage voller Nahrungslosigkeit vorangegangen waren. Bei Theres Neumann war aber an den Samstagen jeweils nichts von einer derartigen Erschöpfung zu spüren. Im Gegenteil, das Gewicht, das sie an den Freitagen verloren hatte, wurde schon in ganz wenigen Tagen wieder ersetzt, was bei einem ganz erschöpften Organismus nicht möglich gewesen wäre.

3. Die bei Theres Neumann beobachtete rapide Gewichtszunahme von 6 bzw. 5 Pfund innerhalb weniger Tage wäre bei einem gesunden Menschen nur denkbar bei stärkster Nahrungsaufnahme. Auch die raffinierteste Schwindlerin

hätte es nicht fertig gebracht, trotz der ständigen scharfen Beobachtung durch 4 Augen so viel Nahrung heimlich zu genießen, um eine ähnliche Gewichtszunahme zu erzielen.

4. Es wird häufig viel zu wenig beachtet, daß Theres Neumann während der 15tägigen Untersuchung auch *nichts getrunken* hat. Schon nach wenigen Tagen hätte sich bei ihr unter natürlichen Bedingungen ein quälendes Durstgefühl einstellen müssen, zumal die Untersuchung in die heißeste Zeit des Jahres fiel. Vor allem mußte sie schon nach dem ersten Leidensfreitag infolge des starken Blutverlustes dem Verschmachten nahe sein. Einen zweiten Leidensfreitag hätte sie normalerweise unmöglich überleben können. Wahrscheinlich wäre sie schon vorher gestorben. Bei Theres Neumann fehlte aber während der ganzen Untersuchungszeit nicht nur jedes Hunger-, sondern auch jedes Durstgefühl; ebenso wird nicht berichtet, daß sie unter Austrocknung des Gaumens und der Zunge zu leiden gehabt hätte, nicht einmal an den Freitagen nach dem Leiden.

Aus den angeführten Gründen ist es absolut unmöglich, daß sich Theres Neumann, wie manche meinen, zwar während der Untersuchung von Speise und Trank enthalten, vorher und nachher aber gegessen habe. Keine Hysterikerin oder Betrügerin hätte unter den gleichen Umständen bis zum Schluß der Untersuchungszeit leben, geschweige denn ihr volles Gewicht behaupten, frisch und gesund bleiben können. Andererseits darf man ohne weiteres behaupten, daß ein Mensch, der 15tägige volle Nahrungslosigkeit so glänzend übersteht, sicherlich auch sonst auf gewöhnliche Nahrung nicht angewiesen ist, und daß man ihm getrost glauben kann, wenn er angibt, ständig nahrungslos zu leben.

Die 15tägige Untersuchung *genügte* also nach meiner Überzeugung vollauf, um die natürlich nicht erklärbare dauernde Nahrungslosigkeit der Theres Neumann zu beweisen. Leute, die nicht glauben wollen, würden jedenfalls auch im Falle einer neuen Untersuchung ein „Loch" finden, um ihr Gewissen zu beruhigen.

Wenden wir uns nun den *übrigen Phänomenen* zu, die in Konnersreuth zu beobachten waren und sind, so zeigt es sich in der Tat, daß auch sie uns in genügendem Maße Kriterien für eine zuverlässige spätere Beurteilung des Falles an die Hand geben.

Dies gilt schon von der *Krankheitsgeschichte* und den *wunderbaren Heilungen* der Theres Neumann. Was den Unfall beim Brande am 10. März 1919 betrifft, so kam auch damals nach meiner festen Überzeugung Hysterie als ursächlicher Faktor in keiner Weise in Betracht. Diagnosen wie Hysteria traumatica, Dr. Seidl hat die von ihm ursprünglich als Krankheitsursache aufgestellte Diagnose auf Hysteria traumatica später unter dem Eindruck des weiteren Geschehens in Konnersreuth ausdrücklich widerrufen (vgl. Boniface, Ausgabe 1963, S. 66ff.) und damit alle auf dieser Diagnose beruhenden Urteile anderer entkräftet, sind entschieden falsch. Man braucht sich nur, wie ich es tat, von Theres Neumann und ihren Angehörigen die Vorgänge vor und nach dem Brande eingehend schildern zu lassen und sich dabei die ganze natürliche Veranlagung der Theres Neumann zu vergegenwärtigen. Während des Brandes hatte Theres Neumann nur das eine Ziel, unter völliger Hintansetzung der eigenen Person ihrem Dienstherrn beim Löschen des Feuers zu helfen, koste es was es wolle; und nach dem Unglück wünschte sie nichts sehnlicher, als wieder gesund zu werden, um arbeiten und später in die Missionen gehen zu können. Die Gefahr bestand nicht darin, daß sie sich ein nicht bestehendes Leiden suggerierte, sondern vielmehr darin, daß sie bestehendes Leiden in ihrem ungestümen Schaffensdrang zu wenig beachtete und dadurch schlimmer werden ließ.

Das ist allen klar, die Theres Neumann wirklich kennen. Irgend eine Verletzung des Rückenmarkes lag nach dem Brande zweifellos vor. Das stundenlange Emporheben der Wassereimer bei der Löscharbeit, das mit unaufhörlichem gewaltsamem Beugen, Drehen und Dehnen der Wirbelsäule verbunden war, konnte bei dem jugendlichen Organismus der Theres Neumann nach und nach gar wohl eine so weitgehende Zerrung der die Wirbel verbindenden Bänder und Muskeln bewirken, daß schließlich die Disposition für eine organische Verletzung, ja sogar für eine Wirbelverrenkung vorhanden war. Übrigens könnte Mutter Neumann mit Eid erhärten, daß nach ihrer Beobachtung in der Lendengegend zwei durch die Haut fühlbare und sichtbare Höcker der

Wirbelsäule – es waren sicherlich Dornfortsätze – gegen die übrigen seitlich etwas nach rechts verschoben waren.

Weiterhin läßt sich beispielsweise doch auch heute noch mit genügender Sicherheit feststellen, ob die großen Aufliegewunden, die bei Theres Neumann während ihrer Krankheit vorhanden waren, am 17. Mai 1925 wirklich plötzlich heilten und ob sich diese Heilung natürlich erklären läßt oder nicht, da ja noch alle Zeugen dieses Vorganges am Leben sind.

Die *Ekstasen* der Therese Neumann weisen, wie Erzbischof Teodorowicz ausführlich zeigt, eine Reihe wichtiger Merkmale auf, wodurch sie sich von allen natürlichen Trance-Zuständen, Verzückungen usw. wesentlich unterscheiden.

Was die *Stigmen* anbelangt, so muß immer wieder hervorgehoben werden, daß Wunden, die 11 Jahre lang ungefähr gleich bleiben, die sich nie entzünden und nie eitern, andererseits aber jedem Heilmittel widerstehen, keine medizinischen Wunden sind. Wer der Meinung ist, die Stigmen der Theres Neumann könnten durch Autosuggestion entstehen, möge sich bloß mal die Kompresse zeigen lassen, die am Karfreitag 1936 unmittelbar auf der Herzwunde der Theres Neumann lag und sich nun im Besitze ihrer Schwester Marie befindet. Das Blutgerinsel, das sich in der Wunde gebildet hatte, ist an der Kompresse haften geblieben und gibt ein deutliches Bild von der Größe der Wunde. Ihr gegenüber sind all die Wunden und Blutungen, die je durch Suggestion (psychogen) hervorgerufen wurden, als lächerlich zu bezeichnen. Noch mehr gilt dies, wenn man die Gesamtheit der Wunden in Betracht zieht, aus denen Theres Neumann am letzten Karfreitag blutete und deren Größe aus den Blutspuren an der Nachtjacke und am Kopftuch noch deutlich zu erkennen ist.

Auch bei den *Visionen* der Theres Neumann stößt man bei näherer Betrachtung immer wieder auf Einzelheiten, die sich nicht natürlich erklären lassen. So hört bekanntlich Theres Neumann, daß der am Kreuze dürstende Heiland das Wort „aes-che – ich dürste" spricht, statt des von Professor Wutz und den anderen Forschern erwarteten Wortes „sachena" oder einer ähnlichen Form. Auf „aes-che" war niemand gekommen, weil dies ein neuhebräischer Terminus ist.

Eine natürliche Erklärung hiefür konnte noch nicht gegeben werden.

Weitere Kriterien für die spätere Beurteilung der Phänomene in Konnersreuth geben die so überaus mannigfaltigen und oft so merkwürdigen Sühneleiden der Theres Neumann, ferner ihre ekstatischen Kommunionen, ihr untrügliches Gefühl für die Nähe des eucharistischen Heilandes, sowie für die Anwesenheit des eigenen und fremder Schutzengel, ihr Gefühl für Absolution, Priestersegen und Weihe, ihre Cardiognosie, die Voraussagung von Handlungen und Ereignissen, die vom freien menschlichen Willen abhängig waren, ihre Erkennung von Reliquien aller Art, die außergewöhnliche Hilfe von seiten ihres Schutzengels, die eigenartigen Versuchungen durch den bösen Feind usw. Zu untersuchen nach der rein tatsächlichen Seite wären überdies die Erzählungen von wunderbaren Heilungen durch die Fürbitte der Theres Neumann, die Fälle von Bilokation, räumlichem Hellsehen und ähnlichen Erscheinungen, die zum großen Teil noch nicht veröffentlicht wurden.

Für die Beurteilung vieler der angeführten Erscheinungen haben vor allem *Gerlich* und Erzbischof *Teodorowicz* schon sehr wertvolle Vorarbeit geleistet.

Letzten Endes ist zu betonen, daß die Gesamtheit aller Erscheinungen eine *wunderbar sinnvolle Einheit* bildet, die sich nach meiner Überzeugung in den Rahmen der kath. Glaubens- und Sittenlehre restlos einfügen läßt. Gar viele Menschen, die mit Theres Neumann in Berührung kamen, haben durch sie eine Vertiefung ihres Glaubens und ihres Vertrauens erfahren, sind glücklicher und froher geworden und haben von ihr eine gesunde, schlichte Frömmigkeit gelernt. Noch keiner aber hat unter ihrem Einfluß in seinem Glaubens- und Sittenleben irgendwelchen Schaden genommen. Auch diese Tatsache ist gewiß für die Beurteilung von Wert.

Natürlich soll nicht geleugnet werden, daß verschiedene Einzelheiten des Konnersreuther Geschehens der Erklärung *Schwierigkeiten* bereiten. Aber überall in der Natur und in der Offenbarung begegnen uns Erscheinungen, die nur schwer oder überhaupt gar nicht zu erklären sind und manchmal sogar Widersprüche zu enthalten scheinen. Gott will eben in seinen Werken nicht alle Schwierigkeiten lösen, und wenn nur die Grundzüge göttlichen Wirkens klar zu erkennen sind, müssen wir im allgemeinen zufrieden sein.

Übrigens macht man immer wieder die Erfahrung, daß sich gar viele „Schwierigkeiten“ von selbst beheben, wenn man an Ort und Stelle der Sache auf den Grund geht. Für jeden, der über Konnersreuth schreibt oder spricht, ist es schwer, in allen Einzelheiten ein klares und objektiv richtiges Bild zu geben. Es ist daher unglaublich, wie viele Unwahrheiten über Theres Neumann auch gutgläubig verbreitet und als Wahrheiten hingenommen werden. Wenn schon im allgemeinen Fern-Diagnosen in wissenschaftlichen Kreisen verpönt sind, so darf sich vor allem in diesem so überaus komplizierten Falle keiner ein Urteil erlauben, der nicht die Verhältnisse an Ort und Stelle gründlich studiert hat.

Offener Brief von Pfarrer Naber an Dr. Josef Eberle, Hauptschriftleiter der „Schöneren Zukunft“, Wien, erschienen in der Salzburger „Kath. Kirchenzeitung“ Nr. 6 von 1938

Sehr geehrter Herr Hauptschriftleiter!
In der Nummer vom 23. I. 1938 Ihrer Wochenschrift „Schönere Zukunft“ habe ich eben den Artikel „Konnersreuth vor dem Forum der Theologie und der Medizin“ gelesen. Ich, der ich das schreibe, bin Pfarrer Naber, bin bereits 28 Jahre Seelsorger und Beichtvater der Therese Neumann, kenne dieselbe noch aus ihrer Schulzeit und habe alles, was sich bei ihr Außerordentliches zugetragen, bis auf den heutigen Tag aus nächster Nähe und auf's genaueste beobachtet. Ich habe mich – dies Zeugnis werden mir alle ausstellen, die mich kennen – stets größter Nüchternheit befleißigt und, außer einer kurzen Feststellung zur Steuer der Wahrheit im Anfang der Ereignisse, nicht geschrieben, obwohl das für mich ein sehr einträgliches Geschäft hätte sein können. Mein Grundsatz war von Anfang an: Genau obachtgeben bei diesen außerordentlichen Erscheinungen, ob nicht etwas gegen kirchliche Lehre oder Sitte Verstoßendes sich zeige. Wenn ja, dann sofort unerbittlich einschreiten; wenn nicht, dann den Dingen einfach ihren Lauf lassen, damit man nicht schließlich störend in die Pläne Gottes eingreift. Ich habe mir noch jedes Wort über Therese Neumann überlegt,

um ja nicht zu viel zu sagen, ich scheue mich aber auch nicht, der Wahrheit offen Zeugnis zu geben; ohne jegliches Besinnen würde ich für die Wahrheit der außerordentlichen Erscheinungen bei Therese Neumann, wie ich sie beobachtet, insbesondere für die Nahrungslosigkeit, mein Leben daran setzen. Wenn man die Einfachheit, Natürlichkeit und Offenheit dieses großen Kindes im Sinne des Heilandes sieht, wenn man das Feuer der Heilandsliebe und -begeisterung aus ihrem Gesicht hat leuchten sehen, wenn man gesehen, wie all die außerordentlichen Zustände, Visionen usw. ohne jegliches Zutun ihrerseits sich einstellen, und zwar auch in edler, natürlicher Einfachheit und vollkommener geschichtlicher Wahrheit, dann kann man nicht anders sagen, was Abertausende nach solcher Beobachtung gesagt haben: „Das ist echt“; dann ekelt es einen vor pharisäischer Beobachtung, Blut- und Urinuntersuchung, Eingipsung usw., wie die Wissenschaft sie fordert.

Es ist leider gegen den oft geäußerten Willen der Theres Neumann und ihrer Eltern sehr viel über Konnersreuth geschrieben worden, darunter gar manches Entstellte, Unrichtige und Abgeschmackte. Ausgerechnet dies suchen gewisse Herren zusammen, um daraus ein Zerrbild von Konnersreuth zu machen - einen Pfaffenspiegel gegen Konnersreuth. Das verdenke ich keinem, wenn er nicht ohne weiteres an Konnersreuth glaubt, das aber verdenke ich jedem, wenn er, ohne sich genau zu orientieren, darüber urteilt. Wer den Dichter will versteh'n, muß in Dichters Lande gehn. Wie viel mehr gilt dies von so außerordentlichen Dingen. Sehen Sie! Ich bin ein armseliger Landpfarrer, kein Doktor oder dergleichen, aber ich fürchte keinen dieser gelehrten Herren, weil ich (ohne daß ich etwas dafür kann) die Erfahrung für mich habe... Was z.B. Dr. Deutsch zusammenschreibt, beruht samt und sonders auf falschen Voraussetzungen... Dr. Deutsch war niemals hier. Auch Dr. Heermann, P. Masoin und P. Richstätter S.J. waren nicht hier... Und Sie, Herr Hauptschriftleiter, der Sie doch, was Sie in Ihre Wochenschrift aufnehmen, zu decken haben, waren Sie schon einmal hier? Und Ihr Dr. Pius Havemann? Seit einem Jahrzehnt wird von den Gegnern Konnersreuths der alte Lügenschmarren immer wieder aufgewärmt, einer schreibt's dem andern nach, das nennt sich Wissenschaft.

Warum fragt man denn nicht nach dem Urteil derer, die Therese Neumann, ihren Charakter, ihr religiös-sittliches Verhalten und die außerordentlichen Vorgänge bei ihr kennen? Ihre Seelsorger, ihre überaus nüchternen Eltern und Geschwister, ihre Nachbarschaft, die ganze Pfarrei, die vielen, vielen Bischöfe und Priester und urteilsfähigen angesehenen Laien, die schon hier waren, auch die Ärzte, die sie schon beobachtet und untersucht haben? Zur Zeit ist sie schon seit drei Wochen in Eichstätt bei dem kranken Hochschulprofessor Wutz, dessen Haushälterin eine Schwester von ihr ist. Dorthin kommen die Professoren der Hochschule, kommt sehr oft der Bischof. Sie alle, besonders der Bischof, haben das größte Interesse an Therese Neumann. Solches Interesse hatte auch schon der frühere Bischof von Eichstätt, der jetzt Bischof in Berlin ist. Professor Wutz ist ob seiner Nüchternheit und Geradheit geradezu berühmt. Er ist seit 1926 oft in Konnersreuth, Therese Neumann oft in Eichstätt gewesen. Sicher wäre er dem Schwindel, wenn es ein solcher gewesen wäre, längst auf die Spur gekommen. Ein anderer Hochschulprofessor von Eichstätt, Fachmann in Chemie und Biologie, hat einen langen Bericht über seine Wahrnehmungen bei Therese Neumann an Bischof Buchberger in Regensburg geschickt. Ich lege eine Abschrift desselben bei.

Im Jahre 1927 hat das bischöfliche Ordinariat bei der zuständigen Wissenschaft angefragt, wie lange es ein Mensch ohne jegliches Essen und Trinken aushalten könne. Antwort: Etwa elf Tage. Daraufhin hat man eine 15tägige Beobachtung der Therese Neumann angeordnet. Lesen Sie nur bei Erzbischof Teodorowicz nach, wie genau man es genommen. (Dieser Erzbischof, der etliche Male hier war, gilt natürlich auch nichts, wie Kardinal Kaspar und Fürsterzbischof Waitz, weil sie eben nicht gegen Konnersreuth sind.) Das Ergebnis der Untersuchung wurde amtlich veröffentlicht mit dem Bemerken, daß sie in einer Klinik auch nicht besser gemacht werden hätte können und daß damit der naturwissenschaftliche Teil der Behandlung des Falles erledigt sei. Vater Neumann ist bereit, eidlich zu erklären, daß ihm der damalige Generalvikar, um ihn für die Untersuchung zu gewinnen, versprochen habe, er werde nach dieser Untersuchung nicht weiter belästigt werden. „Nun“, sagt der Vater jetzt, ,,ich hab mein Wort gehalten, hab die Untersuchung zugelassen, jetzt muß auch die bischöfliche Behörde ihr Wort halten.“ In der Erklärung des bischöflichen Ordinariates vom 10. Dezember 1937 heißt es, die Untersuchung von 1927 habe nur den damaligen Tatbestand feststellen können. Selbstverständlich; auch eine Untersuchung im Jahre 1938 wird nur den Tatbestand der Untersuchungswochen feststellen. Soll man halt diejenigen, die über die außerordentlichen Vorgänge bei Therese Neumann aussagen können und eidesfähig sind, eidlich vernehmen, der Eid gilt doch vor dem geistlichen und weltlichen Gericht. Und die Nahrungslosigkeit zumal ist etwas, zu dessen Feststellung jeder Mensch mit gesunden Sinnen fähig ist. Vater Neumann ist durch ärztliche Schuld in eine für ihn unüberwindliche Abneigung gegen eine neue ärztliche Untersuchung der Therese Neumann hineingetrieben worden. Daß er, ein alter Kanonier, einen so harten Kopf hat - der Bischof von Berlin (Kardinal Graf Preysing, vorher Bischof von Eichstätt. DV) hat gesagt, ihn freue es, daß Vater Neumann einen solchen habe; denn die Therese käme, wenn der Vater eine neue Untersuchung zugäbe, aus den Kliniken gar nicht mehr heraus, weil doch ein Arzt dem anderen und eine Klinik der anderen nicht glaubte - das ist, davon bin ich überzeugt, höhere Zulassung oder Fügung. Denn, glauben Sie denn, der Heiland lasse sich vor den Richterstuhl der Wissenschaft zitieren, um da seine Wunder aufzuweisen? Er ist gekommen und wirkt seine Wunder nicht für die Wissenschaft, sondern für den einfachen, gesunden Menschenverstand, der mit gutem Willen verbunden ist. Als der Heiland am Kreuze hing, haben die Wissenschaftler der damaligen Zeit hinaufgeschrieen: ,,Steig herab und beweise damit deine Gottessohnschaft!“ Der Heiland ist nicht herabgestiegen, aber gleich darauf von den Toten auferstanden und in den Himmel aufgefahren, und keiner jener Herren hat dabei sein dürfen. Wie würde es dem Heiland ergehen, wenn er heute auf der Erde erschiene und seine Wunder wirkte? Woher kommt denn unser religiöser Zusammenbruch? Der kommt von unserem, sagen wir, Semirationalismus. Ein Ministerialrat, ehedem Protestant, der durch Therese Neumann zur Konversion gekommen und jetzt sehr glücklich ist, schrieb mir neulich, tief empört über die Behandlung des Falles Therese Neumann:

„Das Christentum ist doch nicht ratio, sondern mysterium.“

Am 29. April 1937, dem Jahrestag ihrer Seligsprechung, hat die heilige Theresia vom Kinde Jesu zu Therese Neumann gesagt: „Du mußt deinen Beruf ganz erfüllen, mußt auch dem verkannten, verachteten und verfolgten Heiland immer ähnlicher zu werden trachten.“ Therese Neumann ist darüber erschrocken, ich auch. Und ich habe den Heiland gebeten: „Ach, laß mich doch nicht zu einem Werkzeug dieser Verkennung, Verachtung und Verfolgung werden!“ Ich glaube, auch manche andere hätten Grund, so zu beten. Die Theologen tun ja damit Kaiphasarbeit, verhelfen aber der Therese dadurch auch zur Verähnlichung mit dem Heiland in seinem schwersten Leid. „Hat sie die Kirche schon verfolgt?“, hat ein Universitätsprofessor gefragt, als er zum erstenmal von den Vorgängen bei Therese hörte. „Nur dann kann ich an ihre Echtheit glauben.“

Wir sehen der Zukunft ohne jede Angst entgegen. Therese betet: „Heiland, du weißt, daß wir niemals an so etwas gedacht haben. Du hast damit angefangen, du mußt es auch vollenden.“

Ihr Artikel ist eine ungeheuerliche Verdächtigung. Sie kennen das achte Gebot. Therese tröstet sich mit dem Jüngsten Tag wie der Heiland vor Kaiphas.

Alles Gute wünscht

Naber, Pfarrer.

Brief von Chefarzt Dr. Leo Ritter, Regensburg, an Pfarrer Naber vom 15. 4. 1949

Hochwürdiger Herr Pfarrer!

Karfreitag läßt meine Gedanken nach Konnersreuth wandern; ich hätte sehr den Wunsch gehabt, dort heute das Geschehen miterleben zu können. Der etwas ruhigere Arbeitstag erlaubt mir wenigstens Ihnen zu schreiben, Ihnen zu den hohen Osterfesttagen herzliche Wünsche zu entbieten und Resl zu wünschen, daß sie nach den schweren Tagen der Passion durch die Freuden der Auferstehung des Herrn reichlich entschädigt wird.

In der Zwischenzeit habe ich recht Gelegenheit gehabt,

über vieles nachzudenken und bin auch öfters mit jungen Theologen zusammengekommen in meiner ärztlichen Tätigkeit, die durch den emeritierten Prof. Waldmann gegenteilig beeinflußt sind. Ganz entschieden stehe ich Herrn Prof. Waldmann entgegen, mit Hysterie hat dies *nichts* zu tun. Für mich sind die Stigmata der Resl „natürlich" nicht zu erklären, womit auch Hofrat Prof. Tschermak v. Seyssenegg übereinstimmt, erst recht nicht die Nahrungslosigkeit, die außer Resl einige wenige Stigmatisierte gehabt haben.

Vor allem habe ich den jungen Theologen vorgehalten, wodurch sich der Vortrag Pr. Waldmanns kirchlich günstig auswirke? Der Einfluß Resls auf Konnersreuth sei für mich schon ein Erlebnis gewesen; an dem damaligen Freitag haben Sie meiner Schätzung nach weit über 200 Personen die hl. Kommunion gereicht. Keinen habe ich gesehen, der nicht ernst aus dem Hause der Familie Neumann herausgegangen ist. Alle, die dort waren, wurden mit Sicherheit dazu gebracht, über die wichtigsten Dinge des Lebens nachzudenken, vielleicht daß einige mehr, andere weniger lange beeindruckt wurden, aber mit Bestimmtheit wirken sich Erlebnisse in Konnersreuth nur günstig für christlich gesinnte Menschen aus. Ich schweige von dem Leben Resls in der Familie und im Bestreben, anderen Menschen Gutes zu tun.

Für mich hinterläßt Konnersreuth den Wunsch, noch öfters dorthin kommen zu können. Ihnen habe ich herzlich für Ihr so freundliches Entgegenkommen zu danken!

Mit der Wiederholung bester Wünsche zu den hohen Feiertagen für Sie persönlich und die Familie Neumann auch von meiner Tochter verbleibe ich mit dem Ausdrucke großer Verehrung

Ihr sehr ergebener Dr. Leo Ritter

KONNERSREUTH EIN ZEICHEN?

Die Frage, die viele heute bewegt, lautet: War, ist Konnersreuth ein Zeichen Gottes, gnadenvoll gestellt in unsere glaubensmatte Zeit? Ein leichtendes und wärmendes Feuer im Dunkel des Materialismus, der Gottes Sein verneint, in der

Kälte des Rationalismus, der Gottes Macht beschränkt, im Nebel des Liberalismus, der Gottes Bild verwischt?

„Preise niemand selig vor dem Tode“ (Sir 11,28). Die Zurückhaltung der zuständigen kirchlichen Stellen war verständlich. Nun aber ist Theres Neumann am 18. September 1962 gestorben. Jetzt, nach Abschluß ihres Lebens, ist zur Prüfung ein anderes Wort heranzuziehen: „An ihren Früchten werdet ihr sie erkennen“ (Mt 7,20). Ihrer sind es nicht wenige und gewiß keine schlechten. Der verstorbene Erzbischof Michael Buchberger von Regensburg, der die Geschehnisse in Konnersreuth keineswegs leichtgläubig hinnahm, hat, wie schon an anderer Stelle berichtet, 1953 in einer Ansprache in Konnersreuth einige aufgezählt: „Sie (die Besucher) haben hier entweder Erhörung gefunden oder sind getröstet wieder weggegangen. Andere haben den Glauben gefunden, und wieder andere sind in ihrem Glauben gestärkt worden.“

Der aufmerksame Beobachter, der die Vorgänge in Konnersreuth mehr als dreißig Jahre lang miterlebte, sah nicht nur diese Früchte, die gewissermaßen nebenbei abfielen, er hat sich vor allem die Frage nach dem Warum dieses Mysteriums vorgelegt, besonders nach dem Warum gerade in unserer Zeit. Vollzieht sich nicht ein Schwinden des Glaubens, weil das Gebet bedenklich ausgedünnt und die Brücke zu Gott trittunsicher wird? In Konnersreuth erlebte man demgegenüber ein gläubiges, vertrauensvolles Sicheinandergegenüberstehen, ein Reden mit Gott, das den Besucher miterfaßte. Man konnte, war man nicht hochmütig, dort Zeuge werden, daß der, „durch dessen Wort alles geworden ist“ (Joh 1,3), „dem selbst die Winde und Wellen gehorchen“ (Mt 8,27), die Macht hat, den von ihm gegebenen Naturgesetzen zu gebieten. Zeichen zur Festigung des Glaubens an Jesus Christus als den menschgewordenen Sohn Gottes?

Darüber hinaus erscheinen weitere zwei Faktoren aus den Geschehnissen in Konnersreuth für unsere Zeit von besonderer Bedeutung: Hinführung zur Eucharistie als unumstößliches Faktum und Sinngebung für das Leid im Heilsplane Gottes.

Die fast 40jährige Erhaltung des Lebens nur durch die heilige Eucharistie, deren intuitives Erkennen, das Schauen des Herabsteigens Christi im Augenblick der Wandlung, das mystische Eingehen und unaufgelöste Verbleiben der Brotsgestalt im Körper scheinen als neuer Erweis der lebendigen und Anbetung gebietenden Gegenwart Christi im Altarsakrament in unsere zweifelnde Zeit gestellt zu sein, um uns zu gläubiger Hingabe an die „verborgene Gottheit" (Thomas v. Aquin) zu ermutigen.

Durch die bereitwillige Annahme der Leiden aber, und zwar der körperlichen und der seelischen, und durch deren heroische Hinzulegung zu den Leiden Christi zum Wohle der Menschheit wurde erneut ein tiefer Sinn des Leidens aufgezeigt, für den wir Heutigen kaum noch eine Antenne haben, den wir aber zum Begreifen und Ertragen des Leides verstehen *müssen*. Haben nicht die beiden Weltkriege und die Geringschätzung des menschlichen Lebens zwischen und in diesen Zeiten unsagbares und für viele unverständliches Leid über die Menschheit gebracht? Und wieviel Leid geschieht in unseren Tagen, durch Menschen und durch Urgewalt – in Kriegsherden, in Revolutionszentren und Katastrophengebieten –, das die Nichtbetroffenen unter ihrer Wohlstandsdecke nicht sehen wollen! Hängt nicht auch über ihnen an einem Faden das Damoklesschwert atomarer Bedrohung? In Konnersreuth lernte man vertieft erkennen, daß Leiden im Heilsplan Gottes ein not-wendiges (wörtlich) Schicksal der Menschheit sind, die sich durch das Ertragen(-müssen) seitens der Leidenden, ebenso not-wendig aber durch die tatkräftige, Opfer fordernde Hilfe für sie seitens der weniger Betroffenen weitgehend entsühnt. So werden sie wechselseitig im christlichen Sinne füreinander fruchtbar: die Leidenden und die nicht Leidenden. „Durch Leiden werden weit mehr Menschen gerettet als durch die glänzendsten Predigten" war eines der ersten Worte, das Theres Neumann aus dem Munde der heiligen Karmelitin von Lisieux vernommen hat (vgl. Seite 21).

Wir, die wir durch Fügung die Gelegenheit – aus Dankbarkeit möchte man lieber sagen die Gnade – hatten, das Geschehen in Konnersreuth jahrzehntelang mitzuverfolgen und mitzuerleben, fühlen uns gedrängt, auszusprechen, daß wir die am Anfang dieses Schlußwortes gestellte Frage mit allen Kräften unseres Verstandes, unseres Gemütes und unseres Gewissens bejahen möchten. Der Verfasser ist bereit zu bezeugen und zu beeiden, daß er in mehr als dreißig Jahren – kleine menschliche Schwächen seien ausgeklammert – bei genauer Beobachtung nie etwas Unwürdiges oder etwas gegen Glauben und Sitte Verstoßenes bemerkt hat, daß er im Gegenteil in Therese Neumann einen Menschen von kerniger, erbaulicher, jedoch keineswegs hysterischer Frömmigkeit und unbedingter Wahrheitsliebe kennenlernen durfte. Ich habe darüber hinaus durch Befragung vieler glaubwürdiger Personen und durch Beobachtung bei einem längeren Besuch Theresens in meinem Haus die felsenfeste Überzeugung der mehr als 35jährigen vollständigen Nahrungslosigkeit – ausgenommen die Heilige Kommunion – gewonnen, die ebenso wie viele andere Erscheinungen, über die in diesem Buch berichtet ist, auf natürliche Weise nicht erklärt werden können.

Und wie stellt sich heute die Kirche zum Fall Konnersreuth? Ihr obliegt es ja, das Endurteil zu fällen. Ich spreche nicht aus Eigenem, wenn ich sage: Die Kirche wird in ihrer jahrhundertealten Weisheit sicher zu diesen Vorgängen noch Stellung nehmen. Wie sie in anderen Zeiten und anderen Ländern über die „Magnalia Dei", die Erweise der Größe und Gnade Gottes in seinen getreuen Dienern befunden hat, so wird sie auch den Fall Konnersreuth behandeln, wenn die Zeit dafür gekommen ist.

ZUM GEDENKEN

Pfarrer Josef Naber

wurde am 4. Dezember 1870 in Neukirchen-Balbini geboren. Er hatte 4 Geschwister. In seiner frühesten Kindheit sind drei davon, nämlich zwei Schwestern im Alter von 9 und 7 und ein Bruder im Alter von 3 Jahren innerhalb von 4 Wochen gestorben. Der nächste in der Geschwisterreihe war er, dann kam noch ein Brüderchen, das auch bald starb.

Pfarrer Joseph Naber (bei der Weihe des Theresienbrunnens, in seinem 95. Lebensjahr)

Als auch den Vater im Alter von 48 Jahren der Tod dahinraffte, war der Bub mit der Mutter allein. Er wollte ,,studieren". Der Mutter war es in ihrer Einsamkeit nicht ganz recht, aber der Kaplan redete ihr zu. ,,Er gab mir Vorbereitungsunterricht, und ich kam mit 10 Jahren in die erste Gymnasialklasse nach Regensburg. Zu Beginn der zweiten wurde das Knabenseminar Obermünster eröffnet. Dort war ich dann 8 Jahre lang, hernach im Regensburger Priesterseminar." Im Jahre 1895 wurde Josef Naber zum Priester geweiht. Er wurde dann Kooperator in Schönthal. Nach 5 Jahren, im Jahre 1900 bewarb er sich, um seine kränkliche Mutter zu sich nehmen zu können, um die neu eingerichtete Expositur in Warzenried, Pfarrei Neukirchen-Heiligblut. Die Mutter starb jedoch noch vor dem Umzug. Nach weiteren 9 Seelsorge-Jahren gab er um die freigewordene Pfarrei Konnnersreuth ein, die ihm zugesprochen wurde (1909). 51 Jahre lang, bis 1960 und bis in sein 90. Lebensjahr war er dort Pfarrer und hernach bis zum Ende seines Lebens Kommorant. Bischof Rudolf Graber hat ihn mit dem Titel Bischöflicher Geistlicher Rat ausgezeichnet. Im Jahre 1965 konnte er das seltene Gnadenjubiläum 70jähriger Priesterzeit feiern. Wesentliche Charaktermerkmale von Pfarrer Naber waren Lauterkeit, Bescheidenheit, tiefinnere Frömmigkeit, ergriffene Heilandsliebe und unerschütterliches Vertrauen auf die Vorsehung. Er formte seine Pfarrei zu einer eucharistischen Gemeinde. Das aufwühlendste Ereignis seines Lebens brachte, wie er erzählte, der Ostersonntag 1926, als er die Stigmata der Theres Neumann an Händen und Füßen erblickte. „Heiland, soll das wahr sein? Solche Begnadung!" Und es dauerte lange, bis er seine ausgeglichene Ruhe wiederfand. Kardinal Karl Kašpar urteilt schon 1935 (a.a.O. S. 33): „Pfarrer Naber! Welch edle Erscheinung! Wahrhaftig, Gott erwählt nach seinem eigenen zweckentsprechenden Ratschluß seinen auserwählten Seelen ihre Seelsorger. Ein Muster an Frömmigkeit, Geduld, Zuvorkommenheit, Aufopferung und Eifer für die Ehre Gottes." Es gibt Leute, die die Wechselwirkung im vorliegenden Fall sogar umdrehen und sagen: einem beispielhaft frommen, glaubenssicheren und starkmutigen Priester hat Gott eine begnadete Seele erweckt und zur Führung anvertraut. Aus beiden Meinungen resultiert das gleiche: die vorsehungsvolle Zusammenführung zweier Seelen zu einer geistlichen Vaterschaft und Kindschaft, aus der beide für sich und alle, die mit ihnen in Kontakt kamen, Kraft und seelische Bereicherung zogen. Am 23. Februar 1967 hat der Heiland Pfarrer Naber im 97. Lebens- und 72. Priesterjahr zu sich gerufen. Wo in aller Welt man die Namen Konnersreuth und Theres Neumann in den Mund nimmt, wird man stets den Namen Josef Naber damit in Verbindung bringen.

Nachträge und Ergänzungen

ab 7. Auflage 1974

Eintrag in der Taufmatrikel der Pfarrei Konnersreuth von 1898

Seite 132, Nr. 7 (des Jahres 1898): Name des Kindes: Neumann Theres / Hebamme: Mühlfenzl / Name des Vaters: Ferdinand Neumann / Stand: Schneider / Aufenthaltsort: Konnersreuth / Mutter, Vor- und Geschlechtsname: Anna geb. Grillmeier / Stand der Mutter: Bauerstochter / Aufenthaltsort: Neudorf / Zeit der Geburt, Tag des Monats, Jahr und Stunde: 9 April früh 12 1/4 Uhr / Tauftag: 10 April / Pfarrer: Ebel / Taufzeugen, Taufpathen: Forster Theres v. Waldsassen / Stellvertreter. In dieser Rubrik befindet sich in der Handschrift Pfarrer Nabers folgende Eintrag: „Nach der Mutter Angabe noch vor Mitternacht, also am Charfreitag geboren. Naber Pfr."

Dem Verfasser gegenüber hat die Mutter auf die Frage nach diesem Eintrag und besonders Nachtrag folgendes einige Zeit vor ihrem Tode erzählt: „Als das Kind da war, hab ich auf die Uhr geschaut, da war es zwischen 3/4 12 und 12 Uhr (Mitternacht). Bis aber die Hebamme mit allem fertig war, war es schon bald eine Stunde später. Sie sagte dann: Wann ist jetzt das Kind gekommen? Sagen wir Viertel nach 12 Uhr? Ich sagte nichts dagegen. Man hat halt ein Kind lieber am Karsamstag als am Karfreitag auf die Welt kommen sehen. Und so hat es die Hebamme dann aufgeschrieben." Eine durchaus verständliche Haltung der Mutter, die aber diese Ungenauigkeit später Pfarrer Naber bekannte, worauf er den Nachtrag in der Taufmatrikel anbrachte. Der Standesbeamte der Gemeinde hat im Gemeinderegister auf die nächste volle Stunde aufgerundet.

Das veranlaßte einen Autor zu schreiben (Hanauer, Konnersreuth als Testfall, S. 372), man habe für die Geburt der Therese Neumann offensichtlich später andere Angaben gemacht, damit man den Karfreitag als Geburtstag einsetzen könne. Wenn man schon einer Geburtsstunde tiefere Bedeutung beimißt, darf man nicht von der eine Übereinkunft darstellenden mitteleuropäischen Zeit ausgehen, sondern muß die astronomische Ortszeit zugrunde legen. Konnersreuth liegt auf dem Meridian 12° 16', hat demnach zum Stargard-Meridian, nach welchem die mitteleuropäische Zeit festgelegt ist, eine um 2° 44' abweichende Differenz, was einen Sonnenzeitunterschied von mehr als 10 Zeitminuten ausmacht. Die für die Ortszeit noch zu berücksichtigende, jahreszeitlich etwas wechselnde Zeitgleichung ist um Mitte April Null, verändert also die Ortszeit nicht. Demnach ist Therese Neumann am Karfreitag, dem 8. April 1898 der wirklichen Sonnenzeit nach, richtiggehende Uhr im Geburtszimmer vorausgesetzt, mindestens 1/4 Stunde vor Mitternacht geboren. Dem Verfasser erscheint es allerdings als nicht sehr wichtig, ob Therese Neumann nun noch am Karfreitag oder am Karsamstag geboren wurde, er wollte nur die auf Seite 15 angegebene Geburtszeit erhärten und zugleich den Vorwurf einer geschichtlichen Verfälschung durch die Mutter oder Pfarrer Naber widerlegen.

Die Armut der Familie

Die uns heute kaum faßbare Sparsamkeit und Bedürfnislosigkeit der zwölfköpfigen Familie schildert ergreifend und überzeugend Gerlich (a.a.O. Bd. I, S. 7): ,,Die Verhältnisse, in denen Therese daheim aufwuchs, waren äußerst beschränkt. Der Vater hatte das Anwesen stark belastet übernehmen müssen. Die Schulden vom Neubau nach dem Brand vom Jahre 1868 standen noch größtenteils darauf. Es gehörte rastloser Fleiß und größte Sparsamkeit des jungen Ehepaares dazu, seinen Schuldverpflichtungen nachzukommen und die sich rasch mehrende Familie zu ernähren. Wie ärmlich die Verhältnisse waren, läßt sich aus folgendem Erlebnis der Therese Neumann ermessen. Als sie in den Dienst eingetreten war, sah sie, wie ihre Dienstherrin die Brotsuppe mit Butterschmalz abschmälzte. Sie meinte, die Frau habe irrtümlich das Schmalz an die Suppe getan, und erzählte beim nächsten Besuch im Elternhause ihrer Mutter diese Wahrnehmung. Die Mutter aber belehrte sie, daß die Brotsuppe eigentlich so angerichtet werden müsse. Sie selbst hätte es nur nicht tun können, da sie zu arm dazu gewesen seien. Therese solle aber darüber vor den Leuten schweigen, da ihre Eltern sich sonst schämen müßten.

Wenn der Vater eine Schneiderarbeit fertiggestellt hatte, und die Kinder sie den Kunden brachten, so erhielten sie hin und wieder ein paar Pfennige für die Besorgung. Diese wurden aber nicht vernascht, sondern gewissenhaft und freudig in ein Fach der väterlichen Nähmaschine getan. War dann einmal gar kein Geld im Hause, was öfters vorkam, so versammelte sich die Familie um diese Sparkasse, das Fach wurde feierlich geöffnet, sein Inhalt von 30 oder 40 Pfennigen erhoben und im Haushalt verwandt. Die Kleinen waren sehr stolz darauf, auf diese Weise zum Unterhalt der Familie beitragen zu können. Eines Kirchweihfestes vermag sich Therese noch gut zu erinnern - Dompfarrer Geiger, Bamberg, hat das Erlebnis erstmals berichtet - wo wieder einmal gar kein Geld im Hause war. Geiger schreibt: Es war einmal Kirchweih. Kirchweih im weltentlegenen Markt, das Fest der Feste auf der heimatlichen Scholle. Die Neumannskinder, das ganze Jahr von Kartoffeln und Brot lebend, durften auf einen Kirchweihschmaus hoffen. Der Vater stellte einen Rock fertig für einen begüterten Bauern. Vom Erlös kann man Mehl und Schmalz kaufen; dann backt die Mutter Kirchweihkrapfen! Das Stück wird abgeliefert, doch siehe da, der reiche Bauer frägt nicht einmal nach der Schuldigkeit, und, um die Kundschaft nicht zu verlieren, zieht Neumann stillschweigend, aber bekümmerten Herzens ab. Was tun, um den hoffenden, hungernden Kindern den Kirchweihbraten zu ersetzen? Die Mutter kocht einen Topf Mehlspatzen und gibt zum Fest geschmalzte Zwiebel auf die Kartoffeln; eine brave, alte Frau der Nachbarschaft schenkt einen Laib Brot, niemand sonst erfährt von der Armut der zwölfköpfigen Familie, und es wird fröhlich Kirchweih gefeiert."

Dem Verfasser erzählte Vater Ferdinand Neumann gelegentlich folgendes: „Als Gerlich wieder einmal im Frühjahr hier war und wir auf Essen und Trinken zu sprechen kamen, sagte ich zu ihm scherzhaft: ‚O mei, Herr Doktor, ich möchte einmal eine Wurst, so groß wie ein Autoreifen.' Was passierte? Als er und Professor Wutz in der Karwoche dann zu uns kamen, brachten sie eine Salami, so groß und auch bald so dick wie ein aufgeblasener Autoschlauch, eigens auf Bestellung der beiden für uns angefertigt. Weit gingen uns die Augen auf. Aber gleichzeitig tratzten sie uns; denn sie schenkten uns die Wurst ausgerechnet am Gründonnerstag. Sie wußten, daß wir die drei Kartage kein Fleisch anrühren und hatten ihre Freude daran, daß wir die Wurst bis zum Ostersonntag anschauen mußten. Aber dann hat sie uns großartig geschmeckt und wir konnten alle tüchtig dreinhauen. Die Resl natürlich nicht, aber die hat sich doch an unserer Freude richtig mitgefreut."

Bestätigungen

Schweben (zu Seite 152)

M. Walburga OSB, St. Mildreds Abbey, Kent, England, Schwester des Fürsten Erich von Waldburg-Zeil, früher im Kloster St. Walburg in Eichstätt, bestätigt die Elevation in Eichstätt und schreibt in einem auf die versandten Fragebogen hin eingegangenen Bericht an P. Dr. Carl Sträter folgendes:

(S. 6) „Ich kannte Therese Neumann von 1927 an und sah sie fast jedes Jahr ein oder zweimal" – (S. 23): „Es war bei einer Profeßfeier, das Jahr weiß ich nimmer. Resl war als Gast geladen und Hochw. Mutter Äbtissin ließ ihr einen Sitz bereiten neben ihrem eigenen etwas erhöhten Thronsitz. Ich meine, es war bei der Wandlung, daß Resl den Heiland sehen durfte und in Ekstase geriet. Hochw. Mutter sah auf einmal, daß Resl auf gleicher Höhe mit ihr war, in sitzender Stellung. Sie selbst fuhr dann mit der Hand unter ihr her und stellte fest, daß keine Verbindung war zwischen Resl und ihrem Sitz. Das Ganze dauerte nicht lang. Es geschah auch in aller Stille, so daß fast niemand merkte, daß etwas los war. Ich selbst stand oder kniete nahe dabei und merkte nur, daß Hochw. Mutter etwas hatte. Gleich hernach hat Hochw. Mutter es mir erzählt, so daß ich es aus erster Quelle wußte. Ich weiß mit Sicherheit, daß diese Sache in der Chorkapelle der Abtei sich zugetragen hat."

Zum zweiten Fall wird durch eine Reihe von absolut glaubwürdigen Zeugen, darunter Priester, ausgesagt, daß

Therese, als sie sich bei der Vision Mariä Himmelfahrt im Jahre 1938 in einem Zimmer des Steyler Klosters in Tirschenreuth befand, nachdem sie aufgesprungen war, sich auf die Zehenspitzen gestreckt und „mit, mit" gerufen hatte, ein Stück mit emporgenommen worden sei und einige Zeit in der Luft geschwebt habe. Am 24.9.1950 traf ich in Konnersreuth einen Augenzeugen dieses Vorfalles, Herrn Dost aus Hildesheim, der sich für die Wahrheit verbürgte. Therese sei etwa 15–20 cm vom Fußboden erhöht gewesen und habe in diesem freischwebenden Zustand eine Zeitlang verharrt.

Lourdes

Zu den von Dr. Gerlich wiedergegebenen Worten der Immaculata an das Hirtenmädchen Bernadette schreibt Herr André Saltzmann, Paris, 42 rue de Lagny, unter dem 12. August 1970 an den Verfasser: „Wie Sie richtig schreiben und wie es Theres hörte, sprach die hl. Jungfrau zu Bernadette Soubirous im Pyrenäendialekt. Leider ist der in Ihrem Buche phonetisch wiedergegebene Wortlaut nur halbwegs zutreffend. Es hieß: „Qué soy er' Immaculada Councepsiou" (korrekt französisch: „Je suis l'Immaculée Conception"). Wenn ich nicht irre, umgibt der Dialektwortlaut die in der Lourder Felsenhöhle stehende Statue der hl. Jungfrau (übrigens eine von Bernadette als völlig unzulänglich bezeichnete Nachbildung).

Andererseits kann man sich vorstellen, welche Schwierigkeiten die bei Theres Umstehenden hatten, einen einmalig gehörten Ausspruch in einem unbekannten Dialekt niederzuschreiben.

Ich habe einmal ein Buch ins Deutsche übersetzt, welches von einem zu Bernadettes Zeiten in Lourdes amtierenden Steuereinnehmer, namens Estrade, geschrieben worden war und worin dieser berufsmäßig auf Präzision eingestellte Mann alles aufs genaueste angegeben hat, u.a. auch obenangeführten Wortlaut im Dialekt, so daß Sie sich auf den Hinweis verlassen können. (Die von André Saltzmann übersetzten Aufzeichnungen über die Begegnungen und Gespräche der Bernadette mit der Gottesmutter sind 1980 im Verlag Schnell & Steiner als Buch erschienen unter dem Titel

Jean B. Estrade, Die Erscheinungen in Lourdes, Aufzeichnungen eines Augenzeugen, 224 Seiten, bebildert, ISB Nr. 3-7954-0423-1) – Es mag Sie interessieren, zu erfahren, daß Bernadette am selben Tage (die Erscheinung hatte frühmorgens stattgefunden) die ihr freundlich zugetane Familie Estrade besuchte, ihr die Erscheinung erzählte und anschließend die Schwester des Herrn Estrade frug, was denn „Unbefleckte Empfängnis" eigentlich bedeute. In dieser unbefangenen Frage sah Estrade einen weiteren Beweis, falls es eines solchen bedarf, daß B. die Erscheinung nicht erfunden hatte.

Mit besten Grüßen
A. Saltzmann

Gottesdienste in Berlin (zu Seite 142)

Hiezu schreibt Fr. Erika Becker unter dem 25.1.1970 an den Verfasser: „Im Zimmer bei Herrn Pfarrer Naber habe ich Sie kennengelernt. Meinen Vater werden Sie sicher durch Resl und Herrn Pfarrer Naber schon lange kennen. Er gehört wohl zu jenen Menschen, die Ernst machten mit der Forderung Gottes: „Bekehret euch!" In Berlin hat Herr Pf. Naber bei uns gewohnt. Meine Mutter war Zeugin des Vorfalles in St. Ansgar (vgl. S. 142).

Aramäisch, die Sprache Jesu

Der folgende Bericht über Gespräche mit Therese Neumann, abgesandt am 7.12.1967 an den Verfasser, stammt von Erzbischof Dr. Joseph Parecattil (seit 1969 Kardinal der römischen Kirche) aus Ernaculam, Indien. Er ist ein besonders aktuelles Zeugnis, weil er die von Therese Neumann in den Visionen gehörten aramäischen Worte aus einem Lande bestätigt, in welchem die syro-chaldäische Sprache noch bis vor kurzem, nämlich bis zur Institution des zweiten Vatikanischen Konzils, die Liturgie in der Muttersprache zu feiern, die dortige Kirchensprache war, die im wesentlichen noch auf die aramäische Sprechweise des Apostels Thomas zurückgeht, welcher das Christentum in Indien begründete.

Wenn manche Worte nicht buchstabengetreu mit denen lt. Tonband in diesem Buche (oder in dem Buche „Visionen") übereinstimmen, hat das verschiedene Ursachen.

1. Es sind nahezu 2000 Jahre seit der Predigt des Apostels Thomas vergangen. Auch wenn die Liturgie sehr früh schriftlich niedergelegt wurde, sind sicherlich manche Abweichungen eingetreten. Es sind wohl einige Vokale verlorengegangen, vielleicht auch eingefügt worden, wie Parecattil es selbst beim Namen Jesu darlegt. Er schreibt z.B. auch SLAM LAHON, als der Auferstandene im Abendmahlsaal erscheint, während Therese lt. Tonband sagt Schelam lachon (Friede sei mit euch).
2. Kardinal Parecattil gibt die Ausdrücke in der englischen Schreibweise wieder. Als Beispiel diene das Wort KOOM (stehe auf), das im Englischen kum ausgesprochen wird, wie wir es auch im phonetischen Bericht wiederholt antreffen. Oder er schreibt ISHOA, wobei wir in deutscher Sprechweise SH als SCH, also Ischoa lesen müssen, was sehr nah an das in den Tonbandberichten festgehaltene Wort Jeschua herankommt.
3. Die Worte wurden von Therese Neumann Kardinal Parecattil gegenüber nach längerer Zeit aus dem Gedächtnis mitgeteilt, während sie bei den einzelnen Visionen unmittelbar nach deren Erleben im Zustand der Eingenommenheit ausgesprochen und festgehalten sind. Aber selbst da sind es schon Wiedergaben aus dem Gedächtnis, weshalb bei solch schwierigen Fremdsprachen nicht für buchstabengetreue Aussprache garantiert werden kann.

Unter Berücksichtigung dieser Abweichmöglichkeiten ist die sehr weitgehende Übereinstimmung ein Beweis dafür, daß Therese Neumann tatsächlich in ihren Audio-Visionen die Originalworte der handelnden Personen gehört hat, so wie sie auch bei der Vision von Lourdes die Muttergottes im Pyrenäen-Dialekt sprechen hörte und wiedergab, was keiner der Anwesenden erwarten konnte, oder wie sie die Volksmenge bei der Totenerweckung zweier Männer durch den Apostel Johannes in Smyrna griechisch „Zosin" (sie leben) rufen hört. – Es folgt der Originalbericht.

Therese Neumann und die aramäische Sprache von Dr. Joseph Parecattil, Kardinal-Erzbischof von Ernakulam, Indien

Vor kurzem hatte ich das Glück, das erregende Leben der Therese Neumann durch das Buch von Johannes Steiner kennenzulernen, das mir Seine Exzellenz, Dr. Rudolf Graber, Bischof von Regensburg, in der englischen Ausgabe schenkte. Meine Aufmerksamkeit richtete sich besonders auf die aramäischen oder syro-chaldäischen Worte und Sätze, die sie aus den Visionen vom Leiden unseres Herrn wiedergeben konnte, die, wie man glaubt, sie zu sehen auserwählt war. Ich kann mehrere Einzelheiten hinzufügen, da ich zweimal mit ihr über dieses Thema gesprochen habe.

Ich habe Therese Neumann zweimal besucht, das erste Mal am 27. Mai 1958 und ein zweites Mal am 6. Dez. 1960. Bei beiden Gelegenheiten drehte sich unser Gespräch um die aramäischen Worte, die sie aus dem Gedächtnis wiedergeben konnte. Aramäisch oder syrochaldäisch ist unsere liturgische Sprache. Es ist die Sprache, die von Unserem Herrn, der Hl. Jungfrau Maria und den Aposteln gesprochen wurde. Der hl. Matthäus schrieb sein Evangelium in dieser Sprache. Der hl. Thomas, der Apostel, der den christlichen Glauben nach Indien brachte, führte diese kirchliche Sprache bei uns ein, die in unserem Land weiterhin als die liturgische Sprache unseres Ritus fortbestand. Unser Ritus ist bekannt als der syro-malabarische Ritus. Obwohl wir seit dem Konzil unsere Liturgie meistens in Malayalam, unserer Muttersprache, feiern, gestalten wir zu der Zeit, als ich Therese Neumann besuchte, alle unsere liturgischen Gottesdienste in aramäischer oder syrochaldäischer Sprache.

Bei der Gelegenheit meines ersten Besuches fragte ich sie, ob sie einige der Sätze zu wiederholen vermöchte, die sie während der Visionen hört. Sie bejahte es, fügte aber hinzu, daß sie vielleicht nicht richtig sein könnten, da sie sich nur auf ihr Gedächtnis verlassen müßte. Natürlich ist es nicht leicht, die Sätze einer völlig fremden Sprache aus dem Gedächtnis heraus zu wiederholen. Aus diesem Grunde bedauerte sie ihre Unfähigkeit, die Sätze korrekt zu sagen. Ich konnte jedoch die aramäischen Worte und Sätze, die sie aussprach, verstehen.

Zuerst fragte ich sie über die Worte Unseres Herrn am Kreuz. Die allerersten Worte, die sie wiederholte, sind folgende: ABA BEEDAK APPAKETH RUHI, was „Vater in deine Hände empfehle ich meinen Geist" bedeutet. Dann SHALEM KOLHON - alles ist vollbracht. Nach der Auferstehung begrüßte unser Herr die Apostel mit den Worten SLAM LAHON - Friede sei mit euch. (Sch(e)lam l(a)chon auf Schallplatte - phonetisch, in unserer Aussprache. V.) Die Juden schrien zu Pilatus: SLOVAI SLOVAI - Kreuzige ihn, kreuzige ihn.

Außerdem konnte ein anderer Priester, der sie besuchte und von meinem Besuch gehört hatte, ebenfalls folgende Sätze niederschreiben: Nach der Auferweckung der Tochter des Jairus sagte Unser Herr: Thalitha KOOMI (OO, englische Aussprache U, wir hören lt. Tonband Kum) - Steh auf Mädchen.

Als er Lazarus zum Leben erweckte: LAASAAR ALLA - Komm zu dir, Lazarus.

Nach der Dornenkrönung: SLAM LAK MALKA D'YOO-DAYE - Heil dir, König der Juden.

Zu dem guten Schächer sagt Jesus: AMEN AMEN . . . BPARDA-YISA - Wahrlich ich sage dir . . . im Paradies (Sie sagte, sie hätte die Worte dazwischen vergessen).

Am Kreuz: ELOI, ELOI LMA SABAKTHANI - Mein Gott, mein Gott, warum hast du mich verlassen?

ZKE - mich dürstet (lt. Tonband Äs-che).

HA EMEEK, HA BREEK - siehe da deine Mutter, siehe da dein Sohn.

Nach der Auferstehung ANA LA THEDELOON - ich bin es, fürchtet euch nicht.

Der hl. Thomas MARI ELOI - mein Herr, mein Gott.

Am Ölberg KOMO - Steht auf.

Diejenigen, die am Fuße des Kreuzes standen: BAR ELO - Sohn Gottes.

Als ich Therese Neumann 1958 besuchte, fragte ich sie, ob die hl. Jungfrau Maria etwas zu ihr spricht, was das Leiden Unseres Herrn betrifft. Die Antwort war, daß sie nur schweige.

Therese hatte ihre Nichte, ein kleines Mädchen, namens Marie, neben anderen bei sich zu Hause. Ich nannte sie „Mariam" auf aramäisch. Dann korrigierte mich die Stigmatisierte und sagte ,,Miriam''. Aber sie fügte hinzu, daß unsere Frau (Maria) auf zwei etwas verschiedene Arten angeredet wurde. Im Tempel wurde sie Miriam genannt, aber der hl. Joseph pflegte sie Mariam zu nennen. Nebenbei sagte sie auch, daß Unser Herr im Tempel ein eleganteres Aramäisch sprach, aber in seinen Gesprächen mit den Aposteln sich einer alltäglicheren und weniger eleganten Sprache bediente. Es fiel mir damals nicht ein, sie danach zu fragen, wie sie den Stil der zwei verschiedenen Gesprächsformen unterscheiden konnte.

Therese freute sich besonders zu hören, daß die Sprache, die Unser Herr, die hl. Jungfrau und die Apostel sprachen, noch in Indien erhalten ist und als liturgische Sprache verwendet wird. (Dieselbe Freude spricht aus einem Brief, den sie mir am 12. April 1962, einige Monate bevor sie starb, schrieb.) Sie bat mich, einige Sätze auf aramäisch zu lesen. Ich hatte nur mein Brevier bei mir. Ich schlug das Buch willkürlich auf und begann einen Absatz zu lesen, in dem das Wort ,,MALKA'' vorkam. Unmittelbar sagte sie ,,Malka, das Wort kenne ich. Nach dem Wunder der Brotvermehrung riefen die Juden: MALKA, MALKA'' (König).

Ein anderer wichtiger Punkt, den sie mir 1958 enthüllte, war, daß Unser Herr beim Letzten Abendmahl um den Tisch herumging und HALLEL vor sich hersagte. Damals verstand ich die Bedeutung von HALLEL nicht. Später, im Jahre 1961, als ich Daniel Rop's Buch ,,Jesus und seine Zeit'' las, verstand ich die Bedeutung dessen, was Therese N. sagte. HALLEL zu singen, ist eine unentbehrliche Zeremonie des Festes des ,,Vorüberganges''. Es ist eine berühmte Hymne, die aus den Psalmen 113–116 besteht (Cfr. ,,Jesus und seine Zeit'', Band II, Seite 137, New York, 1960).

Etwas anderes, sehr Interessantes, was Therese mir während meines Besuches 1958 sagte, war, daß sie während ihrer Ekstase die Predigt des hl. Petrus am Pfingstfest in ihrer eigenen Sprache hörte – ein Phänomen, ganz im Einklang mit dem Ereignis des ersten Pfingsttages.

Obwohl ich 1958 nur eine Stunde mit Therese verbrachte, erinnerte sie sich deutlich an meinem Besuch. Als sie nämlich später ein französischer Priester besuchte, um einige Informationen über die aramäische Sprache zu sammeln, legte sie ihm nahe, mit mir Bekanntschaft zu machen.

Bei meinem zweiten Besuch 1960 erkannte sie mich sofort wieder. Als ich meine Überraschung darüber äußerte, daß sie mich nach 2 Jahren sofort wiedererkenne, trotz der unzähligen Besucher, die während dieser Zeitspanne an ihre Tür geklopft hatten, öffnete sie ihr Gebetbuch und zeigte mir die eigenhändig unterschriebenen Andachtsbildchen, die ich ihr bei meinem früheren Besuch überreicht hatte. Dieses Mal verbrachte ich wiederum einige Zeit mit der Erläuterung eines Punktes, der die aramäische Sprache betrifft. Ich fragte sie, wie sie das Wort ,,Jesus" während ihrer Ekstase hört. Sie sagte ,,ISCHOA" (lt. Tonband Jeschua. V.) Das war wichtig für mich, denn wir sagen jetzt nur mehr ,,ISHO" und lassen das letzte A wegfallen, obwohl wir noch ,,ISHOA" schreiben. Meine Schlußfolgerung ist, daß auch in unserem Land in früheren Zeiten alle Buchstaben ausgesprochen wurden und daß der letzte Buchstabe im Laufe der Jahrhunderte stumm geworden ist.

Ich übergehe die verschiedenen Einzelheiten, die mir Pfarrer Josef Naber über ihre eucharistische Aufopferung und ihre Erlebnisse berichtete. Als ich sie 1960 besuchte, war er bettlägerig in ihrem Haus, und ihr eigener Vater war schon tot.

Bevor ich schließe, muß ich sagen, daß ich von ihrer kindlichen Einfalt, ihrer Menschlichkeit, ihrem tiefen Glauben, ihrer Liebe zum Leiden, ihrem Gebetseifer und Gehorsamseifer sehr beeindruckt war. Als ich sie bei meinem zweiten Besuch fragte, ob sie mir ein Stück Leinen, das mit dem Blut ihres Stigmas befleckt ist, geben könnte, antwortete sie, daß ihr Bischof es ihr verboten hätte, so etwas zu tun. Bevor ich sie beide Male verließ, kniete sie vor mir nieder, um meinen Segen zu empfangen. Bemerkenswert ist auch, daß sie den Elfenbeinrosenkranz und andere kleine Geschenke, die ich ihr machte, mit kindlicher Einfalt annahm und einen weiteren Rosenkranz für ihre Schwester begehrte. Sie beschenkte mich mit einigen Gegenständen und Dollarscheinen für die Mission, ein deutliches Zeichen ihrer Missionsbegeisterung.

Was mich anbetrifft, so ist u.a. die Tatsache, daß Therese jene Sätze in aramäischer oder syro-chaldäischer Sprache wiederholen konnte, einer Sprache, die sie weder gelernt, noch bei irgendeiner Gelegenheit gehört hatte, ein zwingendes Argument zu ihrem Vorteil.

ZUM 10. JAHRESGEDÄCHTNIS DES TODES und der Grablegung der Therese Neumann fand vom Donnerstag, dem 21. bis Samstag, den 23. September 1972 in der Pfarrkirche von Konnersreuth ein Triduum von abendlichen Vorträgen statt, an welches sich am Sonntag ein festlicher Pontifikalgottesdienst und eine Nachmittagsschlußfeier anschlossen. Die Themen richteten sich unter besonderem Hinweis auf die Verstorbene jeweils auch nach dem kirchlichen Tagesgedenken. Am Donnerstag sprach als erster der bischöfliche Beauftragte für die Sammlung von Material über Therese Neumann P. Dr. Carl Sträter SJ über „Die Bedeutung des mystischen Geschehens bei Therese Neumann in unserer Zeit", wobei im besonderen die mystischen Phänomene um das Altarsakrament durchklangen. Das Thema der Freitagsansprache, gehalten von P. Paul Lackner OSFS, Fockenfeld, ging im wesentlichen um die Passion des Herrn und um das Miterleben und Miterleiden durch Therese Neumann als Vorbild für unsere heutige Welt. Über das Samstagthema „Nachfolge Christi im Ordensstand und in der Welt" sprach Rektor P. Josef Müller OSFS, Fockenfeld, der die Verdienste der Therese Neumann um die Gründung des Klosters Fockenfeld und des Anbetungsklosters Theresianum in seine Darlegungen einbezog.

Am Sonntag feierte der Diözesanbischof Dr. Rudolf Graber mit der anwesenden Gemeinde und zahlreichen Gästen einen Pontifikalgottesdienst, in dessen Predigt er „Die Botschaft von Konnersreuth" aus dem Empfinden unserer Zeit heraus ins rechte Licht stellte und den abwägenden Maßstab zur Beurteilung dieser Botschaft umriß. Zur Nachmittagsschlußfeier sprach Msgr. Dr. Max Rößler, Würzburg. Unter der Gedankenordnung „Wir – Heute – Hier. Wir, die Menschen – Heute, unsere Zeit – Hier, Konnersreuth" verband er eindrucksvoll menschliche Freiheit zum Guten oder Bösen, die er an Beispielen schilderte, mit dem Vorbild, das in Konnersreuth gelebt wurde und sprach denen, die nie zu Lebzeiten der Therese Neumann hier waren, das Recht ab, über Konnersreuther Geschehnisse verächtlich zu urteilen. Denn kurz vorher war ein Buch erschienen, das Therese Neumann und ihre Eltern und Verwandten als Betrüger hin-

Beten wir füreinander!
Theres Neumann.

Ehrung durch die Heimat: Der nach dem Tod der Therese auf dem Theres-Neumann-Platz 1965 aufgestellte Theresien-Brunnen (Th. von Lisieux)

stellt, das Pfarrer Naber als Betrugshelfer bezeichnet und allen, die je für Konnersreuth eingetreten sind, mangelnder Beobachtungsfähigkeit zeiht. So wurde dieses Triduum eine Antwort darauf.

Schlußworte aus der Predigt von Bischof Dr. Rudolf Graber

Die Botschaft von Konnersreuth

Berühren wir in unserer Betrachtung das Anbetungskloster

Das stets reichgeschmückte, vielbesuchte Grab

hier in Konnersreuth. Bei der Grundsteinlegung am 28. April 1963 habe ich die eigentümliche Vorgeschichte schon kurz geschildert . . . (vgl. S. 90) Hier stehen wir nun vor dem Punkt, der für uns entscheidend ist. Das Leben der Resl war eucharistisch geprägt und das Anbetungskloster in Konnersreuth ist die Vollendung und das Siegel ihrer eucharistischen Frömmigkeit. Christus hat an ihr sein Wort erfüllt: ,,Denn mein Fleisch ist eine wahre Speise und mein Blut ist ein wahrer Trank" (Joh 6,55). Und so lautet der erste Mahnruf von Konnersreuth: ,,Verehrung und Anbetung des eucharistischen Herrn." Ich brauche nicht auszuführen, wie sehr die Ehrfurcht vor dem Allerheiligsten im Schwinden begriffen ist und abgenommen hat – eines der erschreckendsten Zeichen unserer Zeit. Sollten wir als Frucht dieses Erinnerungstages von Konnersreuth nicht den festen Vorsatz mitnehmen, unsere Ehrfurcht vor dem Herrn im allerheiligsten Sakrament zu vertiefen und Sühne zu leisten für all das, was ihm in diesem Sakrament der großen Liebe zugefügt wird? Euch aber, liebe Schwestern und Pensionärinnen, bitte ich, diese Pflicht der Anbetung ernst zu nehmen und euch stets bewußt zu sein, daß ihr hier in einem heiligen Auftrag für das ganze Bistum steht.

An das ganze Bistum aber richte ich die Bitte, der sog. ewigen Anbetung treu zu bleiben. Das Anbetungskloster hier, die Karmelitenkirche in Regensburg und die Anbetungskapelle im Kloster Mallersdorf sind die übernatürlichen Kraftzentren des Bistums. Damit verbinde ich die weitere Bitte, doch nicht auf die Besuchung des Allerheiligsten zu vergessen. Die vielen Kirchendiebstähle heute wären unmöglich, wenn immer stille Beter vor dem Allerheiligsten knieten. Das ist die erste Botschaft von Konnersreuth.

Und die zweite? Die Monstranz in der Anbetungskirche zeigt eine eigenartige Form. Die heilige Hostie ist umrahmt von Dornen.

Wenn man dies zunächst deutete auf den brennenden Dornbusch, in dem Gott sich dem Moses offenbarte, so erblickte man bald in den Dornen einen Hinweis auf das Leiden Christi, dessen Gedächtnis nach der Sakramentsoration uns der Herr „in dem wunderbaren Sakrament hinterlassen hat". Kardinal Faulhaber hat für diesen zweiten Zug im Leben der Resl die schönen Worte gefunden: „Das Dorfkind aus dem Fichtelgebirge hat sich mit der ganzen Hingabe seiner Seele in das Leiden Christi versenkt, zumal an Freitagen, die dem Andenken und der Andacht zum Leiden Christi geweiht sind. Aus Mitleid mit dem Leiden Christi hat sie blutige Tränen geweint, ist sie ein lebendiges Abbild des Gekreuzigten geworden." Und so lautet die zweite Botschaft von Konnersreuth nach den Worten das Kardinals: „Menschen der Neuzeit und neuzeitlichen Not, kehrt zurück zur Andacht zum Leiden Christi! Flüchtet euch in die Wundmale Christi."

Auch dieses Wort, vor 45 Jahren gesprochen, wollen wir beherzigen, gerade in unserer Zeit der Konsumgesellschaft und des gesteigerten Lebensstandards, wo der Sinn für die Bedeutung des Leidens und des Kreuzes fast ganz erloschen ist, wo man von Opfer und Aszese nichts mehr wissen will und wo man die Religion des Gekreuzigten zu einer bequemen Lebensauffassung und Weltanschauung umfunktioniert und in der Kirche nur mehr einen soziologischen Verein erblickt, „der charmant, reizvoll und gewinnend" wirken soll.

Auf diese Weise wird Konnersreuth durch diese Doppelbotschaft höchst modern und erhält eine geradezu bestürzende Aktualität.

Möge der Segen, der nach den Worten von Erzbischof Buchberger schon von Konnersreuth ausgegangen ist, sich erhalten und vermehren, das ist unser aller Wunsch und unsere Bitte an Christus.

Die Hände der Toten

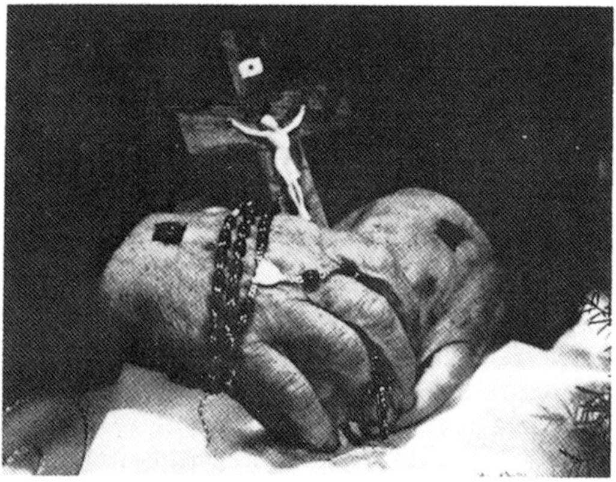

Nachträge zur 9. Auflage 1985

Der „Konnersreuther Ring“

Am 18. April 1978 nachmittags trafen sich auf Vereinbarung hin in der bischöflichen Residenz in Regensburg Bischof Dr. Rudolf Graber und der Verleger Dr. Johannes Steiner aus München zu einer längeren Aussprache, um über die Möglichkeit der Einleitung eines Seligsprechungsprozesses für die Dienerin Gottes Theres Neumann zu beraten. So wie zu Lebzeiten der Therese eine Gruppe von Männern, die sich für Konnersreuth einsetzten – und Steiner hatte als Mitarbeiter von Dr. Fritz Gerlich und P. Ingbert Naab zu dieser Gruppe gehört –, von Gegnern als „Konnersreuther Kreis“ bezeichnet wurden, könnte vielleicht ein neuer Kreis von Freunden zusammengebracht werden, die sich für diese Aufgabe engagieren. Es wurde über Personen beraten, die entweder Therese selbst noch gut gekannt hatten oder die in bisheriger Bewährung als geeignet und gewillt sich gezeigt hatten, in einen solchen Kreis einbezogen zu werden. Dabei soll das Wort „Kreis“, um nicht das Andenken an die – zumeist bereits verstorbenen – Männer, die sich für die lebende Theres eingesetzt hatten, zu verdunkeln, das Wort „Ring“ gewählt werden. Steiner übernahm die Aufgabe, die beiderseits vorgeschlagenen Personen zu einer Gründungs-Versammlung einzuladen. Hierüber berichteten die vom Theresianum in Konnersreuth (vgl. S. 88) herausgegebenen halbjährlich erscheinenden „Konnersreuther Nachrichten“ in der Nummer 32 vom Herbst 1978:
Im Juli dieses Jahres traf sich nach gegenseitiger Verständigung in Eichstätt ein Kreis von Menschen, die alle mit Therese Neumann persönlich und langjährig verbunden waren. Zur Sammlung der Kräfte wollten sie eine Vereinigung gründen, deren Mitglieder in selbstloser Weise zur Förderung des Andenkens und der Ausstrahlung von Leben, Werk und religiöser Bedeutung der Therese Neumann, unbeirrt durch verleumderische Angriffe, bereit und in der Lage sind. Darüber hinaus wollen sie, soweit sie dazu beitragen können, vorhandenes und erreichbares Material an

Aufnahmen, Filmen, Berichten, Briefen, hinterlassenen Gegenständen und Aufzeichnungen zusammensteuern und -tragen.

Gründungsmitglieder: Bischof Graber an der Spitze

In Abstimmung untereinander waren als Gründungsmitglieder erschienen, bzw. haben, soweit verhindert, ihre Bereitschaft zugesagt: S. Exz. Bischof Dr. Rudolf Graber, Monika Fürstin von Waldburg-Zeil, Elisabeth Freifrau von Guttenberg, Monsignore Dr. Max Rößler, Dr. Max A. Höfter, Willibald Emslander, Hans Martin Schmidramsl, Dr. Simon Anton Schorer, Ferdinand Neumann, P. Josef Müller, Geistl. Rat Josef Schuhmann, P. Ulrich Veh, Redakteur Albert Panzer und Dr. Johannes Steiner. Zwei Gründungsmitgliederstellen sind für eine Bischöfliche Stelle in Regensburg und für die Provinz der Marienschwestern vom Karmel in Abstimmung mit der Vorstandschaft noch offengehalten.

Das Gespräch eröffnete Johannes Steiner, der hierzu eingeladen hatte. Nach kurzer Begrüßung und Darstellung der Ziele der Vereingung begründete er deren Sinn: Man ist in unserer technisierten, rationalistisch denkenden Zeit dabei, eine schwere Glaubenskrise - an Jesus Christus als Sohn Gottes, an dessen eucharistische Gegenwart, ja an Gott selber - zu durchlaufen, wie sie manches frühere Jahrhundert auf anderen Ebenen schon durchlebt hat, wenn auch nicht so sehr im Zeichen des Antichrist. Nun erkennt man jedoch in der Kirchengeschichte deutlich die versprochene Mitwirkung des Heiligen Geistes in der Steuerung der Kirche durch die Fährnisse von Irrtum, Bosheit, ja Vernichtungsstreben, aus denen er durch mystische Ereignisse und mystisch begnadete Personen führt. Wir finden diese außerordentliche Hilfe, vom Alten Testament ganz abgesehen, schon von Anfang an. Man denke, um nur einige Stationen zu nennen, an die beiden für die Entwicklung der Kirche höchst bedeutsamen, in der Apostelgeschichte ergreifend dargestellten Doppelvisionen von Petrus/Cornelius und von Saulus/Ananias, an die Bekehrung Pauli und an die Befreiung Petri aus dem Gefängnis; Jahrhunderte später dann an die ragende Gestalt eines Benediktus, des Vaters des Abendlandes, an Hildegard von Bingen in der Zeit unwürdiger Päpste, an Katharina von Siena, die Beendigerin des Exils von Avignon, an den stigmatisierten heiligen Franz, den Erneuerer der Kirche, oder, um wieder Jahrhunderte zu überspringen, an Bernadette von Lourdes oder in unserem Jahrhundert an Fatima, an Syrakus, und nun an unsere Therese von Konnersreuth. Und so erwächst nun uns, das Gesamtbild der christlichen Mystik vor Augen, die Aufgabe, als Zeugen das von uns erlebte Geschehen von Konnersreuth in unsere Zeit hineinzustellen und dazu beizutragen, es vor der Schnellvergessenheit unserer Zeit zu bewahren, vor allem aber das richtige Verständnis und die Bedeutung für die Zeit zu interpretieren.

Der Bischof spricht

Wesentliche Gesichtspunkte zu einer aktuellen Deutung des Lebens und der Mystik der Therese Neumann steuerte Bischof Dr. Rudolf Graber bei. Er verwies vor allem auf die immer mehr um sich greifende Ehrfurchtslosigkeit gegenüber dem eucharistischen Christus. Therese Neumann dürfe dieser unguten Entwicklung gegenüber insofern als leuchtendes Vorbild gelten, als sie sich durch tiefe Ehrfurcht vor dem in der Hostie gegenwärtigem Gott ausgezeichnet, ja ausschließlich von ihm - auch biologisch - gelebt habe. Ihre jahrzehntelange Nahrungslosigkeit könne nur von diesem Mysterium her verstanden werden. Während sich die Menschen unserer Tage, so argumentierte der Bischof weiter, durch ihr Wohlstandsdenken langsam aber sicher zugrunde richteten, habe Therese Neumann vorgelebt, daß auch dem Leiden hohe, ewigkeitsschwere Bedeutung innewohne. Auch gelte es, sich im Blick auf Konnersreuth Gedanken darüber zu machen, welchen Gefahren die Kirche hier und heute ausgesetzt und wie ihnen zu begegnen sei. Hier verwies der Bischof auch auf die katholischen Missionen, denen Therese von Jugend an sehr zugetan gewesen sei, habe sie doch selbst einmal Missionsschwester werden wollen.

Der Verein

Der Verein „Konnersreuther Ring e.V." kam zustande. Als Vorsitzenden wählten die Gründungsmitglieder Dr. Johannes Steiner, der das Amt wegen seines hohen Alters (76) nur zögernd annahm. Als Beisitzer erwählte man P. Ulrich Veh, Hanns Martin Schmidramsl und Ferdinand Neumann. Der

Sitz des Vereins ist in Eichstätt. Er besteht aus Mitgliedern und Freunden.

Der Freundeskreis

Während die Mitgliedschaft der Voraussetzungen wegen stets klein sein wird, können sich alle volljährigen Personen in einen ,,Freundeskreis'' einschreiben lassen, die sich lediglich verpflichten, zur Förderung der Ziele des Vereins einen Mindestjahresbeitrag von DM 20,- zu leisten (Austritt nach Kündigung jederzeit möglich; Interessenten sind gebeten, sich beim Sekretär des Vereins. H.H.P. Ulrich Veh, Kapuzinergasse 2, 8833 Eichstätt, anzumelden. Der Verein möchte allerdings keinesfalls etwaige Spenden, die dem Anbetungskloster Theresianum zu seiner Existenz zugedacht sind, irgendwie schmälern).

Nicht für Schwärmer

Der Anfang ist nun gemacht, auch das Ziel ist klar umrissen. Die Gründer wollten keinen neuen ,,Frömmigkeitsverein'' für Konnersreuthschwärmer aufmachen, vielmehr Wege zur Erforschung und Ausdeutung eines Lebens öffnen, dessen theologische und geistliche Konsequenzen noch weithin der Erschließung harren. Vielleicht sind auch Ort und Zeit dieses begnadeten Lebens nicht ohne Bedeutung: lokal unmittelbar am sog. Eisernen Vorhang, wo christliche und materialistische Weltanschauung, nicht bei den Völkern, aber in den offiziellen Doktrinen aufeinanderstoßen, und temporal unmittelbar vor Beginn des zweiten Vatikanums, das entscheidende Bewegung in erstarrte Äußerlichkeiten des kirchlichen Lebens brachte. Auch unter diesem Gesichtspunkt ist Wirken und Leben der Therese Neumann zu sehen, die durchaus nicht, wie man so sagt, ,,stockkonservativ'', aber gewiß auch nicht superprogressiv sich verhielt. Ihr mystisches Erleben und ihr persönliches Verhalten hielt sich stets eng an das Wort ,,Was ihr auf Erden binden werdet. . .'' (Mt 16,10).

Johannes Steiner *Albert Panzer*

Der Verein wurde aufgrund seiner Statuten vom Zentralfinanzamt München als ,,gemeinnützig'' genehmigt und beim zuständigen Amtsgericht als solcher eingetragen. Bei der Mitglieder-Jahresversammlung 1983 hat Johannes Steiner nach 5jähriger Amtszeit beim Punkte Neuwahl der Vorstandschaft gebeten, von seiner Wiederwahl als Vorsitzender altershalber (81) abzusehen. Der Bitte wurde entsprochen; zur Zeit (1988) führt Studiendirektor Daentler, Eichstätt, den Vorsitz.

URKUNDE

Übernahme aller Verpflichtungen bezüglich eines Prozesses für die Seligsprechung der Dienerin Gottes Therese Neumann von Konnersreuth und Bestellung des Postulators in dieser Sache.

Der unterzeichnete Vorstand des am 12. Dezember 1978 in das Vereinsregister eingetragenen und als gemeinnützig anerkannten Vereins „Konnersreuther Ring e. V." mit Sitz in Eichstätt übernimmt hiermit gemäß Ermächtigung durch die Mitglieder, die in den beiliegenden Zustimmungserklärungen zum Ausdruck kommt, die Trägerschaft und damit alle Verpflichtungen eines Prozesses als „actor in causa" für die Seligsprechung der Dienerin Gottes Therese Neumann von Konnersreuth.

Wir bestimmen zu diesem Zweck als Postulator in der vorgenannten Sache den

hochw. Herrn *Anton Vogl,* Pfarrer von Konnersreuth,
(geb. 1. 11. 1936 in Lupburg; ordiniert 29. 6. 1963),

damit dieser im Namen und an Statt der Unterzeichneten alle rechtlichen Schritte bei der Sacra Congregatio pro Causis Sanctorum und bei jedwedem kirchlichen Gericht vornehmen kann, soweit solche im Rahmen dieses Prozesses erforderlich sind.

Wir übertragen außerdem dem genannten hochw. Herrn Pfarrer Vogl neben den vom allgemeinen Kirchenrecht zuerkannten Vollmachten, die zur Ausübung seines Amtes als Postulator notwendig sind, vor allem

1. das Recht der Ernennung eines oder mehrerer Vizepostulatoren in oder außerhalb Roms;
2. das Recht der Vermögensverwaltung für die vorliegende Causa gemäß der vom Heiligen Stuhl erlassenen Vorschriften, d. h. die Verwaltung der finanziellen Mittel, die ihm für den Prozeß zur Verfügung gestellt werden, sei es durch Spenden der Gläubigen oder aus anderen Quellen;
3. die Vollmacht, die notwendig und sinnvoll erscheinenden Mittel für den Fortschritt dieser Causa bereitzustellen.

Indem wir versichern, daß der hochw. Herr Pfarrer Vogl für das Amt des Postulators geeignet ist, bekräftigen wir durch unsere Unterschrift das eben Dargelegte.

Eichstätt, den 25. März 1982

Dr. Johannes Steiner, Vorsitzender
P. Ulrich Veh OFMCap., Sekretär
Hanns-Martin Schmidramsl, Schatzmeister
Ferdl Neumann, Beisitzer

Gesehen und bestätigt:

+ Rudolf

Bischof von Regensburg

Gemäß Punkt 1 dieser Vollmachten hat Herr Pfarrer Vogl folgende hochw. Herren in Übereinstimmung mit den Unterzeichnern zu Vize-Postulatoren ernannt: 1. Prof. Pater Dr. Carl Sträter SJ, Regensburg, 2. P. Ulrich Veh OFMCap., Altötting.

Nach der Genehmigung dieser Verpflichtung und Wahlvorschläge durch den damaligen Ordinarius des Bistums Regensburg, Bischof Dr. Dr. h. c. Rudolf Graber, wurde die Arbeit durch den Postulator und seine Mitarbeiter mit großem Eifer aufgenommen.

Inzwischen hat in Zusammenarbeit mit dem Postulator der Vizepostulator P. Ulrich Veh OFMCap, zugleich Sekretär des „Konnersreuther Ring", in dankenswerter Weise die Vita – früher „Articuli" – Therese Neumanns, die als Grundlage für die Vernehmung der Zeugen beim Informativprozeß zu dienen hat, erstellt.

Auf eine Rückfrage beim Bischöflichen Konsistorium in Regensburg, Abteilung für Selig- und Heiligsprechungsprozesse, wie es nun vorschriftsgemäß weiterginge, hat deren Leiter, Offizialatsrat Emmeram Ritter, folgende Antwort erteilt: „Als nächster Schritt – so fordern es die ‚Neuen Bestimmungen für die Heiligsprechungsverfahren' vom 25. Januar 1983 (Kap. 1, 2 und 3) – ist es nun erforderlich, alles Schriftgut, einschließlich Bildmaterial, Film- und Tonbandaufnahmen, von und über Therese Neumann zu sammeln, zu archivieren, theologisch zu überprüfen und auszuwerten. Vorausetzung dazu ist freilich die Bereitstellung von geeigneten Räumen, die sich nach Möglichkeit in der Nähe des Postulators, also in Konnersreuth, befinden sollten. Verhandlungen darüber führten dank Zustimmung des Theresianum zu einer ausgezeichneten Lösung: Das Elternhaus Neumann war durch Testament der Eltern den unverheirateten Schwestern Ottilie, Theresia und Maria zugefallen. Maria war nach dem Tode von Ottilie und Therese Alleineigentümerin und hatte durch Testament das Eigentum am Hause dem Theresianum gegen Auflagen vermacht (darunter lebenslanges unentgeltliches Wohnrecht für Pfarrer Naber und eine Haushälterin, pfleglichen Erhalt des Hauses, besonders des Resl-Zimmers). Das Theresianum willigte nun in einen Dauermietvertrag von Parterreräumen zur Einrichtung eines Archives ein, das unter Verschluß und Führung und Ordnung durch den Postulator und durch den Promotor des Prozesses stehen soll. Der Vertrag wurde perfekt, das Archiv am 20. Sept. 1987, dem Tage der Feier des 25. Todestages der Therese Neumann, durch Weihbischof Wilhelm Schraml, Regensburg, feierlich eingeweiht und eröffnet.

Wenn diese letzte Hürde, Sammlung, Archivierung und Überprüfung des Schriftgutes, abgeschlossen ist, was bei der ungewöhnlichen Fülle des Materials gewiß noch viel Zeit, Mühe und Arbeit erfordert, ist zu hoffen, daß der jetzige Ordinarius des Bistums Regensburg, Bischof Manfred Müller, die Genehmigung zur Eröffnung des Seligsprechungsprozesses für Therese Neumann erteilen wird."

So bleibt dem „Konnersreuther Ring" die gerne wahrgenommene Pflicht, dem Postulator, Vizepostulator und dem Leiter der Abteilung Selig- und Heiligsprechungsprozesse beim Bischöflichen Konsistorium in Regensburg für alle geleisteten und – im Voraus – für die herankommenden Bemühungen ein ernstes „Vergelt's Gott" auszusprechen und für die gute Zusammenarbeit, die stets bestehen bleiben möge, zu danken. In seinen persönlichen Dank aber möchte der Verfasser besonders den Freund Ferdinand Neumann einbinden, der ihm auch für diese zehnte Jubiläums-Auflage 1988 mit Wort und Bild zur Seite gestanden hat.

München im August 1988

Johannes Steiner

Nachschrift 1988: Fünfundzwanzig Jahre sind seit der Seite 91/92 dieses Buches beschriebenen Einweihung des Theresianums vergangen. Im September 1988, in welchem die **zehnte** Auflage dieses Buches erscheint, hat der Nachfolger des Bischofs Rudolf Graber, der derzeitige Inhaber des Bischöflichen Stuhles von Regensburg **Manfred Müller,** das Jubiläumsfest der Einweihung und Eröffnung des Anbetungsklosters **Theresianum** vor 25 Jahren mit der Abhaltung eines Pontifikalgottesdienstes ausgezeichnet. Er hat damit gleichzeitig die Tradition der Regensburger Bischöfe fortgesetzt, die Ereignisse von Konnersreuth forschend und prüfend durch sein Offizialat im Auge zu behalten und der endgültigen Entscheidung der Kirche zuzuführen.

Johannes Steiner

Anmerkungen

1 Gerlich berichtet hierüber nichts. Vgl. Bemerkung bei der Quellenangabe S. 7.
2 Der 2. Fastensonntag und das Fest der Verklärung Christi am 6. August haben gleichlautendes Evangelium Mt 17,1–9. DV
3 Archiv des Bischöfl. Ordinariates Regensburg. Bestand Therese Neumann; Fasz. Nr. 102, Bericht von Sanitätsrat Dr. Otto Seidl, Waldsassen, August 1927, und der 4 Mallersdorfer Schwestern, Hauptkapitel III Beobachtungsergebnisse, Unterkapitel 3. Gewichtsverhältnisse, Abgedruckt in Steiner, Visionen der Therese Neumann, Band I, S. 228ff. und Band II, S. 223ff.
4 Hilda Graef hat sich ein einziges Mal in Konnersreuth bei Theres Neumann gemeldet, zu einem Zeitpunkt, in dem Resl kaum Zeit für sie hatte und deshalb kurz angebunden war. DV
5 Vgl. hiezu den Bericht S. 114 von P. Leo Ort, „Das innere Leben der Theres Neumann".
6 Vgl. Radlo S. 160ff.
7 Der Name des Professors war – ich habe seine von Pfarrer Naber aufbewahrte Visitenkarte fotografiert – Mons. Giuseppe Graneris, Professore all'Ateneo Lateranense, Roma. DV
8 Dr. med. P. Agostino Gemelli OFM war 1928 als Kommissar des Heiligen Vaters Papst Pius XI. in Konnersreuth. Früher Arzt, hat er sich der Theologie zugewandt und ist Professor und Rektor der Universität Mailand geworden. Er hat laut Bericht einer holländischen Ärztezeitung Theres Neumann nicht nur als Theologe, sondern auch als Arzt geprüft und folgendes festgestellt: „Ich habe mit aller Sorgfalt meine Untersuchungen angestellt und erkläre auf das bestimmteste: von Hysterie ist keine Spur, und natürlich sind solche Zustände wissenschaftlich nicht zu erklären." Als er Papst Pius XI. Bericht erstattet hatte, erteilte dieser ihm und nach Konnersreuth den apostolischen Segen. Theres Neumann hat den Segen gefühlt und dies Pfarrer Naber mitgeteilt. Einige Wochen darauf kam dann auch eine gedruckte Urkunde aus Rom mit der Bestätigung des apostolischen Segens (Datum 3. Mai 1928).
9 Geringe im Hinblick auf noch lebende Personen gebotene Auslassungen sind aus den Zeichen . . . erkenntlich.
10 P. Odo Staudinger OSB, „Wie ich durch Konnersreuth den Heiland fand", Wels 1946. S. 22ff.
11 Hier hat der unerfahrene Beobachter die Zustände offenbar verwechselt. Es war sicherlich der Zustand visionären Schauens und des Gebetes der Ruhe, der in der Weihnachts- und Osteroktav von der Wandlung bis zu ihrer Kommunion zu dauern pflegte und dann erst in den der erhobenen Ruhe überging. DV
12 Nur bei mystischen Kommunionen, wenn Theres Neumann beim Herantragen der Hostie den Heiland selbst kommen sah. DV
13 Vgl. Hermann Lais, Eusebius Amort und seine Lehre über die Privatoffenbarungen, Freibg. Theol. Studien, Heft 58, Freiburg 1941, Seite 52–55.
14 Gerlich meinte einmal, als er mit Therese in der Kirche war, sie werde wohl das Leiden ungefähr so sehen, wie es auf den Kreuzwegstationen

dargestellt sei, worauf sie antwortete: ,,O mei, Herr Doktor, da gleicht sich gar nix, am ehesten noch die Soldaten.'' (Gerlich I S. 170)

15 Diese Bücher sind inzwischen (1973) unter dem Titel ,,Visionen der Therese Neumann'' erschienen und zwar Band I (aus dem Leben Jesu und Mariens und (1977) Band II (Sonstige Visionen und Akten) je 312 Seiten.

16 Teodorowicz S. 313.

17 Görres, Die christliche Mystik, Regensburg 1837, Bd. II, S. 567.

18 B. Ludwig, Tugendschule Gemma Galganis, Kirnach-Villingen 1926, S. 380.

Handschrift der Therese Neumann (verkleinert), aus einem Brief an den Verfasser vom 3. August 1937

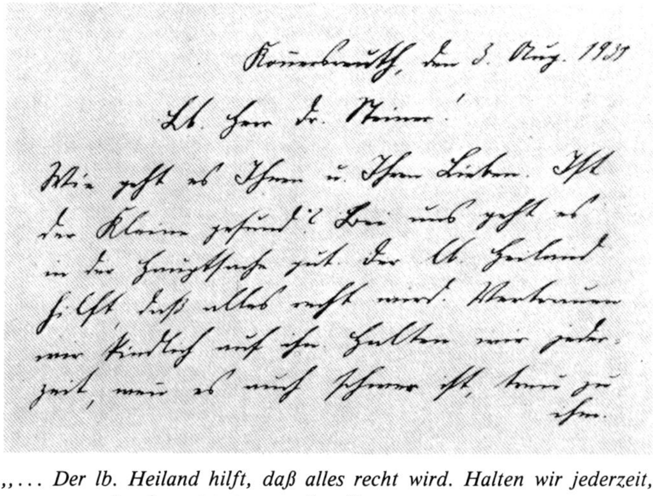
Konnersreuth, den 3. Aug. 1937

Lb. Herr Dr. Steiner!

Wie geht es Ihnen u. Ihren Lieben. Ist der Kleine gesund? Bei uns geht es in der Hauptsache gut. Der lb. Heiland hilft, daß alles recht wird. Halten wir jederzeit, wenn es auch schwer ist, treu zu ihm.

,,... Der lb. Heiland hilft, daß alles recht wird. Halten wir jederzeit, wenn es auch schwer ist, treu zu ihm.''

Literatur

a) spezielle

Aretin, Freiherr, Erwein von, Fritz Michael Gerlich. Ein Märtyrer unserer Tage. München 1949 - Ders., Die Sühneseele von Konnersreuth. Gröbenzell 1956

Boniface, Ennemond, Therese Neumann, die Stigmatisierte von Konnersreuth. Wiesbaden 1958 und 1963

Deutsch, Dr. med., Konnersreuth in ärztlicher Beleuchtung. Lippstadt 1932 - Ders., Wie steht's um Konnersreuth? Lippstadt 1936 - Ders., Wunder oder Hysterie / Ärztliche Kritik an Konnersreuth. Lippstadt 1938

Dorsaz, A., Konnersreuth. Eine wissenschaftliche Prüfung. Waldsassen 1931

Ewald, Dr. med., Die Stigmatisierte von Konnersreuth. München 1927

Fahsel, H., Konnersreuth. Tatsachen und Gedanken. Berlin 1931

Faulhaber, Michael, Kardinal-Erzbischof, Zeitrufe Gottesrufe - Ders., Gesammelte Predigten. S. 125-137 Grundsätze über Konnersreuth. Freiburg 1932

Graber, Dr. Rudolf, Lackner, P. Paul, Müller, P. Josef, Rößler, Dr. Max, Sträter, P. Dr. Carl, Die Botschaft von Konnersreuth, Ansprachen anläßlich des 10. Todestages der Therese Neumann. Konnersreuth 1972

Freunde der Therese Neumann, Gerechtigkeit für Konnersreuth. Eine Abwehr. Flugschrift 1953

Fröhlich, Dr. med. Hans, Konnersreuth heute - Schau eines Arztes. Wiesbaden 1950

Gerlich, Dr. Fritz, Die Stigmatisierte Therese Neumann von Konnersreuth. München 1929 - Ders., Der Kampf um die Glaubwürdigkeit der Therese Neumann. München 1931

Graef, Hilda C., Konnersreuth. Der Fall Therese Neumann. Einsiedeln 1953

Hanauer, Joseph, Gottes-Werk oder Menschen-Machwerk?.
Bubach 1967 - Ders., Konnersreuth als Testfall. München 1972

Huber, Franz Xaver, Das Mysterium von Konnersreuth. Karlsruhe 1950

Hynek, K.W. Dr. med., Das lebendige Ebenbild des Gekreuzigten. Prag 1928 - Ders., Konnersreuth im Lichte der ärztl. und psycholog. Wissenschaft. Prag 1932 - Ders., Zur Abwehr. Karlsruhe 1938

Kašpar, Dr. Karl, Erzbischof, Prag, Eindrücke über Konnersreuth. Karlsruhe o. J.

Lama, Fr. Ritter von, Therese Neumann von Konnersreuth. Bonn 1928

Neumayr, Maximilian, Dr. P. OFMCap., Pater Ingbert Naab, Seher, Kämpfer, Beter. München 1947

Radlo, Peter, Dr. med. (Polen), Trug oder Wahrheit. Neues über Konnersreuth. Karlsruhe 1938

Rinser, Luise, Die Wahrheit über Konnersreuth. Einsiedeln 1954

Schrembs (Bischof), Das Mädchen von Konnersreuth. Cleveland 1927

Seitz, Dr. Anton, Das Stigmatisationsproblem von Konnersreuth in Wahrheit und Klarheit. Karlsruhe 1939

Senninger/Viohl, Franz X. Mayr, Ein Leben für Gott und die Natur. Eichstätt 1984

Staudinger, P. Odo OSB, Die Leidensblume von Konnersreuth. Wels 1953
Steiner, Dr. Johannes, Visionen der Therese Neumann, Band I (Jesus und Maria). München 1973 - Ders., Visionen der Th. N., Band II, aus Heiligenleben und Transzendenz/Anhang Akten. München 1977 - Ders., Die mystische Macht, der Rosenkranz nach den Visionen der Therese Neumann. München 1979
Teodorowicz, Dr. Josef, Erzbischof, Konnersreuth im Lichte der Mystik und Psychologie. Salzburg 1936
Veremundus, Weltbetrug in Konnersreuth? Colmar 1937
Waitz, Dr. Sigismund, Fürsterzbischof, Konnersreuth. Salzburg 1927
Witry, Dr. med., Resl. Saarbrücken 1927
Witt, Leopold, Die Leiden einer Glücklichen. 1927 - Ders., Konnersreuth im Lichte der Religion und Wissenschaft. Waldsassen 1929
Wunderle, Georg, D.Dr., Die Stigmatisierte von Konnersreuth. Eichstätt 1927

b) allgemeine

Biot, René, Das Rätsel der Stigmatisation. Aschaffenburg 1957
Browe, P. SJ, Eucharistische Wunder des Mittelalters. Breslau 1938
Emmerich, Anna Katharina, Das bittere Leiden unseres Herrn Jesu Christi. Aschaffenburg 1950
Höcht, Johannes Maria, Träger der Wundmale Christi. Wiesbaden 1951
Karrer, Otto (Herausgeber), Therese von Lisieux, Geschichte einer Seele. München o. J.
Poulain, August SJ, Handbuch der Mystik. Freiburg 1925
Rahner, Karl SJ, Visionen und Prophezeiungen. Freiburg 1958
Schleyer, Franz L., Die Stigmatisation mit den Blutmalen. Hannover 1948

Die obige Quellenaufstellung nennt nur die Literatur, die zur Bearbeitung dieses Buches besonders herangezogen wurde.

Zu den Abbildungen

Der Bilderteil dieses Buches will ebenso wie der Textteil der Dokumentation dienen. Es wäre denkbar, daß der eine oder andere Betrachter, namentlich derjenige, der Konnersreuth kritisch gegenüberstand, den Einwand bringt, Theres Neumann habe sich entgegen der Behauptung, daß sie allen Kameraleuten aus dem Wege ging, also doch fotografieren lassen. Es ist ein großer Unterschied, ob jemand, vielleicht weil er publicity nicht ungern sieht oder sogar anstrebt, sich den Reportern stellt, oder ob er im Familien- oder Freundeskreis bei besonderen Anlässen Aufnahmen zuläßt. Und wenn im Hinblick auf spätere Dokumentation geistliche Berater Therese Neumann zuredeten, sie möge gelegentlich auch Aufnahmen in ihren ekstatischen Zuständen dulden, gegen die Zusicherung, daß keinesfalls, solange sie lebe, davon Gebrauch gemacht werde, so war das gewiß keine Pietätsverletzung, so wenig, wie man heute die Aufnahme und Bildübertragung kirchlicher Handlungen als solche empfindet. Von Störung kann noch weniger die Rede sein, weil Therese in der Ekstase für Außeneindrücke unempfindlich war. Man möge auch bedenken, daß sie alljährlich gegen hundert Visionen erlebte, ungeachtet der etwa dreißig Leidensvisionen. Für die Zeit von 1926 bis 1962 ergibt das über 4000 Visionen. Demgegenüber fallen die wenigen, bei denen Aufnahmen gemacht wurden, nicht ins Gewicht. Der Unvoreingenommene wird es dankbar begrüßen, daß auf diese Weise das edle Geschehen, das die Umwelt der Theres Neumann erleben durfte, der Mit- und Nachwelt im Bilde zugänglich und erhalten wird.

Im folgenden Abbildungsverzeichnis und Nachweis ist jeweils als erstes die Buchseite angegeben, auf der die Abbildung steht. Fotos aus dem Familienbesitz Neumann sind mit dem in Klammern angefügten Buchstaben N, Aufnahmen des Bruders Ferdinand Neumann mit F und die Aufnahmen des Verfassers mit S gekennzeichnet. Bei wenigen anderen Aufnahmen ist die Herkunft angegeben.

Titelbild Theres Neumann 1952. Resl bat den Verfasser bei einem Besuch um eine Aufnahme für die damals pflichtweise eingeführten Kennkarten. (S)

12 Orts- und Landschaftsbild: der Markt, eingebettet in eine Mulde der Fichtelgebirgsausläufer. (S)

13 Geografische Lage des Marktes Konnersreuth. Rechts oben findet sich die Grenze des Bundesgebietes gegen die Tschechoslowakei, links die Grenze der bayerischen Regierungsbezirke Oberpfalz (rechts der Grenze) und Oberfranken (links). Maßstab: Entfernung Waldsassen–Konnersreuth in Luftlinie 5 km. Als Ausschnitt einer Karte der Kreis- und Stadtsparkasse Waldsassen entnommen.

14/15 Die Eltern Neumann bei der Feldarbeit. (F)

16 Theres Neumann dreijährig. Eine für 1901 typische Aufnahme: eine ausgestopfte Katze, Tennisschläger, Ball und Zimmerpflanzen mußten als Staffage dienen. (N)

17 Das Elternhaus der Therese Neumann (zugleich ihr Geburts- und Sterbehaus), von ihr für Fronleichnam festlich geschmückt. Der

alte Hausname, wie solche auf dem Lande in Bayern üblich sind und auch bei Eigentümerwechsel bleiben, ist Schneiderixenhaus. Der Urgroßvater der Therese Neumann hat das Haus aus Staatsbesitz erworben. Er war von Beruf Schneider und hieß Felix Neumann. Daraus machte der Volksmund das „Schneiderixenhaus". (S)

19 Oben: Mutter Neumann mit den zehn lebenden Kindern im Jahre 1916. Das Bild wurde für den im Felde weilenden Vater angefertigt.

Unten: Die Eltern mit den zehn Kindern. Familienbild für Pfarrer Naber 1946. (N)

23 Der am 17. Mai 1928 in der Pfarrkirche Konnersreuth aufgestellte Altar der hl. Theresia vom Kinde Jesu (3. Jahrestag ihrer Heiligsprechung). (S)

27 Theres Neumann nach der Heilung, Ende 1925. (N)

27 Nach der Stigmatisierung. Aufnahme 1928 von P. Ingbert Naab OFMCap für das Gerlich-Buch.

30 Herzstigma und Handstigma im Juli 1927. Von Theres Neumann widerstrebend, aber in Gehorsam zugelassene Aufnahme auf Verlangen der im bischöflichen Auftrag handelnden ärztlichen Kommission. (Archiv-Foto)

31 Oben: Handstigma in der späteren Entwicklung bei einer unerwarteten häuslichen Aufnahme. - Unten: Die Stigmata der Füße, beim Trocknen nach einer Durchnässung vom Bruder überraschend aufgenommen (ca. 1935).

37 Im Zustand des „Gebetes der Ruhe". (F)

48 Visionäre Teilnahme am Gottesdienst in Konnersreuth, während Therese in Eichstätt weilt. Zwei Aufnahmen in der Bibliothek von Prof. Wutz, Eichstätt. (F)

49 Im Übergang von den Visionen zum Normalzustand. (F)

62 Erholung in Eichstätt bei Geschwistern, 1932. (F)

63 Theres Neumann im Benediktinerinnenkloster St. Walburg in Eichstätt neben Äbtissin M. Benedikta von Spiegel. (F)

74/75 Priesterweihe des Konvertiten Bruno Rothschild am 29. Juni 1931. Therese mit Geschwistern im Eichstätter Freundeskreis. (N)

78 Therese, zur Konversion Dr. Gerlichs in Eichstätt, erlebt in seiner Gegenwart die Vision der Heilung des Gichtbrüchigen. (27. Sept. 1931, F)

79 Feier der Konversion des Chefredakteurs Dr. Fritz Gerlich am St. Michaelstage (29. Sept.) 1931 in der Abtei St. Walburg in Eichstätt, bei der er den Zunamen „Michael" annahm. (Archiv)

81 Riskanter Besuch bei P. Ingbert Naab in seinem Schweizer Exil 1934: Theres, Geschwister Ottilie und Ferdinand mit Prof. Wutz. (Archiv)

85 Im Oktober 1957 wurde auf dem Kirchturm von Konnersreuth die verrostete Windfahne abgenommen und durch ein großes vergoldetes Metallkreuz ersetzt. Ein amerikanischer Hubschrauber flog das schwere Kreuz zur Turmspitze, 2 Aufnahmen. (Sommerer, Mitterteich)

87 Schloß Fockenfeld, um 1750ff. erbaut als Sommersitz für die Waldsassener Mönche von Frater Philipp Muttone, Waldsassen; säkularisiert; seit März 1951 durch Vermittlung von Theres Neumann im Besitz der Kongregation der Oblaten des hl. Franz von Sales; heute Schule und Seminar für Priesterspätberufe.

89 Der Bischof von Regensburg Dr. Rudolf Graber weiht den Grundstein zum Theresianum und gibt die Gründungsurkunden hinein.

91 Theresianum in Konnersreuth, Anbetungskloster, Karmelitinnen des III. Ordens (aus Regensburg), mit Altenheim und Gästehaus. Erbaut von Architekt Alfons Lochner; geweiht durch Bischof Rudolf Graber am 22. September 1963, dem Jahrestag von Therese Neumanns Beerdigung. (S)

97 Therese Neumann auf dem Totenbett. Sie war im ehemaligen väterlichen Arbeitszimmer im Elternhaus vom 18. bis 22. September 1962 aufgebahrt. (F)

98 Zwischen Beerdigungsfeier und Zuschüttung des Grabes: der geschmückte Sarg in der schnell ausgemauerten Gruft.

115 Die Stube der Resl im Elternhaus, all den Hunderttausenden bekannt, die an Freitagen an ihrem Leidensbett standen. (S)

117 Der von Theres Neumann zum Kirchenpatrozinium (St. Laurentius) festlich geschmückte Tabernakel der Pfarrkirche Konnersreuth. Mehrere Tausend Blumen sind mit Liebe und Sorgfalt angeordnet. (S)

122 Karfreitagsleiden 1953. Kreuzigungsvisionen: Wie tot zurückgesunken nach der Vision des Todes Jesu. (F)

130 Besucher in Konnersreuth am Karfreitag 1950. (Sommerer)

131 Am Karfreitag 1957 vor dem Neumannhaus. (Sommerer)

131 Auch am Karfreitag 1959 halten die Besucher trotz strömendem Regen vor dem Neumannhaus aus. Dieses ist etwas ausgebaut, um Pfarrer Naber, der (mit 90 Jahren!) zu resignieren beabsichtigte, aufnehmen zu können.

136 Oben: Kopftuch vom Karfreitag 1959. Es zeigt die Blutung aus den großen neun von der Dornenkrone herrührenden Kopfwunden auf dem gefaltet gewesenen Tuch. (S)

Unten: Eine auf das Herzstigma gelegt gewesene Kompresse von einem Freitag in der Fastenzeit. Sie zeigt die Breite der Herzwunde mit ca. 33 mm. Trotz ihrer erheblichen Stärke wurde noch die Jacke durchblutet. Aufgenommen 1963. (S)

139 Ekstatische Kommunion: Therese sieht anstelle des Priesters mit der Hostie den Heiland selbst auf sich zukommen. Ostermorgen 1936. Aufnahme im Zimmer Theresens. (F)

141 Vision Christi Himmelfahrt. Theres sieht den Heiland nach oben schweben und ruft: „Mit, mit!". (F)

155 Die von Theres Neumann gern besuchte, nahegelegene Dreifaltigkeitskirche Kappel, eine sehr symbolstarke, schöne Wallfahrtskirche: 3 Türme, 3 Dachreiter, Kleeblattgrundriß. (S)

199 Der Seelenführer der Theres Neumann von 1909 bis zu ihrem Tode: Bischöflicher Geistlicher Rat Pfarrer Josef Naber in seinem 95. Lebensjahr. (Sommerer)

213 „Beten wir füreinander" – Theres Neumann, Mitte der dreißiger Jahre. (S)

214 Der neue Theresienbrunnen in Konnersreuth. (S)

215 Das Grab der Therese Neumann neben dem durch ihre Initiative entstandenen Friedhofskreuz. (S)

217 Die Hände der Toten. (Aufnahme Hilmar Pabel, Rottau)

227 Handschrift der Therese Neumann. Aus einem Brief an den Verfasser (verkleinert).

233 Der Bruder der Therese, Ferdinand Neumann (rechts), der Schöpfer der meisten Aufnahmen dieses Buches und der Verfasser Johannes Steiner im Gespräch bei der Gedächtnisfeier zum 50. Todestag von P. Ingbert Naab am 28. März 1985 in Eichstätt. (Aufnahme M. Theresia Neumann)

Leser, die sich für Konnersreuth interessieren und für Theres Neumann engagieren möchten, seien nochmals auf Seite 221 aufmerksam gemacht. Als Mitglied des Freundeskreises im Konnersreuther Ring sind sie in gewissem Grade Mitträger der weiteren Bemühungen.

Neueste Pressemeldung, die Konnersreuth betrifft (1. 8. 1988):

Pater Liberat Weiß aus Konnersreuth wird in Rom seliggesprochen

Der Vatikan hat laut Mitteilung des Bischöflichen Ordinariates Regensburg bekanntgegeben, daß der 1675 in Konnersreuth geborene Franziskanerpater Liberat Weiß am 20. November in Rom seliggesprochen wird. Der laufende Prozeß ist durch den Weltkrieg beiseite gestellt worden und wurde 1977 auf Anregung des damaligen Regensburger Bischofs Rudolf Graber wiederaufgenommen. Die Seligsprechungsfeier soll in Rom stattfinden.

Danktäfelchen an Therese Neumanns Grab

Inhalt

Teil II.

Teil III.